# 共享经济

## 下一个风口

### Sharing Economy
#### The Next Wind-outlet

余来文 封智勇 廖列法 刘梦菲 编著

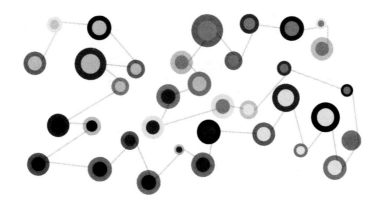

经济管理出版社
ECONOMY & MANAGEMENT PUBLISHING HOUSE

图书在版编目（CIP）数据

共享经济：下一个风口/余来文等编著. —北京：经济管理出版社，2017.1
ISBN 978-7-5096-4765-3

Ⅰ. ①共… Ⅱ. ①余… Ⅲ. ①商业模式—研究 Ⅳ. ①F71

中国版本图书馆 CIP 数据核字（2016）第 287470 号

组稿编辑：申桂萍
责任编辑：侯春霞
责任印制：黄章平
责任校对：赵天宇

出版发行：经济管理出版社
　　　　　（北京市海淀区北蜂窝 8 号中雅大厦 11 层　100038）
网　　址：www. E-mp. com. cn
电　　话：(010) 51915602
印　　刷：三河市延风印装有限公司
经　　销：新华书店
开　　本：720mm×1000mm/16
印　　张：17
字　　数：286 千字
版　　次：2017 年 1 月第 1 版　　2017 年 1 月第 1 次印刷
书　　号：ISBN 978-7-5096-4765-3
定　　价：58.00 元

共享  分享
享    未
经    来
济

　　生活在当下，无论是在人头攒动的公交车、地铁，还是在川流不息的餐厅、商场，随处可见"低头族"、"拇指族"，他们或在刷微信朋友圈，或通过APP浏览新闻，或用手机玩游戏。外出用车时，他们不再站在路边和很多人争抢一辆Taxi，而是通过Uber、滴滴提前预约，有快车、出租车、专车、顺风车、代驾等多种方式可供选择，既舒适又实惠。外出订酒店时，他们不再打电话或上携程网预订，而是通过Airbnb、途家、蚂蚁短租等提前预约，包括公寓、别墅和民宿。可以说，共享经济使人们的生活方式发生了根本性的变化，人们不仅在分享汽车、分享家庭，还分享知识、分享技能，共享经济模式已经渗透到我们衣食住行的方方面面。

　　不仅如此，中共十八届五中全会及其通过的《中共中央关于制定国民经济和社会发展第十三个五年规划的建议》提出了全面建成小康社会的新目标，首次提出"创新、协调、绿色、开放、共享"五大发展理念。这也向人们再次预示了共享经济时代已经到来。

**一、从网红现象说起**

　　2015年，电商网红雪梨以王思聪前女友的身份为人熟知。据媒体报道，其年收入已经高达1.5亿元。以Papi酱为代表的网红人物，靠3分钟短视频吐槽社会热点迅速走红。与一般网红相比，明星的带粉能力超过他们数倍，借助新媒体平台，能够迅速抓住年轻人的心。刘涛在《欢乐颂》发布会上的映客直播吸引了71万粉丝追捧。王宝强携正在拍摄中的《大闹天竺》做客斗鱼直播，在线人数一

度突破 500 万大关。

在这些网红背后，更多被颠覆的是受众接收信息的习惯。网红在积累了一定的粉丝数量后，通过广告、打赏、付费服务、电商等，逐渐形成较为完整的商业链条。未来网红将会打通全产业链，整个存在方式都会发生改变。与此同时吸引了资本注入，企业借助其拥有的大规模粉丝实现自身业务的销售或变现。如网红现在是一个资本推动的市场，一个高颜值的小姑娘，如果走电商系颜值网红路线，流水线包装流程是这样的：上游，先整整容，让颜值更有竞争力；然后在社交平台孵化粉丝，引起网红孵化公司的关注；之后和孵化公司签约，开始各种包装、形象设计，圈粉；最后淘宝店变现，网红作为招牌，黏住粉丝，获得收益。这种方法变现迅速，简单粗暴，但是难以持续。粉丝终究会产生审美疲劳，继而大量流失。女团、男团这些包装出来的产品也是同理，颜值网红是消耗品，快速更新迭代，产品价值生命周期呈现抛物线型——刷脸之路终究难以长久。未来网红经济一定会呈多样化的发展，一定是新媒体经济领域非常重要的体现。

网红和互联网移动化趋势是息息相关的，也就是移动互联网时代秀场的兴起催生了这些网红。有人认为网红等于价值观，经济等于货币化。因此，网红经济即为价值观货币化。2016 年作为网红经济爆发元年，网红正在创造新媒体经济的奇迹，推动着"网红经济"健康向前发展，把"网红经济"带入了一个全新发展的多样化、多局面、多产业、多维度的移动互联网时代。更为重要的是，这一代的网红正在构筑起一股重要的新经济力量。阿里巴巴集团首席执行官张勇谈道："一直以来，我们讨论过网络经济、粉丝经济，但是在整个 2015 年的变化当中，有一个新族群的产生，就是在淘宝平台上产生的崭新一族，我们称之为网红一族。这是整个新经济力量的体现。"

## 二、共享经济模式

网红经济、共享经济和社群经济是继互联网经济之后的新概念经济，或者说是互联网经济发展新阶段的"三驾马车"，在三个赛道上奋力奔跑，拉动着"互联网＋经济"向更高的层次发展。互联网时代，无论是网红还是社群，其实都是围绕共享经济模式展开的，在信息共享的基础上，生产、生活资源得以共享，社会业态、经济发展模式随之发生巨大改变。

那什么是共享经济呢？共享经济最早是由美国得克萨斯州立大学社会学教授

马科斯·费尔逊和伊利诺伊大学社会学教授琼·斯潘思于1978年提出的，认为共享经济是社会资源拥有者有偿与他人共享使用权，从而优化社会资源配置，提高资源利用效率，创造出更多价值的经济形态。后来伴随互联网的快速发展，共享经济模式在日常生活中广泛应用起来，并从吃（餐饮）、住（住宿）、行（出行）等生活服务领域开始向制造、流通与物流等生产领域逐步蔓延。罗宾·蔡斯女士曾提出共享经济的公式：产能过剩+共享平台+人人参与，并将这种模式称为"人人共享"。

共享经济模式是眼下最热门的话题。2016年初，该词语被正式录入牛津英文字典，其定义为："在一个经济体系中，通过免费或收费的方式，将资产或服务在个人之间进行共享。信息一般以互联网的方式进行传播：多亏了共享经济，你可以在自己的需求得到满足的情况下，将闲置的资产如汽车、公寓、自行车，甚至Wi-Fi网络出租给他人。"国家统计局近日表示，正在考虑将滴滴出行等分享出行、众包和"沙发客"等新兴行业纳入官方GDP增长数据中，从而更准确地反映"新经济"的发展。

### 三、共享经济颠覆传统模式

共享经济的首要目标是提高资源利用效率，随着大数据、云计算等技术的发展，共享效率大大提高。共享经济可以集合各个点的信息，通过一定的数据计算逻辑，让各个点享受到同等标准的信息。这是共享经济的一个重要优点。

资源整合是共享经济最重要的核心。从微观层面上说，共享经济就是人们把自己闲置的资源拿出来与他人分享，并相互获益的一种行为；从宏观层面来看，它是这种微观行为产生的新的经济形态。作为一种新的经济模式，共享经济在化解产能过剩和扩大供给方面不断给人新的思考。Uber（优步）中国大数据专家江天表示，"共享经济理念就是达到一个供需关系的平衡"。以出租车行业为例，一方面私家车95%的时间都是闲置的；另一方面打车难仍然普遍存在。这就是有效供给与无效供给之间的矛盾。那么如何解决这个问题呢？移动互联网提供了解决方案：只要有一台智能手机，随时随地都能查到交易双方的信息。当车辆预约、沟通、服务、交易都可以在一台巴掌大的智能手机上、短时间地实现整个流程时，移动互联网就打破了传统出租车行业所面临的时空限制，使得车辆共享成为可能。这就有效解决了供需不平衡的问题，而它的关键在于移动互联网的发展大

大提高了共享效率。

如今互联网已发展为与铁路、电力、自来水等社会基础设施同等重要。在共享经济模式引领下，任何落后的商业模式，哪怕曾经再辉煌，也难抵互联网商业模式带来的冲击。共享经济颠覆性地影响着传统商业模式。就生产者而言，市场交易成本的降低导致传统企业边界收缩，带来个体经济的强势回归。对于消费者而言，交易成本的下降引发以买为主向以租为主的转变，增加了消费者的福利。通过自由人的联合，共享经济给予供求双方更自由的选择，也自下而上推动着制度变革，提升了经济运行的效率。而共享经济的一个颠覆性影响，体现在互联网的普及降低了信息不对称，减少了交易成本，从而导致传统企业边界收缩。互联网提升了信号传递和信息甄别的效率，提高了匹配需求与供给的效率。同时，大数据有助于完善信用记录，增强市场自身的信用约束，而社交网络的快速扩展可以实现规模效应。在市场交易成本降低、企业成本不变的情况下，按照科斯的理论，传统的企业边界存在被市场挤压的倾向。

共享经济正在对这种以买为主的传统商业模式造成颠覆性影响，以买为主正在向以租为主转变，同时产生了消费者剩余。云大物移技术大大降低了汽车租赁市场的信息不对称与交易成本，使得共享平台能够低廉、有效、及时地实现汽车租赁供求匹配。相比于购买而言，共享经济的网络效应使得租赁的交易成本伴随着参与人数的增多而不断下降，在中国这样大的国家尤其如此。共享经济使得消费者不必再为了满足使用需求而去购买商品，只需支付少量成本租赁即可。

### 四、共享经济，分享未来

如今，共享经济涵盖了人们的衣食住行，而在日常生活中应用最广泛的莫过于"行"。有数据显示，在接下来的五年内，中国的按需交通市场价值将达2000亿美元。有学者表示，"未来经济是共享的"。随着科技进步，移动通信设备与互联网的飞速发展为"共享经济"的普及带来了便利，并使之成为当下十分流行的消费模式。

共享经济的一大特点是在陌生的个体之间通过第三方网络平台进行物品交换。共享的本质是互助互利，其前提是信任。没有信任，共享经济寸步难行。有了信任，共享经济会在我们生活的方方面面得以应用，我们大量的闲置资源不但可以得到充分利用，获取一定的收益，同时还能收获更多的友谊和有趣的人生体验。可以说，信任是实现共享经济的另一个基本条件。正是这个第三方平台，为共享经济群体的个体建立了相互有效的、值得信任的关系。

在过去几年中，共享经济稳步发展，全球各地上千家公司和组织为人们提供了共享或者租用商品、服务、技术和信息的条件。虽然共享经济为人们的出行带来了便利，但出行安全和司机素质参差不齐等问题也同样困扰着互联网约车行业。不过，分享经济有利有弊，用户要有一颗包容的心。同时共享经济也面临一些问题，主要是这类新型经济活动在应用于现有法律和规范时存在模糊边界。对此，科恩认为，从历史上看，政府或相关机构根据这些新模式对现有法律或规范做出调整或创建，将会有利于新经济活动更健康、更大规模地发展。

# 目录
Contents

# 第一章

# 共享经济

世界最大的出租车提供者（优步）没有车，最大的零售者（阿里巴巴）没有库存，最大的住宿提供者（Airbnb）没有房产。共享经济已经渗透到各行各业。可以说，未来的世界是共享的。

## 【开章案例】　　　　千方科技的数据共享

短短几年，以滴滴打车等公司为代表的共享经济浪潮席卷全球。在 A 股市场，共享经济形态可谓风生水起，已成为企业转型的方向，千方科技（002373.SZ）就是其中的代表。千方科技是一家植根于中关村的自主创业企业，深耕智能交通、智慧出行领域，依托全国最为全面的"大交通"数据布局 2G、2B、2C 端服务，打造一体化的共享经济生态圈。

### 一、千方科技的概况

北京千方科技股份有限公司（以下简称千方科技）初创于 2000 年，于2008 年 7 月登陆美国纳斯达克资本市场，是中国交通信息化领域首家中国概念股。公司还于 2014 年 5 月成功借壳联信永益登陆 A 股，业务已涵盖公路、民航、水运、轨道交通信息化等领域。经过十多年的发展，千方科技在智能交通信息化多个细分领域具有较强的竞争优势，现有子公司 50 余家，员工 1000 余人，总资产达到 50 多亿元。2014 年公司的收入和利润均超过20% 的增速，2015 年公司实现了 13% 以上的增速。根据 2016 年年中报显示的数据，公司实现营业收入 9.38 亿元，增速达 29.75%，营业利润增速达

42.72%，公司毛利率从 2012 年的 17.84%逐步增长并维持在 30%以上。

## 二、交通大数据布局

千方科技是 A 股市场稀缺的大交通布局者。近年来，公司以大数据为驱动，以移动互联网为载体，兼具从软件定制、研发到硬件生产、销售再到系统集成、整合的能力，形成覆盖从产品到服务再到解决方案的智能交通全产业链，实现公司定位从智能交通向"互联网+"大潮下的智慧交通转变、公司角色从产品提供商向运营服务商转变。

千方科技的产业链布局完整，公司的商业模式在 2G、2B、2C 都有涉及，布局了城际交通、城市交通、轨道交通和民航交通，形成了完整的大交通产业矩阵。目前，千方科技拥有千方信息、远航通、千方车信、上海智能停车四家一级子公司。全资子公司千方信息旗下又拥有北大千方、紫光捷通、掌城科技和掌城传媒四大子公司。远航通围绕智慧航空，提供涵盖智慧运行、智能管理和智慧出行三大主题的完整航空信息化解决方案和产品。千方车信专注于从事电子车牌业务领域的运营管理、数据应用开发、系统集成、解决方案策划以及电子车牌相关软硬件产品销售、提供数据服务等业务。上海智能停车专注于提供智慧停车信息服务及平台运营，主要是利用物联网和云计算技术，对停车资源实行动态的远程智能管理，打造包括停车导航、安全监管、停车运营、车位预定、错时停车、在线支付等功能在内的智慧停车云服务运营体系。北大千方专注于交通信息化和提供城市智能交通解决方案（包括轨道交通、公路、公众出行等）。紫光捷通专注于提供高速公路领域的信息化解决方案、项目实施和信息服务的产品研发与应用。掌城科技专注于提供综合出行信息服务，是国内率先开展商用化实时交通信息服务的公司。掌城传媒以建设城市出租车综合管理服务平台为基础，通过投资安装车载终端设备，获取出租车内外广告资源经营权；并利用出租车数量多、流动性大、行驶范围广、运营时间长的特点，进行出租车数据的采集、分析和处理，深度挖掘数据资源，开发交通信息服务和出行服务产品，全面满足管理部门、运输企业、驾乘人员及市民出行的服务需求。

作为国内唯一一家综合型交通运输信息化企业，千方科技全方位挺进大交通领域，发力大数据运营变现。民航方面，面向 B 端，除了通过远航通航空运行大数据和服务系统来实现对航空公司的敏捷运行和精细管理之外，公司将依托在交通指挥中心建设方面的标杆项目优势拓展机场业务。面向 C 端，公司的航空联盟 APP 力图打造一个全方位的旅客服务平台。地面交通方面，公司布局主要围绕互联网 O2O 模式展开，目前在客运票务、货运平台、智慧停车、轨道交通等几块业务都有布局，未来将成为支持公司走向互联网运营模式的重要动力。

公司围绕"智能交通+互联网"开展业务，提供智能交通的全面解决方案以及为用户出行提供信息服务。为解决交通拥堵，保持交通顺畅，千方科技运用先进的交通信息服务技术，建立绿色出行服务体系，不断完善自驾车出行、地面交通等信息服务系统，指导出行者选择合适的交通方式和路径，以最高的效率和最佳方式完成出行的全部过程。目前，千方科技业务覆盖智能交通的多个领域，涉及交通信息采集、数据处理、解决方案、产品服务等完整的信息化产业链，通过在城市内及城际间进行采集积累了车辆的动态交通数据，同时通过外延收购主体方式实现了民航大数据、轨道交通数据的采集。2015 年，公司定向增发 18 亿元，投资"城市综合交通信息服务及运营项目"，围绕出租车、公交车、轨道交通、电子车牌、客运站、停车场等城市综合交通出行信息服务需求的热点，下沉到各种出行形态，收集交通出行人群数据，以大数据为驱动，以移动互联网为载体，为用户提供出行规划管理的数据信息服务。

**三、交通数据的共享**

与其他交通信息化公司专注于交通、公安领域的系统集成项目不同，千方科技自成立起就依托对数据的理解逐渐构建起交通数据采集—交通数据处理—交通数据反馈及应用的闭环系统。依托承建的城市出租车管理平台及出租车载 GPS 终端，千方科技协同行业主管部门或出租车公司获取反映城市主要道路的实时动态交通信息，并获得数据的二次开发权；依托承建交通部相关系统，千方科技获得全国主要城际间实时数据的二次开发权，这一数据具有排他性，是千方科技开拓全国业务的重要抓手；以客流监测系统及终端为抓手，通过与公共交通运营公司及管理部门合作，千方科技可以实时获取公共交通工具承载的交通流量数据；通过积极投资电子站牌、民航信息化等

领域获取用户出行的其他数据。千方科技以数据运营为抓手，实现多渠道数据变现。而公司闭环系统的形成恰恰是为了实现交通数据的共享。

千方科技的交通数据共享体现为交通与汽车领域的融合创新。节能减排、提升出行效率（保持畅通、减少拥堵）是两大相互紧密联系的创新目的。新能源汽车、车联网、汽车电子构成交通及汽车领域创新的核心技术体系。新能源汽车主要解决由传统燃油供能向充电桩供能的转换问题。车联网则构建起人、车、路互动的协同体，通过交通诱导、线路规划及感知路面并调整交通行为等实现更优的出行效率，车联网的核心在于构建基于交通信息实时采集、实时处理并实时反馈控制的网络系统并构建基于这一网络的生态。而汽车电子则着重解决车载传感、导航终端的装置问题，其技术架构正日益云化。

不仅如此，2015 年，千方科技打造了公交、地铁、长途客运及民航等交通信息平台，有各自独立的 APP，未来要把单一的 APP 整合为一个整体 APP，实现不跳转的信息共享和以时间为节点的信息共享，这有别于携程、去哪儿等以票务为信息的模式，而是以便于出行为目的的信息发布平台。实现一站式驳运的平台，同时能给租车、拼车、停车等服务提供一个共享交易的平台。作为一个平台，必须下沉到生活社区，公司也在积极布局这些社区。如公交车站牌，把静态的数据动态化，这会有一个 APP，有交互式媒体的形态产生，能根据不同的 APP 用户进行精准的推送，从而大大提升平台的价值。另外，以城际交通信息平台为例，可以延伸至车辆维修、定损和轮胎更换等汽车售后服务市场，更可以延伸至汽车保险、互联网金融服务等领域，市场空间将大大拓宽。通过提供动态信息，借助这个平台千方科技有自己的票务销售、保险服务、广告投放等业务。

## 四、结论与启示

千方科技始终坚持开展"大交通"战略布局，2015 年，在城市交通、公路交通业务稳步发展的基础上，成功向轨道交通、民航等领域拓展，各业务板块有机结合、协同发展，实现了公司业务从单一交通向综合交通的转变，综合交通产业布局初步形成，公司也成为国内唯一一家综合型智能交通企业。围绕"大交通"的战略，千方科技合并收购了许多国内交通领域的领先企业，横向扩展自己的业务，已形成真正的综合交通产业。得益于共享模式，千方科技正以等于零的边际成本更快地实现自己的目标。

资料来源：作者根据多方资料整理而成。

共享经济如潮水般袭来，正在改变着未来世界。互联网公司 Uber 和 Airbnb 在全球范围掀起了一场颠覆式的创新革命。在出行方面，以前除了出租车，现在还可以叫 Uber，而且车更好、价格更便宜；在住宿方面，以前除了住酒店，现在还可以住 Airbnb。共享经济不仅颠覆了传统的商业模式，而且也在改变我们工作和生活的方式。可以说，共享经济时代已经到来。

# 一、共享经济时代的到来

2008 年的金融危机，给了共享经济一个绝好的发展契机。受金融危机的影响，美国经济呈现出缩减开支和节约成本的趋势，普通民众开始寻找第二职业或者兼职以补贴家用。在这种大环境下，共享经济的代表公司 Uber 和 Airbnb 开启了共享经济的时代。

## 1. 共享经济改变了世界

你可能不知道什么是共享经济，但你是否曾用 Uber、滴滴、神州等打车软件乘过车？你是否上 Airbnb、途家、蚂蚁短租等预订过房间？你是否上美团、大众点评、百度糯米等进行过团购？其实这些都是共享经济的表现，共享经济以"共享"为特征，正在改变我们早已熟悉的商业运行规则，也正在改变我们所生活着的世界，如图 1-1 所示。

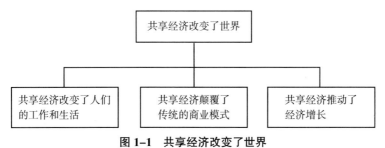

图 1-1 共享经济改变了世界

第一，共享经济改变了人们的工作和生活。共享经济通过合理配置闲置资源，实现了利益最大化。几乎任何人都可以随时参与，并受益其中。许多人除了有一份朝九晚五的正式工作之外，还会参与到共享经济的实践中去。你可能同时是 Uber 司机、Airbnb 房东、Instacarter 买手。通过这些共享经济平台，你可以灵活地交换时间、技能和金钱，找到最适合自己的生活方式，甚至还可以从中交到不同圈子的朋友，获得新的技能和职业机会。面对充满不确定性的未来，共享经济能够提供多元化的职业道路，抵御潜在的失业风险。

随着共享经济日益普及，生产和消费会紧密结合，工作将日渐成为生活方式的一种。当工作成为一种分配时间、置换资源的方式，我们或许可以用一份工作来满足自己的爱好，通过另一份工作交朋友，再用第三份工作挣钱。共享经济恰好是帮我们实现这些目标的不二选择。

第二，共享经济颠覆了传统的商业模式。共享经济是席卷全球的颠覆性商业革命。作为共享经济基础的互联网技术，大大减少了微观主体间的信息不对称，也大幅降低了由信息不对称造成的搜寻、谈判、监督等方面的交易成本。对于生产者来说，市场交易成本的降低导致传统企业边界收缩，带来个体经济的强势回归。而对于消费者，由买变租增加了消费者的福利。传统企业边界的收缩，使得"劳动者—企业—消费者"的传统商业模式逐渐被"劳动者—共享平台—消费者"的共享模式所取代。

共享经济是对闲置资源的再利用，其实质就是重构链接——让原本闲置的供给和潜在的需求相匹配，形成一种生态的产业环。每一个个体或企业都可以成为产品或服务的供给方或需求方，在产业环的外围和中心任意转换。这也是共享经济交易市场外延无限的根本原因。

共享经济的理念是对传统产权观的一种革新和颠覆。"不求拥有，但求所用"是共享经济的典型特征。共享经济不同于传统产权中归属权和使用权的统一，而是将支配权与使用权分离，侧重于对使用权的最大利用。以"不使用即浪费"和"使用所有权"为基本理念，倡导"租"而非"买"，鼓励人们彼此分享暂时闲置的资源，从而达到资源的最大化利用。

共享经济时代的到来，还为个体间的关系开启了一个新的通道。共享模式赖以生存的一个重要条件是情怀，只有出于对社区邻居的信任，用户才会选择"回家吃饭"，也只有出于对司机的信任，用户才会选择"滴滴出行"。这种社区情怀深刻地改变了社会个体间的关系，一种被称为信任的情愫在逐渐滋生。

第三，共享经济推动了经济增长。共享经济将闲置的资源重新分配及应用，让资源可以充分被利用并产生经济效应。2015 年，全球共享经济的经济规模达到了 150 亿美元。而据普华永道会计师事务所研究报告指出，这一数字在 2050 年将增加到 3350 亿美元。共享经济逐渐成为经济增长的重要组成部分。根据国家信息中心发布的《中国共享经济发展报告 2016》显示，2015 年我国共享经济规模约为 19560 亿元，具体如图 1-2 所示。

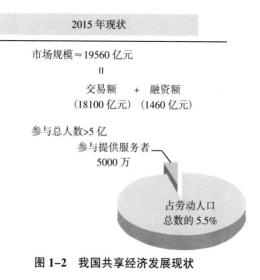

**图 1-2　我国共享经济发展现状**

共享经济推动社区信任的建立。共享始于技术，终于信任，共享经济的一个重要特征就是通过本地服务建立人与人之间的信任。无论是租车还是租房，这些平台都是利用网络社区营造本地服务理念，线上互动，线下服务，希望车主与乘客、房东与房客成为朋友，并通过朋友间的信用评价来实现资源利用的最大化。

## 2. 共享经济在我国的发展

近年来，我国共享经济发展迅猛。2014 年开始，共享经济企业出现井喷式爆发。新增分享经济企业数量同比增长 3 倍，席卷 10 大主流行业、超过 30 个子领域，颠覆性地创新了原有的商业形态。目前，我国出现了 16 家共享经济独角兽企业，另外还有 30 多家估值超过 10 亿元、累计估值超 700 亿元的准独角兽企业。其中，近 1/3 集中在出行和金融领域。Uber 和滴滴出行分别以 150 亿美元、

75 亿美元跻身中国共享经济独角兽市值 TOP 3。具体而言，共享经济在我国的实践大体经历了三个发展阶段，如图 1–3 所示。

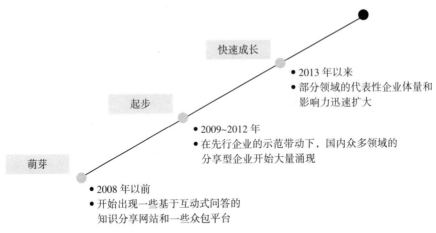

**快速成长**
- 2013 年以来
- 部分领域的代表性企业体量和影响力迅速扩大

**起步**
- 2009~2012 年
- 在先行企业的示范带动下，国内众多领域的分享型企业开始大量涌现

**萌芽**
- 2008 年以前
- 开始出现一些基于互动式问答的知识分享网站和一些众包平台

**图 1–3　中国共享经济发展历程**

第一，萌芽阶段（2008 年之前）。20 世纪 90 年代开始，美国陆续出现 Craigslist、Napster、Zipcar 等共享经济平台，在互联网大潮的影响下，一批海归回国创业，国内互联网产业开始发展，出现了一些基于互动式问答的知识分享网站，并逐步出现一些众包平台，如 K68、威客中国、猪八戒网等。这一时期共享经济的发展仍处于萌芽阶段，似星星之火，尚未形成燎原之势。

第二，起步阶段（2009~2012 年）。伴随着国外共享经济浪潮的发展，国内众多领域的分享型企业开始大量涌现，如滴滴出行、红岭创投、人人贷、天使汇、蚂蚁短租、途家、小猪短租、饿了么等。

第三，快速成长阶段（2013 年以来）。随着技术和商业模式的不断成熟、用户的广泛参与以及大量的资金进入，部分领域的代表性企业体量和影响力迅速扩大。共享经济的影响越来越广泛，许多领域出现了本土化创新企业，已经有企业开始了全球化进程。总体上看，这一时期共享经济领域的企业数量和市场规模都呈加速成长态势。

### 3. 共享经济是未来趋势

随着互联网时代的发展，共享经济应运而生。共享经济逐步渗透到出行、住宿、生活服务、在线教育、文化创意等行业，越来越多的行业正在被共享经济模式颠覆，新的商业模式由此产生，未来将属于共享经济时代。有人乐观估计，到2025 年，共享经济占 GDP 比重将达到 20%以上（有的说法更高）。

第一，共享经济是全球经济的新亮点。在全球经济低迷之时，共享经济一枝独秀。全球共享经济的领军企业如美国的 Uber 和 Airbnb，中国的电子商务，最近几年均呈现了爆发式增长，并带动快递等行业的蓬勃发展，引发了共享经济模式在房屋租赁、交通出行、家政、酒店、餐饮等多个领域的创业潮。

第二，共享经济是我国经济转型升级的重要动力。共享经济依托互联网技术，能有效减少供给和需求的信息不对称问题，在去产能、去库存和降成本等方面具有天然的优势。我国将是下一阶段体量最大、最受关注的市场，共享经济给我国经济转型升级带来了新动力，也必将成为我国经济新的增长极。2015 年我国共享经济规模约为 1.95 万亿元，参与共享经济活动的人数已经超过 5 亿。预计未来五年共享经济年均增长速度在 40%左右，到 2020 年市场规模占 GDP 比重将达到 10%以上。

第三，共享经济是"供给侧"和"需求侧"两端同时进行的革命。在"供给侧"，通过互联网平台，可以实现社会大量闲置资金、土地、技术和时间的有效供给，解决当前我国资源紧张和大量闲置浪费并存的现象。在"需求侧"，共享经济能有效匹配消费者的需求，以最低的成本满足需求。消费者节省了大量的"搜寻成本"，能及时了解其他消费者对商品和服务的真实评价，提高了整个社会消费者的福利水平。

## 二、何谓共享经济

共享经济模式是眼下最热门的话题。2016 年初，该词语被正式录入牛津英文字典，将其定义为在一个经济体系中，通过免费或收费的方式，将资产或服务在个人之间进行共享。信息一般以互联网的方式进行传播。多亏了共享经济，你可以在自己的需求得到满足的情况下，将闲置的资产如汽车、公寓、自行车，甚至 Wi-Fi 网络出租给他人。

共享经济，也被称为分享经济、点对点经济、功能经济、协同消费等。共享经济指的是利用互联网等现代信息技术，整合、分享海量的分散化闲置资源，满

足多样化需求的经济活动总和（见图 1-4）。可以说，共享经济就是将你闲置的资源共享给别人，提高资源利用率，并从中获得回报，它是共同拥有而不是占有。共享经济的本质在于互助互利。我需要帮助，你共享出来你的东西帮助我，即为互助。互助带来互利，即相互帮助、相互获利。

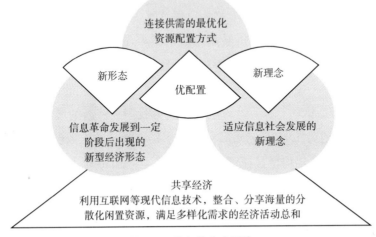

连接供需的最优化
资源配置方式

新形态

优配置

新理念

信息革命发展到一定
阶段后出现的
新型经济形态

适应信息社会发展的
新理念

共享经济
利用互联网等现代信息技术，整合、分享海量的分散化闲置资源，满足多样化需求的经济活动总和

**图 1-4 什么是共享经济**

共享经济的鼻祖罗宾·蔡斯在她的作品《共享经济：重构未来商业新模式》中指出，共享经济由三种要素构成：产能过剩＋共享平台＋人人参与。她鼓励资源在更多的使用者之间共享；鼓励产品生产者与消费者直接对接；鼓励组织和个人合作，以提升经济配置效率；鼓励人与人以互信的方式共处、生活。共享经济在对产权更灵活配置的背后，事实上是对经济、社会运行本质更深入的追索，即信用，通过对信用的管理和承诺，促进市场实现更多潜在交易。共享经济涉及三大主体，即需求方、供给方和共享平台。共享经济以互联网为平台，参与者以不同方式付出或受益，更加平等、有偿地共享一切社会资源。

共享经济以用户体验为中心，以信息技术为支撑。共享经济得以实现的首要条件是资源的闲置，个体之间的相互信任则构成了共享经济的基础。共享经济实现的具体关键要素如图 1-5 所示。

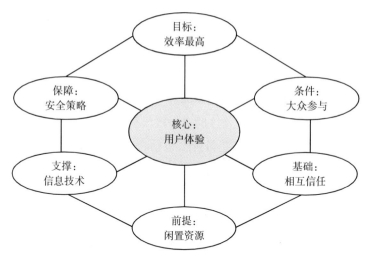

**图 1-5 共享经济的关键要素**

共享经济是一种全新的经济形式，主要有三大特点，即借助网络作为信息平台、以闲置资源使用权的暂时性转移为本质、以物品的重复交易和高效利用为表现形式，如图 1-6 所示。

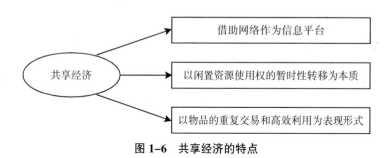

**图 1-6 共享经济的特点**

第一，借助网络作为信息平台。正是因为有了互联网尤其是智能终端的迅速普及，才使得海量的供给方与需求方得以迅速建立联系。网络平台并不直接提供产品或服务，而是将参与者连接起来。例如，员工不仅能访问企业内部数据，还可以将电脑、电话、网络平台全部连通，让办公更加便捷。智能终端便携易用、性能越来越强大，让用户使用这些设备来处理工作的意愿越来越明显。

第二，以闲置资源使用权的暂时性转移为本质。共享经济将个体所拥有的、作为一种沉没成本的闲置资源进行社会化利用。更通俗的说法是，共享经济倡导"租"而不是"买"。物品或服务的需求者通过共享平台暂时性地从供给者那里获

得使用权，以相对于购置而言较低的成本完成使用目标后再移转给其所有者。

第三，以物品的重复交易和高效利用为表现形式。共享经济将所有者的闲置资源频繁易手，重复性地转让给其他社会成员使用，这种"网络串联"形成的分享模式把被浪费的资产利用起来，能够提升现有物品的使用效率，高效地利用资源，实现个体的福利提升和社会整体的可持续发展。

共享经济源自人类最初的一些特性，包括合作、分享、仁慈、个人选择等。共享经济改变了人们对"产权"的观念，在节约资源的同时还能提高生活质量。具体来说，共享经济的主要作用如表 1-1 所示。

表 1-1　共享经济的作用

| 1 | 扩大交易主体的可选择空间和福利提升空间 |
|---|---|
| 2 | 改变人们的产权观念，培育合作意识 |
| 3 | 改变传统产业的运行环境，形成一种新的供给模式和交易关系 |
| 4 | 改变劳资关系，促使社会合约化 |
| 5 | 协助解决政府城市管理难题 |
| 6 | 推动生态发展 |

第一，扩大交易主体的可选择空间和福利提升空间。在传统商业模式下，客户主要是被动地接受商家提供的商品信息，个别人对商品的体验评价被压缩在熟人圈子里，而基于网络平台的共享经济模式却使供求双方都能够通过互联网发布自己所能供给的分享物品或所缺的需求物品，增加了特定供给者或需求者可选择的交易对象，并具备了掌握交易对象更多信息的可能，这就避免了欺诈性不公平交易和交易成本，从根本上提高了交易质量，有利于促进双方福利的增加。

第二，改变人们的产权观念，培育合作意识。共享经济将更多的私人物品在不改变所有权属性的基础上让更多的人以较低的价格分享，从而压缩了个人用品中私人专用物品的相对空间，扩充了公共物品概念的内涵。借助网络平台，出租或借用东西给自己不认识的人，从根本上扩大了人们的人际圈，教会人们如何分享，互相丰富生活，使得分享成为社会交往中不可缺少的重要因素。

第三，改变传统产业的运行环境，形成一种新的供给模式和交易关系。传统生产方式是企业家组织生产要素提供产品，在生产环节的组织化程度很高，消费者主要是分散的散客。而网络平台提高了消费者的组织化程度，将每一个顾客的消费需求变得更加精确，"柔性生产"和"准时供给"成为普遍性的生产方式，预示着精细生活时代的到来。而从整个社会供给来看，共享经济减少了社会供给总量，开启了新一轮产业革命，将成为过度消费的终结者。

第四，改变劳资关系，促使社会合约化。共享经济改变了企业的雇佣模式和劳动力的全职就业模式，给那些富有创造力的个人提供了一种全新的在家谋生的方式，人们可以自由选择自己感兴趣和擅长的任务、工作时间和工资。事实上，大多数参与分享业务的人，都拥有自己的本职工作，只是将这些分享服务看成是额外的收入。从公司的角度看，这种模式能够保证公司自身灵活地调整规模，免去裁员和招聘的痛苦，也不用考虑职工奖金、保险、退休金以及工会之类的烦琐事务。这种工作模式对于个人和公司都是非常有利的，从而使社会成员成为自由职业者和兼职人员的混合体，使全社会成为一个全合约型社会。

第五，协助解决政府城市管理难题。交通拥堵、生态资源紧张、劳资矛盾、收入分配不公、邻里冷漠是制约多数城市发展的普遍难题。在共享经济理念下，地方政府间可以开展广泛的发展合作，通过城市间信息共享、政策协调、人力资源共用，解决城乡差距和区域不平衡问题。例如，共享自行车和汽车改善了城市交通，还能减少尾气排放，共享私人住宅能平衡城市住房供需关系，共享经济甚至还可以通过稳定社会网络来解决城市犯罪问题。共享模式切入政治程序，将成为民主化进程的重要促进因素。例如，很多国家流行的参与式预算管理，就是一个城市或社区的所有居民共同参与城市预算管理，讨论并决定公共开支项目。

第六，推动生态发展。共享经济的核心是使资源利用效率最大化，是符合绿色发展理念的新经济模式，是绿色消费的具体体现。共享经济充分利用了闲置的资源，优化了资源配置，减少了大量的重复投资，创造了有价值的服务形态。在美国有1/5的家庭生活用品从以前的购买转向租用，平均每年减少近1300万吨的使用量，从而降低了2%的二氧化碳排放量。在共享经济充分发展的情况下，服装、汽车、家具、电话、电视、玩具、体育用品以及园艺工具等都是可分享的物品，可以减少20%的碳排放。美国共享经济协会数据显示，每分享1辆汽车，可以减少13辆汽车的购买行为。滴滴出行发布的《中国智能出行2015大数据报告》显示，仅快车拼车和顺风车两个产品一年下来能节省5.1亿升汽油燃烧，减少1355万吨碳排放，相当于11.3亿棵树的生态补偿量。Uber提供的资料显示，其在杭州的拼车出行减少的碳排放相当于每三天增加一个西湖面积大小的森林。这些数据无不显示了共享经济对生态发展做出的巨大贡献。促进共享经济的发

展，对于在全社会牢固树立绿色消费观念，实现生产方式和生活方式绿色化，加快建设资源节约型、环境友好型社会，早日迈进生态文明新时代，具有重大的现实意义和深远的历史意义。

## 专栏 1-1　　　　易科学：科技领域的共享

易科学是一个科学实验交易平台，致力于帮助科学家外包自己的实验需求，促进科技资源共享（实验设备、技术方案），用互联网的力量让科学实验更加便捷，并通过激发科技人员的创造力变革科学研究和企业研发的模式。

### 一、易科学的概况

易科学诞生于清华大学的创业课堂。2012 年，创业人孙磊还是清华大学的生物学博士生，在科研的工作中，他深深体会到科研中的诸多信息不对称造成的不便，特别是关于仪器的使用问题，孙磊创建易科学的想法就来源于此。筹划半年多后，2013 年 4 月，易科学的试验版本上线了。注册用户登录后既可以搜索、预约科学仪器，也可以发布实验需求，寻求理想的实验科技服务。易科学以"实验交给我们，思考留给科学"为宗旨，致力于用优良的服务节约科研人员的时间，是全新的科研仪器共享和科学实验服务平台，为广大科研人员提供了便捷和优质的服务。易科学是一家年轻的创新企业，于 2014 年 4 月获得种子投资，2014 年 12 月获得天使投资。

### 二、易科学的共享

如今，易科学将全国近 5 万台仪器设备纳入"仪器资源库"，设备的所属单位、基本功能、联系方式一应俱全。对于广大的科研工作人员来讲，这就意味着如果他们想找一台流式细胞分析仪，就不用各个网站去看哪儿还有空闲设备，只要进入易科学的页面搜索就可以直接搞定。并且在易科学平台上，大多数设备还支持电话或者邮件预订，进一步为用户提供了方便。未来，易科学将进一步完善网上预订和支付系统，完全通过网络搞定所有流程。

除了共享仪器，易科学还会涉足实验服务外包领域。科研的标准化也促成了更精细的分工，许多实验步骤可以外包给外面的生物公司来完成，为科研人员节省了时间。易科学希望搭建一个信息共享平台，科研人员可以发布自己的实验需求，生物公司则可以发布可提供的实验服务，双方双向选择，在平台上完成交易。此外，易科学还与政府建立合作，帮助搭建科技新城的科技生态服务平台，把科技资源迅速整合起来。

随着易科学的逐渐成熟，孙磊将科学实验分成两类，一类称作"非标准化科学实验"，主要指的是高校里做科研、企业中做研发所要进行的实验。这一类实验个性化比较强，重复性很低，很多可能是一次性的，因此更多地放在易科学网络平台上。而对于另一类"标准化科学实验"，也被称作第三方检测，是很多企业的刚性需求，孙磊把它们放在一个更新的平台上——易检测。

共享经济不仅服务了大众的日常生活需求，对于特定专业人员的专业要求也能提供很好的服务。孙磊利用共享经济，创办了为科研人员服务的易科学平台，不仅得到高校的认可，更吸引了政府的注意，相信未来的易科学会发展得更好。

资料来源：作者根据多方资料整理而成。

# 三、共享经济驱动分享模式

共享经济，即分享经济，通过分享让大众都参与到社会的生产与服务中来，不同领域的人分享不一样的资源。有资金的将自己的资金分享出来，于是有了众筹；有学识的将自己的见解分享出来，于是有了知乎、维基百科；能做一手好菜的将自己的特长分享出来，于是有了"好厨师"。社会各界都掀起了分享的热潮，启动了共享模式时代。

## 1. 共享经济模式变迁

在实际的商业运作中，共享经济模式经历了从平台共享、用户共享到产品共享三种形态的变迁（见图1-7）。

**图1-7 共享经济模式变迁**

首先，平台共享。互联网让原本进行一对一生产、消费或服务的经济行为转变为三方甚至多方的交易方式。平台让使用者免费使用搜索引擎、杀毒软件或者新闻门户，但向广告主用户收费，这种使用者免费、利用者收费的平台共享模式实际上是共享经济的初级形态，利用交叉补贴对传统商业进行颠覆。

其次，用户共享。移动互联网加速了共享经济的发展，人们减少了对单个平台的依赖，主动性加强，一种因社交而建立信任的信任经济让人们更加便利、舒适、快捷并实惠地享用彼此的商品与服务，此时平台不再单纯追求用户量的粗放增长，而是保证用户更加融合交互和连接。例如，微信公众号让企业免费获得用户关注，其自身也在企业与用户的频繁交互中获得价值增长。服务号、订阅号、企业号，尽管形式不同，却都在做着同一件事：平台共享转变为用户共享，企业从单纯的客户角色（多数为广告主）转变为多维用户角色（在平台上既产生内容也消费内容）。用户不再是一家企业的，更不只是平台方的，而是所有互联商户或个人的；每个用户在各种角色转化中从单维身份变成多维身份，在平台内一键完成原来需要多个动作才能完成的事情。用户共享是共享经济的中级状态，是信任经济下互存共赢的联合模式。

最后，产品（或服务）共享。产品（或服务）共享是共享经济的高级状态，包括产品（或服务）生产共享和消费共享。在互联网到移动互联网的过渡中，诞生了一种新的商务模式：众包。这是一种新的社会生产方式，彻底颠覆了以企业为经济主体的工业时代，工人不再只是流水线上的一板螺丝钉，而是应充分调动潜能并相互协同，以使其能力最大化。这一模式下，产品（或服务）在使用消费的过程中不再由单一个体享有，而是被他人或机构通过直接或间接的方式享有使用权，如专车或拼车。

共享模式时代的到来，不仅使得原本逐渐稀缺的资源得到了充分的利用，更重要的是，还为个体间的关系开启了一个新的通道。共享模式赖以生存的一个重要条件是情怀，只有出于对社区邻居的信任，用户才会选择"回家吃饭"，也只有出于对司机的信任，用户才会选择"滴滴出行"。这种社区情怀深刻地改变了社会个体间的关系。

## 2. 共享经济下的分享模式

目前，以互联网信息技术为基础的分享经济正在兴起，并呈现百花齐放、百家争鸣之势。由于分享的方式、内容不同，共享经济表现为不同的分享模式。具体来说，分享模式主要有开放模式、分享知识、分享资源、分享业务、分享管理，如图1-8所示。

**图1-8 分享模式的种类**

第一，开放模式。共享经济的参与者针对的是任何一个拥有闲置资源的机构或个人，机构或个人将自己的闲置资源公布在提供共享的平台上，就决定了其开放性的特质。分享者只有借助于共享经济的开放模式，才能让共享经济另一端的参与者参与进来。

---

**专栏 1-2　　　　　　e 家帮——家政服务共享**

在广州，一款形如"滴滴打车"的应用软件"e家帮"迅速兴起。如今，在我国的家政服务行业，它是最大的微信服务号。

**一、e家帮的概况**

e家帮是中国领先的家政社群及共享式移动家政平台，以"家务事，找帮姐"为雇主熟知。目前，已经推出钟点工、保洁、做饭厨艺、除螨、擦玻璃、熨烫等各种特色家政服务，满足家庭各类服务需求。

**二、e家帮的家政服务共享**

e家帮的阿姨有一个特别的称呼——帮姐。区别于雇主专用的e家帮微信版，帮姐有自己专用的APP"我是帮姐"。雇主通过e家帮微信公众号下订单，基于地理位置服务（LBS）技术，平台实时推送至帮姐客户端，1分钟内即有最多10位帮姐在线竞单，雇主将根据帮姐的身份信息、历史接单数以及信誉评级选择其中一位帮姐上门服务，这中间免去了普通家政公司的中介费用，因此受到雇主的欢迎。

　　e家帮的帮姐经过严格聘选，上岗前均接受专业培训，服务全程接受平台工作人员督导，经雇主验收后完成服务。雇主可对帮姐的服务进行评价，每一位来自雇主的评价均反映在帮姐的历史接单数中。帮姐信息公开透明化，让雇主放心，同时无形中督促帮姐提供更加专业、优质的服务。

　　e家帮之所以能成为中国最大的家政社群及共享式移动家政平台，就在于其开放模式。家政行业有两个很重要的问题：质量问题和治安问题，这些问题很多都是通过培养阿姨的方式来解决。有许多平台通过传统的员工方式管理阿姨，但是e家帮没有这么做，e家帮坚持开放式的方式，运用共享经济的开放模式来管理阿姨。e家帮坚信，既然移动互联网时代消除了信息的壁垒，那么雇主和帮姐（阿姨）就可以直接进行点对点的对接，而家政公司也从雇主和阿姨中间的那个点转移成为一个只提供对接的第三方平台。当然在对帮姐的管理上，e家帮依然要借助于家政公司，由家政公司对帮姐进行有效的管理和培训。因此，家政公司也就从传统的中介机构升级为家政督导中心，根据用户需求对帮姐进行管理，并定期对雇主进行回访，提高服务效率。

　　e家帮服务流程如图1-9所示。

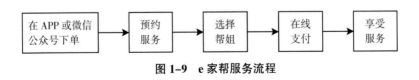

**图1-9　e家帮服务流程**

　　作为家政行业第一家涉入共享经济的平台，e家帮抓住了开放这一特质让自己的帮姐以更高的质量服务雇主，这种开放式平台必定会为e家帮的进一步发展奠定一个良好的基础。e家帮的出现，对于客户来说，选择家政服务更加便利；对于家政服务者来说，对他们提出了更高的要求。与传统家政中介不同，e家帮这种电子中介在硬件上设置了门槛，要求家政人员配有手机，否则将难以寻找雇主。可以说，不论获利与否，家政人员要有前期投入。与此同时，e家帮在软件上要求家政人员有文化。对于传统家政服务来说，学历、文化程度并不重要，而通过e家帮找家政，则可保证：第一，服务者识字；第二，服务者会用手机；第三，服务者符合雇主要求。e家帮表面上通过赚取中介费维持基本运作，但其实质同"滴滴打车"一样，吸引用户、培养用户习惯才是其根本目的。

资料来源：作者根据多方资料整理而成。

第二，分享知识。当遇上自己不了解的专业问题时，除了传统的向身边朋友请教外，很多人似乎都会选择在知乎上，或是百度知道上，或是果壳网的在行上提问，然后等待平台上的其他用户来回答。一般来说，提问者的问题会得到不同人的回答，回答的内容也可能不尽相同。回答者在看到提问者提出的问题后，运用自己所掌握的知识答复提问者，其实就是一个分享知识的过程。

分享知识似乎已经成为现代人的一种生活方式，也逐渐衍生出了一种新的经济形态。例如，著名的《吴晓波频道》在微信公众号推出"每天半元钱，听吴晓波说世界万千"的栏目。将自己积蓄的知识，通过大众平台，以十分优惠的价格推送给期望获取知识的人，这一分享知识的过程不仅是知识的传递，还创造了经济价值，受到越来越多人的喜爱，也逐渐诞生了更多相似的平台。

**专栏1-3　　　　分答——1分钟付费语音**

分答是一款轻量化、亲民化、娱乐化的"付费语音问答"应用。每个人都可以获得用60秒语音展示自己观点和才华的机会，因此它也被称作"全民60秒语音版的《奇葩说》"。

**一、分答的概况**

2016年5月，果壳网旗下的在行在微信公众号上线了一款付费语音问答新产品——分答。用户在分答上可以自我介绍或描述擅长的领域，设置付费问答的价格，其他用户感兴趣就可以付费向其提问。分答从上线以来就引来了不少关注，任何用户都可以开通个人页面，制定价格和介绍，感兴趣的人可付费提问。分答还增加了一个付费偷听功能，偷听者只需要支付1元费用，就可以收听到答案，低价偷听降低了支付门槛。最令用户意想不到的是当某一问题遭到大量偷听时，提问者可以和回答者一起分担被偷听的费用。这样，当数量足够大时，提问者不仅可以赚回自己的提问费，更有机会凭借一个问题来获得收入。

### 二、分答分享知识和信息

分答利用问答这种形式来有偿分享知识和信息价值。提问者首先抛出问题，被问到的人选择是否回答，回答则费用入账。在付费后的分配方式上，分答采用多方分配的机制。如张三设置回答问题的价格是 2 元，李四觉得该价格能接受，于是向张三提问，张三觉得可以回答，则回答后 2 元入账。如果在他俩之外的王五对这个问题的答案同样感兴趣，那么他可以支付 1 元来旁听（即偷听价，由分答官方制定），其中 0.5 元支付给提问者李四，另外 0.5 元支付给回答者张三。旁听的人越多，张三和李四后续就能通过该问答获得越多的收入。而每天晚上，分答官方会通过微信支付同用户结算，收入中的 90% 给用户。

分答盛极一时的一个主要原因是其强运营的特色。民谣歌手左小祖咒、当代学者周国平、足球解说员黄健翔、经济学家巴曙松……几乎每一天，都会有新的名人加入分答，而他们拉动的粉丝则为这款产品提供了传播动力。周星驰的御用配音演员石班瑜，除了乐此不疲地在分答里为用户重新演绎那些经典的台词外，还给分答出镜了一支声播电视广告短片。而诸如王思聪这样的网红人物，更是让分答的关注热度达到一个制高点。

此外，分答的运营团队越来越多地侧重于专业人士的引入，最典型的就是医生、律师这类职业，与泛知识相比，专业知识本身带有一定程度的功利性，而功利性让付费行为更加刚性。

在共享经济盛行的年代，分答做了一个有趣的转换，回答者投入几分钟时间（包括说错重新录）回答一个问题，留下了一段不超过 1 分钟的录音，这段录音会成为提问者获取的物质资源。完成回答之后，这段录音会被提问者继续分享，并且给提问者和回答者双方都带来新的收入。这个转换让它从本质上和类似产品产生了区别。它不再是 100% 分享时间的产品，而是开始混合了分享物权和时间，诞生了共享经济下知识经济的另一种形态。

资料来源：作者根据多方资料整理而成。

第三，分享资源。分享资源赖以存在的前提是每个人都有一定的资源，但每个人的资源又都有所区别。例如，家里衣服太多，放着压箱底又不舍得扔掉；房子建得太大人又太少，造成空间闲置；到处都有 Wi-Fi，每月流量太多，让电信公司占了便宜。这些都造成了资源的闲置，资源的闲置就是浪费。

传统的资源分享只能分享给自己的远亲近邻，而当今的分享借助于互联网这一工具，已经没有了空间的限制。例如，闲鱼帮助用户将闲置在家里的完好无损但无实际应用价值的资源处理掉；妈妈的菜让北上广漂泊的人们也能尝到隔壁阿姨翻炒的家常小菜；有邻让生活在一个小区互不相识的人们逐渐回归到旧时北京胡同的那种味儿。分享资源，其实解决的不仅是资源分配不均的问题，也带来了一定的经济收入，更有可能架设一座协助人们走向彼此的桥梁。

**专栏1-4　　　　　回家吃饭——家庭厨房共享**

作为全国领先的家庭美食共享平台，回家吃饭2016年9月借势地铁打造了一波高声量的传播，在北京地铁全面推出"尝尝咱家的味道"的品牌形象广告，充满温情的场景化海报，让行色匆匆的北漂一族瞬间产生共鸣，在传递品牌温度的同时，也有效传递了"家庭厨房"、"分享经济"等核心理念。

**一、回家吃饭的概况**

回家吃饭是2010年10月上线的一款家庭厨房共享平台。作为全国最大的家庭厨房共享平台，回家吃饭致力于挖掘美食达人，与身边饭友共享家庭美味。回家吃饭以为年轻人提供安心可口的家常菜为目标，解决健康饮食的需求与富余生产力的对接问题，创造一种全新的生活方式。

**二、回家吃饭的家庭厨房共享**

回家吃饭的商业模式，本质上是基于"吃"的分享经济模式。家庭厨房入驻回家吃饭平台，成为面对3公里范围内食客的开放厨房，分享的是每日煮饭产能的余力。用户既可以通过回家吃饭直接下单，也可以登门拜访，在厨师家里吃饭，或者是以外卖的形式拿到家厨做的饭。

回家吃饭产生的最主要原因是潜在供给端（即家庭厨房）的数量足够大（国内大概有4亿个厨房），而烹饪技能和驾驶技能类似，都是低门槛的技术能力。并且，社会上有大量的闲置家庭厨房和家庭厨师。家庭厨房作为已经存在的价值产生方，具有一定程度的成本优势，不同于一般租赁门店的商业餐饮，家庭厨房既没有地产成本，也没有服务人员成本，这也就增强了其盈利模式。

对于回家吃饭上两类主要的厨师群体——退休的叔叔阿姨和全职妈妈来

说，通过做饭获得收入是他们加入回家吃饭的主要动因。据回家吃饭的家厨们介绍，他们平均每份菜品的食材成本占售价的30%~40%，再减掉物流、水电气和调味料成本，家厨的净收入大概占售价的50%。除了收入以外，对于家厨们而言，另一大动因是工作的成就感或者烹饪和分享的乐趣。通过回家吃饭分享自己的菜品，可以感受到工作带来的自我价值和成就感，而对于一些全职妈妈来说，回家吃饭给了她们和外界联系的一种方式，个人存在感极大地提高，特别是当自己的饭菜受到好评时。

回家吃饭上还有把烹饪当作兴趣的家庭厨师，他们一般有一份全职工作，把在回家吃饭上烹饪当作业余时间的休闲活动。家厨中有一家名为"米其邻七星"的欧美风味家厨，是由澳洲海归Yumiko和妈妈合开的家厨，Yumiko负责设计菜品，妈妈负责做菜。而两人合开这一家厨的目的就是为了结交朋友和开心。

虽然回家吃饭也提供外卖服务，但和传统的外卖相比还是有本质区别的。回家吃饭平台上的菜品是一锅一锅小炒出来的食物，而且因为是家庭厨房出品，在健康程度和味道上更贴合白领们所需，而一般外卖因为更偏向于"工业流水线作业式"生产，在健康和味道上都有所欠缺。除了菜的味道以外，家厨们由于是生活在用户周边的普通人群，减少了以经济为目的的商家形象，而更像是一种邻里关系，这也是回家吃饭所主张的一种人情因素，用来增强客户的黏性。回家吃饭的另一大特点是其APP上会有家厨的联系方式，用户可以直接和家厨沟通，建立联系，还有很多家厨甚至会有微信群，把用户加进来，问他们对菜品的改进意见。这样一来，家厨们和用户产生了更为紧密的联系，平台对于双方用户所产生的价值也就越大。

回家吃饭这一模式引来了"吃"领域的大变化，目前，出现了很多同行的竞争者，如妈妈的菜、好厨师等。回家吃饭能否抓住市场先入的机会，继续成为行业的领先者，我们拭目以待。

资料来源：作者根据多方资料整理而成。

第四，分享业务。传统上看，分享业务的存在是因为企业能力或者说是现有的资源无法满足需求方的要求，而向外界寻求帮助，将自身的业务分享出去。抑或是个人在无法应对某一业务时，寻求能胜任的人的帮助。借助于互联网平台，企业或个人通过分享业务，可以大大地减少自己的成本，也能充分利用社会上的其他资源。

分享业务的发展使得众包再次成为业界热点。传统的众包指的是一个公司或机构把过去由员工执行的工作任务，以自由自愿的形式外包给非特定的（而且通常是大型的）大众网络的做法。众包的任务通常由个人来承担，但如果涉及需要多人协作完成的任务，也有可能以依靠开源的个体生产的形式出现。目前，众包从创新设计领域切入，成为一种最新的商业模式，被视为将掀起下一轮互联网高潮，并且有可能颠覆传统企业的创新模式。

现阶段，通过众包来分享业务的领域在我国主要表现为物流行业，前两年盛行的人人快递就因为采用众包模式而受到热捧，但是人人快递由于涉嫌违法经营已先后被多地叫停。因此，企业在进行业务分享的同时也应该将国家法律作为参考的准绳，以免陷入法律纠纷之中。

**专栏 1-5　　　　京东到家——京东众包**

即便商家就在附近 3 公里都不愿亲自去买的消费习惯正在城市消费人群中蔓延，面对线上消费者越来越多的趋势，电商平台在高兴之余，也一直忧虑物流的问题。如何实现 2 小时配送？如何盘活线下商户的资源？京东众包的兴起就诞生于这样的背景下。

**一、京东众包的概况**

2015 年 5 月，京东到家上线"众包物流"新模式——京东众包。"京东众包"是对"京东到家"业务的延伸和扩充，其有效借助社会化运力，服务更多消费者。当前，由于O2O业务本身具有及时性特点，当业务量逐渐增多或陡增时，借助社会化平台的配送力量来完成物流配送就显得尤为重要。京东众包已开始通过微信向社会公开招募北京、上海的众包物流配送人员。招聘页面显示，一部智能手机、年满18周岁即可报名成为京东到家众包兼职配送员，男女不限、零门槛、时间自由，经培训后上岗，抢单配送完成后可以获得每单6元的奖励。京东众包报名通道一打开，几天之内报名人数迅速接近2000人，涵盖很多不同的人群，公司白领、大学生、互联网工作者都有涉及，更有京东众包宣传中对生鲜产品更为熟悉的跳广场舞的大妈大爷们。

## 二、京东众包的流程

平台的规则是：每个众包配送员先向自己的账户充值，初始信用额度是50元，算作兼职配送员的押金，这也意味着每个配送员的首单其最低价值必须在50元内。京东众包采取抢单模式，并不指派订单，配送员在APP中点击"上班"按钮便可以查看到附近的订单信息，订单右上角会显示当前订单剩余派送时间，最多为120分钟，如果配送员认为时间足够自己完成配送便可以点击抢单。虽然众包配送员通过京东众包APP接收到的消费者订单大多数是"货到付款"，但是配送员按照订单取货时，为了方便快捷只需要向商家出示手机里的二维码即可，不需要配送员当面付款。而配送员在账户中充值的钱就相当于是预付款，货款交接工作由京东和商家来操作。抢单成功后配送员需赶到商家处扫码取货并前往客户处安排妥投，配送完成后点击"妥投"按钮便完成了一单的配送。当订单配送完成后不久，系统就会把订单的货款返还到配送员的账户。订单配送的快递费用是根据一定的时间返还到账户，可以选择"提现"或者"充值到余额"。

京东众包流程如图1-10所示。

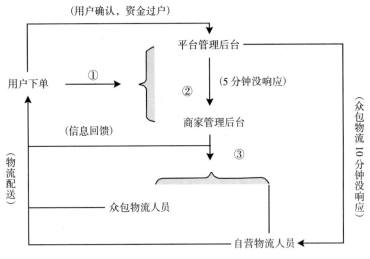

图1-10　京东众包流程

京东众包是一种社会化的全民快递服务模式，是基于LBS定位而产生的一种全新精准的物流方式。不论是公司白领、大学生、互联网工作者，还是跳广场舞的大爷大妈，只要经过培训，即可抢单，完成周边 3~5 公里商品的 2 小时配送。事实上，京东众包的配送员分为两部分：一部分是京东自己的众包配送员，主要是为了帮带对快递和众包行业不是特别熟悉的人，这部分人数占比很小；另一部分是社会化力量以合作方式加入京东众包，有传统的快递员，也有家庭主妇、大学生甚至是跳广场舞的大爷大妈。对于这些中老年人来讲，加入京东众包绝非为了赚 6 块钱，而是图一种快乐，甚至会觉得这是一种时尚，是保持自己依然年轻的一种良好方式。用众包的方式上门送货，一方面可以为一部分人提供经济来源，另一方面还可以为一部分人提供一种全新的生活方式。

2016 年 4 月 15 日，京东集团宣布"京东到家"与中国最大的众包物流平台"达达"就合并一事达成最终协议，相信两大巨头的整合会让京东分享业务的路走得更宽。

资料来源：作者根据多方资料整理而成。

第五，分享管理。分享管理，即用分享来管理团队或组织。管理是在特定的环境下，对组织所拥有的资源进行有效的计划、组织、领导和控制，以便达成既定的组织目标的过程。管理是一个贯穿组织全程的工作，因此，分享管理不仅意味着最终结果的分享，也包括在分享过程的同时分享成果，在分享工作的同时分享生活。

具体来说，分享管理主要包括分享目标、分享信息、分享权力和分享成果四大块内容，如图 1-11 所示。传统的管理大多仅局限于组织的领导者，组织内的其他人负责执行，而分享管理更多的是针对企业管理者而言。管理者的分享首先是与团队成员分享组织的目标，再根据组织的目标制定部门目标和个人目标。分享目标，让团队成员能更清晰明确地知道自己在往哪儿走；如果没有达成共同的理解和认识，那么在执行目标时，就很难协调一致，导致组织目标流于形式。分享管理离不开对信息的分享。信息的重要性在当今这个时代已经不用多说，信息作为实现目标的媒介，不仅能增强团队成员的参与感，更能为他们顺利工作做出指引，让团队工作环境更透明。权力的分享也是分享管理必不可少的一部分，去除原本纷繁复杂的请示汇报程序、转变绝对的上下级关系、充分发挥员工的主动性是现代管理的重要组成部分。但是权力始终是一个比较敏感的话题，管理者应

不断寻求最佳的方法来达到分享权力的最佳状态。最令团队成员感兴趣的恐怕还是成果的分享。因此，当工作取得进展、项目顺利完成时，举行必要的庆祝或是实物奖励等还是非常有必要的，这不仅是让团队成员共享组织的成功，更是管理者和团队成员关系融洽的一剂良药。

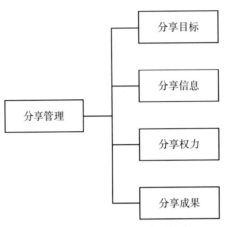

图 1-11　分享管理的具体内涵

总的来说，集中组织内部团队成员的所有智慧，以使组织绩效达到最大化，是分享管理的最终目的。

### 3. 共享经济启动共享模式

事实上，互联网行业很早就开始践行共享经济的模式，如一些免费提供给用户的服务，其大多依靠向广告主用户收费来实现盈利，而这种使用者免费、利用者收费的平台共享模式，实际上正是分享经济的初级形态。它在很大程度上让原本进行一对一生产、消费或服务的经济行为，变成了三方甚至多方的交易。

产品与服务的分享是共享经济的高级形态，它是指产品（或服务）在使用和消费过程中，不再由单一个体享有，而被他人或机构通过直接或间接的方式享有使用权，如专车或短租房都属于此列，特别是移动互联网的高速发展让交易实时变成了可能，更是促进了这一形态的大面积发展。

得益于信息技术的有力支撑，共享经济不会止步于出租车和房屋短租，而将朝着"互联网"、"物联网"、"大数据"等虚拟互联网共享迈进。同时，随着共享经济辐射面的扩大，原本零碎的市场和需求将逐渐一体化，消费者未来将有望在一个市场中获得自身所需的所有服务，而这些服务的来源就是大众的共享。

共享经济改变了人们对"产权"的观念——以前人们以占有为荣，现在更乐于共享。在共享模式下，越来越多的人觉得自己的价值得到了提升，尤其是资源相对匮乏的一些人，在传统经济形式下，他们只能去索取，而共享模式可以让他们发挥一技之长，去赢得不仅是经济上的价值，甚至是人格上的尊重。市场交易模式与共享模式的比较如表1-2所示。

表 1-2　市场交易模式与共享模式的对比

|  | 市场交易模式 | 共享模式 |
|---|---|---|
| 边际成本 | 大于0 | 等于0 |
| 边际成本变化趋势 | 递增 | 递减趋于0 |
| 供给市场的边界 | 存在边界，不能任意扩大 | 不存在边界 |
| 企业生产资料 | 以拥有生产资料以及供应链议价能力为优势 | 轻生产资料，以互联网平台搭建为主 |

# 四、共享经济的商业模式

共享经济的本质是对资源的使用及对价值的获取。共享经济下企业的商业模式又是怎样的呢？

如图1-12所示，我们把共享经济的商业模式分解为五个关键因素：平台战略、跨界整合、众筹模式、价值创造和共享管理。第一，企业构建一个线上平台，打造企业生态圈，奠定共享经济企业基础；第二，利用跨界整合，实现企业资源共享与重组；第三，通过众筹，获取企业需要的各种资源，包括资金资源、人力资源、物质资源等；第四，将资源进行再配置，为企业创造更大的价值；第五，平台将聚集起来的闲置资源进行共享模式管理，从而实现真正的共享。

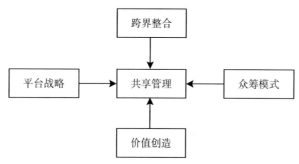

图 1-12　共享经济的商业模式

### 1. 平台战略

如图 1-13 所示，平台战略是指连接两个或两个以上的特定群体，为他们提供互动交流机制，满足所有群体需求，并从中盈利的商业模式。平台是共享经济得以展开的一个重要条件。所谓平台，就是把多种业务价值链所共有的部分进行优化整合，从而成为这些业务必不可少或最佳选择的一部分，这种由价值链的部分环节构成的价值体就成为了一个平台。一个成功的平台并非仅仅提供渠道和中介服务，其精髓在于打造完善、成长潜能强大的"生态圈"。基于平台战略而形成的业务结构，可以让企业有效摆脱在多元化和专业化之间的矛盾和游移，形成一种兼具稳固性和扩张性的业务战略。

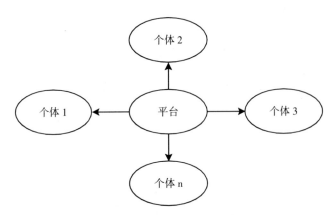

**图 1-13 共享经济下的平台战略**

平台战略得以发展的一个重要原因在于其网络效应。所谓网络效应，指的是产品价值随着购买这种产品及其兼容产品的消费者的数量增加而不断增加，即产品在推广的过程中，只有拥有足够的使用者才能体现其价值，并且在产品发展至一定阶段，企业无须再做任何营销就能凭借其网络效应赢得更多的用户。在互联网和移动技术高速发展的背景下，不少公司借由平台战略取得了巨大的成功。正是平台战略的精髓——打造完善的、成长潜能强大的"生态圈"——有效地激励了多方群体之间的互动，达成了平台企业的愿景。

**专栏 1-6　　　　花椒直播"融"平台**

花椒直播于 2016 年 10 月初宣布已获得 3 亿元 A 轮融资，其中，控股股东奇虎 360 投资 6000 万元。作为一家以打造优质直播内容为核心目标的平台，"内容＋社交"的模式将成为花椒直播在今后直播"百团大战"中制胜的关键性武器。

**一、花椒直播的概况**

花椒直播是 2015 年 6 月上线的由 360 孵化的手机直播平台。进入 2016 年，花椒直播动作不断。6 月，联手国内 VR 厂商蚁视，推出 VR 直播专区，这也是移动直播平台首次试水"VR＋直播"模式。随后，花椒又与途牛影视达成战略合作，开启"直播＋旅游"模式，探索直播平台跨界发展的新方式。9 月，花椒举办了首次直播平台界的颁奖盛典。

**二、花椒直播的"融"平台**

2016 年 6 月 15 日，花椒直播"融"平台战略发布会在京举行。作为一个定位强明星属性的平台，花椒重磅打造"明星战略"，已经吸引了柳岩、王祖蓝等众多明星加盟入驻。李开复、潘石屹等各行各业的大佬也纷纷开启花椒直播。通过与各行业精英、意见领袖的思想碰撞，平台生产了大量高于行业标准的优质直播内容。这些优质的内容在促进花椒用户大幅增长的同时，也保证了用户质量的优质性，成为各行业入驻花椒的重要因素之一。此次"融"平台战略发布会的举行，是花椒直播与合作伙伴共同打造一个开放健康的直播生态圈的开端。

直播领域与生俱来的自媒体属性本身就带有巨大的商业价值，所谓"融"平台，是指花椒直播打破媒体与媒体间的界限，打造一个"融合性"平台，不再局限于个人用户，企业用户同样可以通过直播平台催生出更多优质的内容与营销新玩法。移动直播这个 2016 年最火爆的互联网风口不仅颠覆了传统的社交方式，"直播＋"也对以往的营销方式和商业模式带来了极大的冲击，正在颠覆传统的企业经营模式，甚至再造传统企业商业价值观。

传统商业形式下，用户往往通过文字、图片、视频等扁平化的素材去感受和想象产品特性。而花椒通过优质的内容、多样的直播形式以及更好的直播技术等，正在创新直播的全新形式与思路。通过直播，企业可以提供更加真实、立体的信息，用户可以获得更优质的体验感受，大大提升安全感与参与感。

在在线旅游行业，花椒与途牛影视达成战略合作，开启"直播+旅游"模式。在婚恋行业，花椒与百合网于"520表白日"合作推出百合花椒情感学院，通过14组嘉宾24小时无缝连接进行直播，涵盖情感、美妆、星座、娱乐八卦等讨论话题。此外，花椒直播还吸纳了诸如《华西都市报》、《伊周》、《时尚健康》等传统纸媒，《美丽俏佳人》、《非常静距离》、《全员加速中》等综艺节目在花椒平台进行全程直播。

此外，花椒还将VR直播应用到车展以及柳岩直播中，花椒成为全球首家VR直播平台。未来，VR直播在更多直播场景中的应用，能让企业主通过更先进的技术全方位地在线展示产品，同时VR的沉浸式体验能够为用户带来极致的视觉享受和真实的临场感，为企业带来更大的想象空间和商业价值空间。

在电商、旅游、在线教育、影视综艺、游戏等行业，任何一种形式的媒体和行业与直播相结合都将融合产生全新的化学反应，未来，"花椒直播+"将带来无限可能。

资料来源：作者根据多方资料整理而成。

## 2. 跨界整合

跨界对于异业及品牌的最大益处，是让原本毫不相干的元素，相互渗透、相互融合，从而给异业和品牌一种立体感和纵深感，使得资源互用，开辟新蓝海。共享经济的发展促进了跨界整合的进一步发展，尤其是互联网金融的跨界整合。通过共享经济这种商业模式，从用户端、服务链条、商业价值端都对传统的经济模式进行了重构。同时，促进互联网金融向其他行业深度渗透，实现产品与服务要素的资源共享和重新组合。

互联网金融的跨界整合首先体现在互联网金融与第三方支付的跨界融合。互联网金融虽然带来了渠道变革、消费和服务模式上的创新，但是无法改变金融的本质和根本的盈利模式，还必须遵循金融的规则。在其发展的前景和趋势中，第三方支付这一基石仍将发挥决定性作用。第三方支付凭借资金闭环运行的优势，能够弥合互联网金融发展中的先天性缺陷，如防范P2P风险。

目前，互联网金融的主要业务有P2P、众筹、理财网销等，第三方支付公司通过多年积累的用户数据，形成了信息流、资金流，在此基础上发展理财、融资、营销等多元跨界，成为拓展业务的亮点，使得跨界整合成为常态。"支付 + 电商"、"支付 + O2O"、"支付 + 互联网金融"的"支付 +"模式将为第三方支付行业拓展自身的生存空间，开展相关向前和向后业务的延伸，同时不断完善支付场景的搭建，为自身可持续发展提供更多可靠的流量入口。而随着跨界融合的逐步深入，未来的情景可能是：贷款、股票、债券等的发行和交易都在社交网络上进行。

### 3. 众筹模式

众筹模式是共享经济下盛行的另一种商业模式。众筹是大众通过互联网的相互沟通关系，汇集资金支持由其他组织和个人发起的活动的一种集体行为。众筹模式主要由筹资人（项目发起人）、出资人（公众）和众筹平台（中介机构）三方共同构建。众筹模式流程如图 1-14 所示。

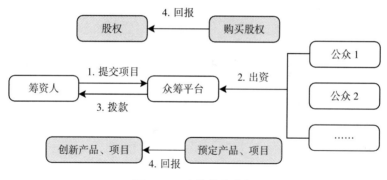

图 1-14 众筹模式流程

众筹模式下，创业门槛变低。相对于传统的资金募集方式，众筹平台能让筹资者更容易地募集资金。众筹平台帮助许多草根创业者获得资金，并推出既定的产品。此外，众筹获得的除了资金以外，还有一份市场调查报告。大众向某个项目投资，即代表对该项目一定程度的认可，能在某种程度上反映出产品将来大范围投放市场后的结果。这也是众筹模式的一个隐性价值：先让大众掏腰包，再去制造产品。如果项目融资成功，并且实际的研发与生产过程一切顺利，那么这相当于在很大程度上降低了创业成本与风险。众筹还是一个不错的广告平台。如果项目融资成功，相当于是面对大众做了一次广告。有些人可能并没有投资，但不一定代表他对项目没有兴趣，也可能是出于其他考虑。当看到项目被那么多人认

可时，他们很有可能成为未来的客户。即便融资未获得成功，该项目也获得了展示，为创业企业寻找潜在投资者做了宣传。

## 4. 价值创造

价值创造是指企业生产、供应满足目标客户需要的产品或服务的一系列业务活动及其成本结构。共享经济时代的到来，对价值创造产生了巨大影响。传统的价值创造是一个从无到有的过程，企业经过一系列的制造、分销等过程才能最终将产品或服务送到消费者手中。物品生产在特定空间由专业管理者管理完成，社会财富只有在生产中才能被创造。

共享经济下的价值创造，更多的是依据资源的互换，由资源本身的流动产生。在传统价值创造链条中，每一个环节都可能会产生大量的闲置时间、空间、物品，甚至虚拟的技能服务等，资源没有被充分地挖掘和有效利用，这其实是一个巨大的浪费。无论是信息获取的及时性、有效性，还是沟通交流的便捷性，都无法得到有效的满足，当然这也与人们的意识、对物品的态度有莫大关系。而共享经济模式下，资源交易参与方将自己闲置的资源贡献出来，在互联网环境中实现点对点的直接接触，从而打破了时间、空间、信息的三维约束，使得资源配置摆脱地域依赖，并充分利用时间差编结成新的资源分配方式，共享经济存在于高度机械化、纪律化、标准化的社会化大生产之外。

## 5. 共享管理

共享管理贯穿于共享经济的各个领域，是共享经济对行业冲击后形成的新的管理模式。管理的三要素是企业、员工和用户，共享经济改变了三者的形态和关系。传统企业边界不断被打破，从封闭的个体走向开放的生态圈；员工不再局限于被雇佣者的角色，而是走向了合伙人和价值共享者的地位；用户从产品的被动接受者成为价值的共创者。

共享管理开启了管理的新范式，企业为了更好地适应共享经济时代的发展，组织结构逐渐走向平台化和小微化，价值观也从传统的利己主义向共赢转变。

# 五、共享经济的应用实践

近年来，我国共享经济的发展可谓风生水起，在出行共享、住宿共享、餐饮共享、办公共享、知识技能共享等领域，出现了诸如滴滴出行、神州专车、途家、蚂蚁短租、爱大厨、回家吃饭、优客工场、氪空间、知乎、在行、猪八戒等成功的互联网企业。共享经济给用户带来了不一样的体验，也必将带来不一样的世界。

## 1. 共享出行

共享出行已成为我们出行的常态。据统计，在中国拥有驾驶证的人数是私家车数量的三倍，这一数字体现出市场对租车的强烈需求，构成共享租车模式发展的基础。共享租车的车源主要来自全社会愿意分享爱车的车主。共享经济模式下的共享租车平台，拥有比传统租车公司更丰富的车型及更实惠的价格。

P2P 租车是共享租车的典型模式。P2P 租车模式，即个人对个人的私家车直租模式，表现为企业通过 P2P 平台，将个人闲置的私家车与租客的用车需求整合起来。相比传统租车模式，P2P 租车的优势非常突出，具体如下：

首先，P2P 租车模式打破了传统租车公司车型单一、运营成本高以及车源供应量相对有限等局限性，属于"轻资产"模式，平台并不实体拥有任何车辆，整合和利用的是闲置的私家车资源，能够提供更具弹性的车源供给量，适应不同时期的出行高峰需求。

其次，P2P 租车采用共享经济理念和运营模式，充分利用闲置的车辆资源，为有意愿出租闲置车辆的车主和有租车需求的人搭建平台，衔接租车需求。在车主方，他们可以通过平台将车辆租赁给他人并获取收益；在租客方，他们可以在平台以更高的性价比租到心仪的车辆，体验不同品牌、不同档次的私家车。

最后，P2P 租车具备更高的性价比。共享经济盘活了沉没成本，提高了汽车使用效率，降低了用车成本，能够有效缓解交通拥堵，为保护地球环境贡献力量。

## 专栏 1-7　　　　共享出行：滴滴 PK 神州

### 一、滴滴出行

滴滴打车由北京小桔科技于 2012 年推出；2013 年获得腾讯 1500 万美元注资；2014 年，为了与快的竞争，滴滴推出了滴滴专车；2015 年，滴滴与快的合并，成为中国互联网专车市场上的巨头；2015 年 9 月 9 日，滴滴打车更名为滴滴出行。滴滴出行是涵盖出租车、专车、快车、顺风车、代驾及大巴车等多项业务的一站式出行平台。2015 年 10 月，上海市交通委员会向滴滴快的专车平台颁发了网络约租车平台经营资格许可，滴滴成为国内第一家被授权企业，其网约租车模式得以合法化。

和 Uber 不同的是，滴滴首先进入的是普通打车市场，随后逐步迈入专车市场。而在支付领域，滴滴也只能采取微信红包、支付宝等方式，并不能像 Uber 一样直接从信用卡扣款，这在一定程度上影响了滴滴在专车这一细分市场的竞争力。为了和 Uber 抗衡，滴滴相继推出了快车、顺风车和大巴车等服务来占领市场，并主动投资 Uber 在美国的头号竞争对手 Lyft。此外，滴滴在客户体验上也有自己的行动：滴滴成立安全管理委员会，推出基于大数据技术的智能交通安全保障体系。同时为司机和乘客推出高达 120 万元/人的"滴滴平台司乘意外综合险"。其开放平台对第三方应用及个人开发者全面开放 SDK 接口，腾讯地图、新浪微博、58 同城等 400 多个第三方应用和个人开发者产品都被介入其开放平台。

从成立之初开始，滴滴就一直在和行业的翘楚进行竞争，但幸运的是，滴滴先后和快的、Uber 中国合并，消灭了其扩张路上的主要竞争对手。在新的时期下，滴滴能否稳住行业地位、稳步上升依然是 CEO 程维和总裁柳青的主要任务。无论如何，滴滴出行 APP 改变了传统打车方式，建立了大移动互联网时代下的现代化出行方式。

### 二、神州租车

神州租车成立于 2007 年 9 月，2014 年在中国香港上市，成为中国汽车租赁行业上市第一股。神州租车的主营业务包括短租、长租、融资租赁及销售二手车服务。在管理模式上，神州采用精细化管理。从机场、火车站、交通要道的标准门店，到社区、地铁口的虚拟网点，再到送车上门，神州在努力改进自己服务的同时，期望能将用户体验做得越来越好。

神州租车将发展方向锁定于短途出行旅游，在新客户奖励、自驾游及渠道合作方面探索了全新方式。其短租业务主要得益于全国联网的标准化服务，消费者集中于商务人群。2015 年 1 月，神州租车和优车科技达成战略合作，合作后的神州能满足更多的短租自驾需求，通过车队共享实现了更佳的协同效应。神州的模式是自己购置车辆，自己铺开线下网点，以此实现内部的系统效能。网点多以直营店为主，只在特别偏远的小城市才有加盟网点，且神州租车对加盟商有着严格的考核体系及加盟商管理团队。

自己配置车辆、自己开设网点的模式自然而然增加了神州租车的成本，成为"重资产"模式的一员。截至 2016 年上半年，神州公司车队总规模 9.97 万辆，运营车队规模 8.76 万辆。若以每辆车价 10 万元计算，神州也背负着沉甸甸的百亿资产，当然这还不包括燃油、保养以及折旧费用。而车辆和门店这些重资产，也许正是神州运营质量的保证，起码现在看来轻资产模式和重资产模式孰优孰劣尚难辨别。

意识到共享租车现阶段在一二线城市比较热门，而在三四线城市并不流行，神州租车针对三四线城市推出了二手车销售业务。这一买新车卖旧车的战略也成为其快速扩张的模式。

目前，租车公司之间的竞争主要集中于车队规模、品牌知名度、网络覆盖、价格、车型多样性等方面。在品牌知名度方面，神州是远大于 PP 租车的，但在车队规模、网络覆盖度方面却是平分秋色，甚至 PP 租车的价格和车型都要优于神州租车。究其原因，最主要的是两者实行不一样的资产模式。因此，在未来的发展道路上，两家定会发生更多的利益冲突，而时间才是检验其模式优劣的最好标尺。

资料来源：作者根据多方资料整理而成。

## 2. 共享住宿

移动互联网的发展不仅推动了共享租车的发展，也使在线短租成为一种新风尚。在线短租指的是房源拥有者通过网络平台发布空置房屋与价格信息，销售房屋的短期使用权，有旅游、出差或其他居住需求的租客可搜索并浏览房屋相关信

息，与信息发布者沟通并实现租住交易。在线短租也就是我们常说的共享住宿。在我国，在线短租目前主要有三种模式：

一是 C2C 开放平台模式。这一模式中，平台主要是为个人房源发布者以及租房者提供一个信息发布和交易的场所，靠收取房东的佣金来盈利。

二是 B2C 开放平台模式。房源主要由平台控制，统一装修，统一管理，房租收入由平台和房东按一定比例分成，典型代表是途家网。该模式整合的房源更多地来自房地产开发商，在服务和管理上接近于传统的酒店，通常挑选实力强大的开发商合作，以保证房源，并有公司专门负责维护，用酒店式的管理和服务对房屋进行统一管理和维护，此外还提供机场接送、房屋清洁等增值服务，因而其客单价比其他短租平台更高一些。B2C 模式有利于有效管控房源与服务质量，但该模式仍然是一种"重资产"模式，企业需要收购或者与合作伙伴一起经营房源。

三是"产权共享＋换住共享"的二维共享模式。以"Weshare 我享度假"为代表，其建立了中国分权度假屋共享换住平台。在这一平台上，开发商将每套度假屋分成 12 份，按份共有产权对外销售，每份分权度假屋每年拥有 28 天居住时间。购买者按需购买共有产权份额，在大幅降低购买成本和度假居住成本的同时，可以轻松实现分权度假屋的预订居住、交换居住、出租出售，并享受平台提供的贴心定制度假服务。该模式的核心在于分权共享，在 Weshare 分权度假平台上，消费者购买的是度假物业按份共有产权，还拥有相应份额时段的独家时间；购买者占有按份共有物业产权，物业的所有权可以转让、继承。每年 28 天用不完、空置的度假时间还能委托平台出租。

目前，在线短租平台层出不穷，我国第一个短租平台爱日租已于 2013 年宣布破产，小猪短租、蚂蚁短租、游天下、木鸟短租等成为行业主要竞争对手。

**专栏 1-8　　　共享住宿：小猪短租 PK 蚂蚁短租**

**一、小猪短租**

小猪短租成立于 2012 年 8 月，是中国版的 Airbnb，其意在搭建一个房东与房客直接沟通和交易的 C2C 在线平台，经营范围包括短租公寓、短租房和普通民宅等。目前，小猪短租拥有超过 8 万套房源，遍布全国 250 多个城市，在超过 20 座城市设有办公室。2015 年，小猪短租推出神农架隐居作家小院、最美女排国手的花店住宿等，引发国内"诗意地短租"现象。2016

年，小猪"城市之光"书店住宿计划推出，上线几十家国内最美人文书店。

对于房东服务方面，小猪短租为有闲置房源的房东提供免费的分享推广平台，房东不用支付任何费用就可轻松发布房源信息。此外，小猪短租还提供"家庭财产综合保险"，全面保障个人房东的财产安全，甚至还为房东提供周到的保洁服务。而对于房客方面，小猪短租也会对房源进行实地验证和实拍，确保房源真实可靠。同时，小猪短租也在完善其信任体系，2015 年 1 月，小猪短租和蚂蚁金服集团旗下芝麻信用合作，引入个人征信体系，消除陌生人的信任障碍。

小猪短租有一个非常明显的优势，就是其业务模式和线下运作非常细致与实际，丝毫不急于扩张规模，反而根据用户心理与习惯，提升房东和租客两端的体验。因此，小猪短租目前仅从房东端收取 10% 的佣金，虽尚未实现盈利，但是其共享经济的模式使其相信盈利就在不久的将来。但是随着 2016 年 6 月途家全资收购蚂蚁短租，不得不说小猪短租面临的竞争态势又严峻了许多。

## 二、蚂蚁短租

蚂蚁短租是一个基于本地化生活服务的日租平台。蚂蚁短租成立于 2011 年 11 月，是赶集网旗下的在线日租平台。依托于赶集网的本地化生活信息服务平台，蚂蚁短租与用户的诉求更加贴近，并能有效地将赶集网现有的用户成功导入蚂蚁短租的平台上。2013 年，蚂蚁短租正式从赶集网分拆，开始了独立运行。

蚂蚁短租由线下运营团队对房屋的质量进行核查，通过向房东收取每次房费的 10% 作为佣金收入，并为租客提出担保赔付等服务措施。随着日租、短租竞争的不断加剧及市场的变化，2014 年末，蚂蚁短租进行了战略调整，将"家庭型游客"定位为核心用户群体。蚂蚁短租因此下线了 70% 的合租房源，只做整租，专注旅游度假住宿共享及整租的过渡性住宿。这一策略不仅可以满足绝大多数家庭用户的需求，也可以为用户提供更有保障、更安全、更靠谱的入住体验。为了进一步提供更多优质的房源，加强房东与房客的信任度，蚂蚁短租还特别推出了"优质住宿计划"房屋评选活动与"100%安心入住房客保障计划"。

在房东房客权益保障方面，蚂蚁短租有三种模式：第一，引入芝麻信用，芝麻信用值不低于600分的用户可享受免押金住宿的福利。同时，蚂蚁短租对所有房源进行实名认证，不仅对房东房客的身份进行实名认证，还对房源进行实地考察与拍照，并且核验房产证、租房合同等房产信息，确保房源信息的真实可靠。第二，蚂蚁短租十分重视房东与房客之间信任的建立。蚂蚁短租平台上的房屋预订方式为双向选择，即房客选定某一套房子，这套房子的主人有选择是否接单的权利，当房客完成入住后，房东房客还可以互评。第三，蚂蚁短租专门设置了房东主页，房客可以通过主页上房东的基本信息、回复率、好评率等情况来加深对房东的了解，从而增强彼此的信任感。

2016年6月，蚂蚁短租与途家达成战略并购协议，成为途家的全资子公司。"联姻"后的蚂蚁短租虽然还是专注于短租预订服务，但是可以共享途家的信息，此外，还包括共享公司股东58集团和携程的数据信息。虽然不能说并购后的蚂蚁短租一定能脱颖而出，但是从这几个月的房源出租来看，其竞争力确实大大提升。

资料来源：作者根据多方资料整理而成。

## 3. 共享旅游

传统旅游主要包括食、住、行、游、购、娱六大环节，因此共享经济在旅游行业的发展可以拆分为不同部分。目前，国内的共享旅游平台主要有三类：一是租房，如途家、小猪短租、蚂蚁短租；二是租车，如滴滴、神州、PP、宝驾；三是出售服务，如跟谁游与朋游。随着共享经济的不断发展，共享旅游的市场空间也越来越大。

共享旅游的主要模式是旅游O2O。旅游O2O模式即线上选购旅游产品与服务，线下兑现旅游产品及服务的过程。不同于以往平台仅提供在线预订酒店、机票及旅行路线的服务，旅游O2O让消费者能够在线选购酒店、机票等旅游产品与服务，消费者进行在线选购后，再到线下体验。

旅游O2O有三大发展趋势：①从单一产品向大生活服务领域深入。这主要是因为个性化、体验化、移动化需求的增长，旅游目的地的活动、美食、文化、娱乐成为旅游的必需品，异地产品和服务本地化的特征也逐步明显。②从产业链横向联合向旅游 O2O 深度融合。随着互联网在各产业中的影响加深，旅游 O2O 互联网平台的网络聚合效应越来越明显，而各个细分行业在产业链层面的整合在通过互联网更好地横向联合的同时也在与互联网平台充分结合。③从行前服务向行中渗透。携程、艺龙、去哪儿等 OTA 在标准半标准产品的整合和预订层面对加速行业发展起到了巨大作用；穷游、蚂蜂窝、蝉游记等游前信息聚合和决策工具在自由行时代发挥了很重要的作用。但是随着移动互联网的迅猛发展，越来越多的消费者都会选择一场说走就走的旅行，而这需要旅游平台在行中结合地理位置整合碎片化旅游产品及其元素。

旅游共享经济是共享经济理念在旅游业各领域中的运用，其依托互联网、大数据、云计算等现代技术，实现旅游地闲置性碎片化非经营资源与多样化市场需求的高效对接，以提高资源利用率和综合效益。与传统的旅游经济形态不同，旅游共享经济通过网络平台激活旅游地闲置的非经营性资源，对旅游者的消费观念、旅游产品的表现形式、旅游就业的途径等带来了革命性的影响。

旅游共享经济的发展离不开大数据和云计算的有力支撑，大数据的发展为旅游共享经济提供了可靠基础，提高了海量数据的处理和分析能力，帮助平台快速实现游客和资源拥有者的背景分析、身份认证、信用评价、供需配置、相互评分、服务管理、安全监控，还可以帮助企业获取用户的社交网络信息、发现游客的活动规律和消费偏好、挖掘潜在的旅游需求、提高市场拓展和业务延伸的能力。

借助于网络平台，旅游共享经济减少了旅游服务供需信息传递、搜索和交易的中间环节，将旅游地的碎片化闲置资源进行整合后供旅游者选择和消费，实现了旅游产品的大规模业余化生产和服务的高效率多样化供给。许多旅游达人摇身一变成为共享旅游平台上的兼职导游，让游客远离传统导游的"购物引导"。

### 4. 共享金融

所谓共享金融，指的是通过大数据支持下的技术手段和金融产品及服务创新，构建以资源共享、要素共享、利益共享为特征的金融模式，努力实现金融资源更加有效、公平的配置，从而更好地服务于共享经济模式壮大与经济社会的可持续发展。共享金融既包括有效支持共享经济发展的新金融模式，也包括金融自身的可持续、均衡、多方共赢式发展。作为金融资源供求双方的直接交易系统，共享金融整合线下金融资源，优化金融资源供求双方的匹配，在实现"普惠金

融"以及缓解现代金融体系的脆弱性等方面具有独特的优势。

作为一种新生的金融业态，共享金融涵盖了金融市场化、金融服务实体、互联网金融、普惠金融等一系列金融演进方向和理念，是适应后工业时代和消费者主权社会特点的"小、众、美"金融。而共享金融理念，一方面强调要服务于共享型的经济发展道路，另一方面由于金融自身过去出现了一些不可持续性问题，因此也需要强调金融自身的可持续、均衡、多方共赢式发展。目前，金融理财市场上常见的 P2P 和互联网众筹都属于共享金融。

互联网金融是指传统金融机构与互联网企业利用互联网技术和信息通信技术实现资金融通、支付、投资和信息中介服务的新型金融业务模式。互联网金融（ITFIN）不是互联网和金融业的简单结合，而是在实现安全、移动等网络技术水平上，被用户熟悉接受后（尤其是对电子商务的接受），自然而然为适应新的需求而产生的新模式及新业务，是传统金融行业与互联网技术相结合的新兴领域。

互联网金融的发展对传统的金融市场体系产生了一定的冲击，打破了原有的格局，导致新的金融市场体系面临再平衡问题。在此环境下，互联网金融需要平衡好和传统金融的关系，促使二者协调发展，互为补充。

互联网金融和共享金融的关系可以概括为：互联网金融是共享金融在当前特定历史阶段的具体表现形式，共享金融是互联网金融发展的最终归宿。互联网金融的产生是因为当前互联网涵盖了时代技术的主流，而当新的时代技术来临时，互联网金融就成了历史；而共享金融不一样，它代表的是一种理念，是金融的民主化和共赢，是利益和风险的共担。

P2P 网贷是指个人通过第三方平台在收取一定利息的前提下向其他个人提供小额借贷的金融模式。P2P 网贷是典型的互联网金融模式，同时 P2P 网贷也可以被视为共享经济中的资金共享。个人将自己的闲置资金放到第三方平台，由第三方平台将资金借与他人使用，个人收取一定利息，平台收取一定佣金，符合共享经济理念。

和传统金融业不一样，P2P 网贷的出现为解决中小企业融资难问题起到了积极作用，是我国民间金融创新的重要尝试。P2P 公司将民间的借贷延伸，部分满足了个人经营消费需求和大众理财需求。作为直接投融资模式的代表，P2P 网贷利用互联网技术、智能手机和个人电脑的普及所带来的便利性和跨地域性等优势，提高了运营效率和资源利用率，降低了借贷的交易成本。

与传统的借贷方式不同，P2P 网贷公司重视用户体验。无论是提供快捷安全的交易方式，还是针对不同需求提供特定服务，抑或是根据用户习惯推荐个性投资，P2P 网贷公司相对传统的借贷公司有了很大程度的提升。

随着共享经济在市场的扩张，P2P 网贷更应该抓住这一契机，规范自己的运营程序，运用技术驱动创新，搭乘共享经济的巨轮，扬帆起航。

**【章末案例】　　达安基因的基因检测战略**

2014 年 11 月，达安基因胎儿染色体非整倍体 21 三体、18 三体和 13 三体检测试剂盒（半导体测序法）及基因测序仪获得医疗器械注册证，是国内少有的取代时代测序仪器及试剂注册的厂商。达安基因布局基因诊断，进入国内基因诊断蓝海市场，未来发展空间极大。

**一、达安基因的概况**

中山大学达安基因股份有限公司（以下简称达安基因）是于 2001 年 3 月 8 日由中山医科大学、广州生物工程中心、红塔创新投资股份有限公司等作为发起人，将中山医科大学达安基因有限公司依法整体变更、发起设立的股份有限公司，设立时注册资本 3470 万元。达安基因依托中山大学雄厚的科研平台，是以分子诊断技术为主导的，集临床检验试剂和仪器的研发、生产、销售以及全国连锁医学独立实验室临床检验服务于一体的生物医药高科技企业。2004 年 8 月，公司在深圳证券交易所挂牌上市，成为全国首家基因检测上市公司，目前资产总额已达 312719 万元。达安基因致力于发展成为技术水平国际领先、生产规模国内最大、研究开发能力强、具有一定国际知名度的基因诊断试剂盒生产企业，并建成国内最大的基因检测产品开发生产基地。

**二、达安基因的基因检测战略**

近年来，基因检测投资热度逐渐升温。基因检测是指通过血液、其他体液或细胞对 DNA 进行检测的技术，是取被检测者脱落的口腔黏膜细胞或其他组织细胞，扩增其基因信息后，通过特定设备对被检测者细胞中的 DNA 分子信息进行检测，判断这部分基因是否存在突变或存在敏感基因型，从而预知身体患疾病的风险，实现针对性的"早知、早防、早治"。

达安基因推出的大众基因检测产品，通过检测与疾病高度关联的基因位

点，可以预知重大疾病的患病风险。达安基因大众基因产品上市，实现了基因检测从专业市场到大众市场的跨越，突破性地将原有的治"已病"模式，转变为全新的治"未病"模式。传统的医疗手段，如 X 射线、B 超、CT、MRI 等技术，往往只能发现临床病变，无法提前预防预测，大多数癌症被检测出时即是中晚期。基因技术利用分子生物学手段和现代遗传技术，能帮助人们提前在"未病"阶段预知自己未来的患病风险，通过针对性的防治措施，延缓甚至避免疾病的发生。

大众基因检测流程如图 1-15 所示。

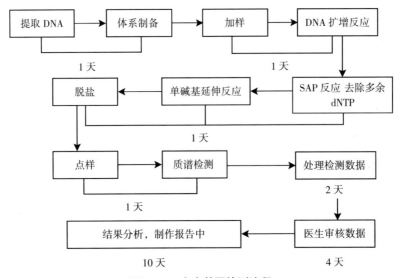

**图 1-15 大众基因检测流程**

达安基因已拥有行业最全面的产品线，大众基因产品涵盖了三大产品系列："A+动力"——天赋基因检测；"B+守护"——女性两癌基因检测；"C+防御"——重疾易感基因检测。

"A+动力"于 2015 年 7 月在妈妈网推出，成为国内首个在母婴类社区推出的基因产品。通过检测小孩口腔黏膜细胞样本的 DNA 信息，利用达安基因检测设备，能精准检测儿童的六大天赋，包括了认知、语言、记忆、情景记忆、音乐和舞蹈、运动。

2015 年 9 月 15 日，达安基因创新举行"让美丽不残缺，向乳腺癌说不"的微信发布会，正式发布大众基因产品官网暨"B+守护"基因产品。
"B+守护"女性两癌基因专业检测采用无痛无创的口腔黏膜采样法进行采样，
由公司通过 MassARRAY® DNA 质谱基因分析系统对口腔黏膜样本细胞进行
基因分型分析，对女性 9 个乳腺癌易感基因位点和 3 个卵巢癌易感基因位点
进行精准检测，评估受检者的相对遗传风险度和疾病易感性，并在 10 天内
出具检测报告。

"C+防御"重疾易感基因检测采用滴血取样的方式，并通过 MassAR-
RAY® DNA 质谱基因分析系统对样本血液细胞进行基因分型分析，提供慢病
（9 项）、男性（10 项）、女性（13 项）三大可灵活组合的重疾检测套餐（见
图 1-16），全面解读人体基因对 9 种慢性病、14 种癌症的先天防御能力，评
估受检者的疾病易感性和相对遗传风险度，并在 10 天内出具权威的检测
报告。

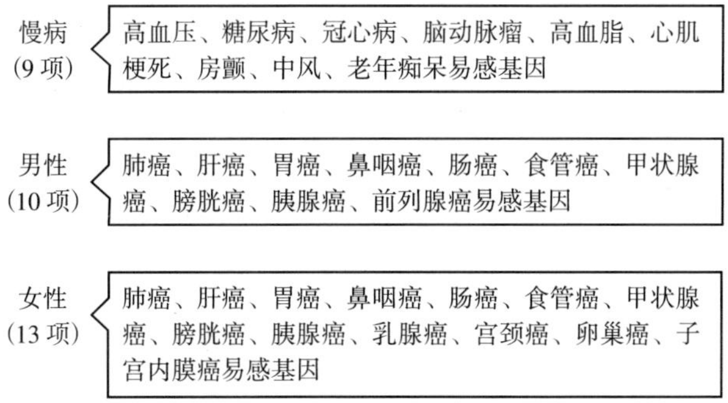

| 慢病<br>（9项） | 高血压、糖尿病、冠心病、脑动脉瘤、高血脂、心肌梗死、房颤、中风、老年痴呆易感基因 |
| 男性<br>（10项） | 肺癌、肝癌、胃癌、鼻咽癌、肠癌、食管癌、甲状腺癌、膀胱癌、胰腺癌、前列腺癌易感基因 |
| 女性<br>（13项） | 肺癌、肝癌、胃癌、鼻咽癌、肠癌、食管癌、甲状腺癌、膀胱癌、胰腺癌、乳腺癌、宫颈癌、卵巢癌、子宫内膜癌易感基因 |

图 1-16　对样本血液细胞的基因分型分析

### 三、达安基因的共享

广州天成医疗技术有限公司是中山大学达安基因股份有限公司的核心成
员企业。公司成立于 2012 年 11 月，秉承"开放、协同、共享"的核心价值
观，通过搭建电子商务贸易平台，围绕医疗设备技术及相关产品的需求，实
现生产厂商、使用客户和技术工程师线上线下的互联互通。平台将全国 1.4
万家医疗器械生产企业的 21 万种产品全部上线，为其提供医学工程施工、
招标采购、电子商务、信息系统、科研成果转化、金融结算、进出口、产品
报证和体系考核、设备售后维修、物流配送、健康管理、媒体宣传推广等服

务,节约了产品交易和技术服务的成本,同时也为用户提供了完善的在线服务功能和全面的服务解决方案。

此外,达安基因的多项大众基因检测产品都是国内首创,包括携手暨南大学首创"基因测试+分子营养学"预防疾病。达安基因改变了以往基因公司为专业服务的惯例,开启专业机构面向大众开放基因检测产品的先例。而其基因检测产品无论是 A 系列,还是 B 系列,或者是 C 系列,都可以说是对大众的一种分享,特别是 B 系列,面向困扰众多女性的两癌问题,提供了一个非常优惠的产品价格,可以让更多的人从治病向预防疾病转化。这可能是未来的一个发展趋势,新的经济时代使得技术创新成本逐渐降低,更多企业的盈利模式也将逐步从传统的产品质量转化为企业的服务。

四、结论与启示

不得不说达安基因这几年在基因测试产品上的不断投入为达安基因创造了不少的财富,截至 2016 年 3 月 31 日的数据,达安基因的总资产已达3127190484.37 元。而达安基因对基因测试产品的不断投入恰是公司向社会分享价值的体现,而公司搭建的电子商务平台,又进一步让专业走向大众,使更多的人受惠。达安基因让基因检测实现了从专业市场到大众市场的跨越,这正是共享经济下企业发展的又一条途径,利用好这个机会,达安基因会越走越远,也会服务越来越多的普通大众。

资料来源:作者根据多方资料整理而成。

||第二章|

# 平台战略

未来商业竞争不再只是企业与企业之间的肉搏，而是平台与平台之间的竞争，甚至是生态圈与生态圈之间的战争。共享经济下的平台战略精髓在于打造出一个共赢互利的生态圈。

## 【开章案例】　　　　　途家的平台战略

2011~2012 年，途家、游天下、住百家、爱日租等多家效仿海外 Home-Away 和 Airbnb 的在线非标短租公司先后成立。然而，最先于 2011 年 6 月成立的爱日租因资金链断裂于 2013 年 7 月宣布倒闭后，前后十余家厂商陆续退出非标短租市场。2014 年下半年，非标短租市场逐渐回温，途家、小猪分别获得投资。2015 年下半年，途家、小猪短租等平台分别获得新一轮融资，人们对房屋、车辆分享消费模式的接受度大大提高。

### 一、途家网的概况

途家网定位为高品质服务公寓预订平台，以自营房源的重资产模式为主，2015 年参与无忧我房 A 轮融资，加速布局"非标准住宿"生态链，2016 年进军乡村旅游民宿。2016 年 6 月，途家网收购蚂蚁短租的全部股权，试图实现企业转型及补短。目前，途家房源总量超过 43 万套，覆盖国内310 个城市，海外及港台地区 1026 个目的地。已完成 5 轮融资，融资总额大于 4 亿美元，估值超过 10 亿美元。

## 二、途家网的平台战略

当前我国旅游住宿市场具有以下特点：首先，从资源供给来看，中国有全球最大的不动产存量；从度假需求看，国人正成为全球最爱旅游的群体，旅游住宿市场潜力巨大。其次，在资源供给端，好的和有特色的房源不多；在需求端，很多人住宿强调服务，出行喜欢住酒店，但目前中国的酒店市场中，三星级和五星级连锁酒店发展较为成熟，四星级酒店市场相对是一个空档。因此，途家网以填补四星级酒店的空白为目标，定位在中高端市场。

途家的平台战略中合作对象主要包括三种类型：①类京东的自营B2C模式和开发商合作模式。一种是开发商在设计之初就与途家合作，途家参与设计并保障出租，解决去库存化问题；另一种是开发商将尾盘委托给途家经营。②类淘宝的C2C模式。途家根据交通、游客量、商务频率测算需要的房子数量，选取房源相对集中的小区进行合作。③类天猫的小B2C模式。与已有的经营方合作，让其房源放在途家平台上，途家给它带来订单。途家的商业模式如图2-1所示。

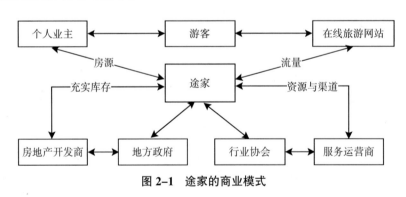

**图2-1　途家的商业模式**

在搭建合作方的基础上，途家在服务、流量、共享合作和信任体系构建方面下功夫，力图真正实现其战略定位。

第一，完善线下服务。由于途家定位为填补四星级酒店的空白，提供四星级酒店服务水平是其中的关键。为此，途家选择与美国斯维登酒店管理体系合作，推行五星级酒店式的服务管理，从而将存量房的住宿服务提升至高档酒店级别，与此同时，通过对客户的反馈评价分析，进一步对服务质量进行监督和完善。有数据显示，途家有93%的用户推荐率，用户满意度平均为

4.6 分（满分 5 分），超过部分五星级酒店。

第二，引流。在保障房源端质量和服务水平的基础上，通过合作平台引流和口碑传播实现用户群扩大的目的。在平台合作方面，2014 年，途家选择与携程合作，建立携程途家频道，通过该频道，包括途家自营公寓、平台商户、海外房源在内的途家网所有在线房源都展示在携程上，携程用户在选择途家产品完成支付的阶段会被提示跳转到途家，通过这种方式，携程为途家带来了几千万的会员资源。在口碑传播方面，采取 KOL（关键意见领袖）等营销方式在信任的基础上做口碑传播，每个季度都会组织至少四场相应的 KOL 体验营销，广泛地选取网络意见领袖、旅游达人、自媒体人等人群围绕亲子、度假、商务游等主题展开 KOL 体验营销，实现目标群体引流。

第三，共享合作。①与房地产商合作。如 2015 年 11 月，途家与首开集团签订了合作协议，在房源的"管家+托管"、项目营销、社区 C2C 等业务上全方位合作。2016 年 1 月，途家与鲁能集团合作建立鲁能泰山度假俱乐部，向业主提供房屋管家、托管、交换服务，保证房屋保值、升值，同时向消费者提供优质的、高性价比的房屋租赁服务，实现鲁能集团业主及旅游度假人群的对接。截至 2016 年 3 月，途家已与 80% 的百强房企达成合作。②与地方政府合作。2014 年 3 月，途家与福建省旅游局合作，围绕福建省的山、泉、海和土楼资源，打造以武夷山为代表的"山"景特色公寓，以温泉为主题的"泉"景度假公寓，以福建沿海特别是厦门、泉州一带为主体的"海"景公寓，以及以福建的特色土楼资源为主题的"土楼"特色公寓。在解决地方政府财政税收、解决当地人员就业问题的同时，有助于繁荣地方旅游市场，促进旅游地的房产销售。截至 2016 年 3 月，途家已与 200 多个地方政府达成合作。

第四，信任体系构建。中国的诚信制度滞后是影响中国短租市场快速发展的瓶颈。首先，房主不信任第三方，不放心将房子交给第三方管理；其次，经营者不诚信或系统不完善，入住的房子与图片不一样，导致房客体验不好，进而房客不再信任短租平台。针对这些问题，途家利用移动互联网技术，初步建立了基于信息对称的信任体系。具体来说，这一体系包括以下三个方面：一是通过"钩稽关系"，搭建信用体系；二是通过信息对称加后期

服务，取得顾客信任；三是凭借即时更新的大数据分享平台，实现信息对称。

可以说，途家的平台战略是典型的基于共享经济的平台战略。在途家平台上，房地产开发商、政府管理的旅游特色与资源、中小商家以及个人将过剩的或者没有被开发的资源通过途家平台提供给各种类型的旅行消费者，实现了剩余资源的利用和挖掘，也改变了传统房源的利用方式，为资源供应方创造了经济价值，同时也为消费者带来了新颖的旅途体验价值和经济价值。

在构建平台战略的过程中，途家通过多种机制为平台的健康发展提供保障，通过消费者引流和多方房源资源整合实现平台的跨边网络效应，通过口碑和 KOL 传播实现消费者端的同边网络效应，通过服务质量的把控实现对平台质量的控制，通过钩稽关系等方式实现平台信任体系的构建。这些机制为途家平台战略的有效实施提供了保障。

**三、途家网平台战略的问题**

第一，途家平台服务扩张的整合。2016 年 6 月，途家收购蚂蚁短租的全部股权，试图扩张服务版图，有观点称途家并购蚂蚁这一举动是强强联合。但在旅游领域，携程并购艺龙、去哪儿之后的艰难共赢之梦时刻提醒我们，并购之后的整合是实现共赢的关键。途家擅长 B 端房源管理，而针对蚂蚁短租 C 端房源的经验比较少，而且蚂蚁短租的团队、技术和运营模式与途家也有不同，如何将原有的平台战略和机制与蚂蚁短租现有资源进行整合是实现并购后协同发展的关键环节。

第二，平台内部各方利益平衡。目前，途家构建了多模式房源体系，然而，平台中的马太效应容易导致部分房源生意火爆而产生"堵塞效应"，出现想订房却订不到的情况。另外，部分 C 端房源由于缺乏专业的服务，导致生意冷清，降低了房东参与平台的积极性。如何平衡两种类型房源的利益，使平台健康壮大发展是途家等平台成长过程中必须考虑的问题。

第三，与类似平台的竞争。去工业化、去中心化的大趋势让个人与个人直接分享彼此的资源，提供个性化住宿体验成为未来短租领域的重要方向之一。例如，小猪推出的"城市之光"书店住宿计划使书店通过床位分享改变生存状态，大幅度提高上海 Mephisto 书店、扬州边城书店和武汉文泽尔私人图书馆等企业的收益，成为城市的文化地标和阅读推广先锋。建筑师携建筑作品加入小猪，通过小猪"乡村美宿"计划一起带动乡村旅游经济。途家如何在服务标准化和个性化之间寻找平衡点是所要面临的关键问题。

第四，跨界竞争。未来在线短租有望成为整个旅游度假的生态入口，在这种情况下，途家将直接与携程等在线旅游网站形成竞争，从原来的互补合作者变成竞争者。因此，如何形成差异化服务，构建"护城河"，保护好利润池，应对其他领域企业的跨界竞争也是短租企业要考虑的问题之一。

**四、结论与启示**

作为分享经济发展最快的领域，在我国房屋剩余资源、消费者旅游需求以及持续化的个性化住宿需求增长的趋势下，激活旅游短租市场已经成为资本追逐的目标。在这个过程中，途家运用共享经济理念，结合中国特色，激发政府、房地产商、房东、行业协会、在线旅游网站各方的积极性，成功实现高速发展，构建了房屋共享经济的一个模板。

资料来源：作者根据多方资料整理而成。

企业在做战略定位时，要么低成本，要么差异化，要么聚焦细分市场，除此之外，真的别无他法。在互联网时代，企业进行战略定位，要么专业化，要么平台化。可以说，平台战略已成为企业未来制胜的一大法宝。

# 一、平台战略

话说有这样一种商业模式，当某种产品或服务的使用者越来越多时，每一位用户所得到的消费价值都会呈跳跃式增加。如电话、传真机、QQ、网上社区、微博等，通过使用者之间关系网络的建立，达到价值激增的目的。这种商业模式，用我们现在颇为流行的话说就是平台战略。

很早以前，人类社会就开始实施平台战略，典型的例子包括古代欧洲的集市，我国一直以来就存在的农贸市场，以及大型的购物商城和各种专业的花卉、大豆市场。在传统经济中，这些市场通过构建交易规则和互动环境，将不同群体人员吸引到平台上进行交易，从而实现价值创造。

在互联网时代，互联网加快了信息传播速度，降低了信息复制成本，提升了信息匹配效率，创造了新型交互方式。在这种情况下，互联网时代的平台战略，就是在互联网环境下，企业改变传统单向垂直的商业模式，不再将服务某一个群体作为市场目标，而是聚合双边乃至多边群体，以互动机制来联结这些群体，满足各群体的需求，从而以此来获利。

在共享经济时代，消费者、企业和政府机构可以通过合作的方式与他人共同分享产品和服务，而无须持有产品和服务的所有权，实现了所有权和使用权的分离，同时达到重复利用过剩资源的目的。在这个背景下，我们认为企业的平台战略是指企业实施平台化产品或服务，连接和整合各种群体的互补、过剩、闲置资源和需求，制定信任、定价等规则和搭建基础架构，为他们提供互动、交易、协同机制，形成多边网络效应，构建共生、互生和再生的互联网生态圈，达到价值创造目标的企业战略行为。

小米的横空出世使企业对消费者参与感的重要性的认识提升到前所未有的高度，不管是互联网企业还是传统产业，都将建立用户参与感列入重要的企业战略。另外，华为轮值 CEO 徐直军认为"华为是长期做实业的公司，虽然'互联网+'炒得很热，但华为不是特别认可"。徐直军认为，互联网本身颠覆的还是互联网行业，用互联网做传统产业不现实，并且认为在有产品和服务的行业，不能忘记产品的本质，而且更重要的是产品和服务，离开产品谈互联网是无稽之谈。两个企业关于互联网思维的争论不绝于耳。从平台战略的角度来看，小米给大众的感觉是关注消费者的参与感，侧重于市场平台的构建，而华为更关注产品品质，侧重于技术和产业平台的构建。事实上，随着互联网逐步成为一类独立资源，企业平台战略不断出现融合的趋势，即市场平台和产业平台的融合。企业成功实施平台战略的关键就是要无缝融合两大类型的平台战略，从而搭建为消费者提供更多个性化选择和决策权利的新型平台。

企业平台类型分类如图 2-2 所示。

## 1. 多边市场平台

多边市场平台是基于双边或多边群体和消费者的产品和服务的交换平台。其起源于单边平台，而双边平台是实现共享经济的主要平台类型。

单边平台：在传统观念中，市场一般指买卖双方聚在一起进行交易的场所，

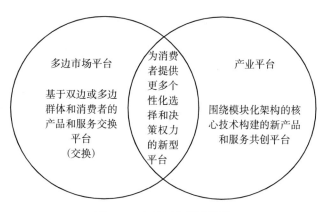

图 2-2　企业平台类型分类

市场上的主体可以分为买方和卖方，买卖双方同时互动，形成市场。在营销学中，市场涵盖各种各样的顾客（买方）和行业（卖方），是一种实现买卖双方互动和决定交易价格、交易数量的组织形式。这种市场主要指单边市场（Single-sided Markets）。在这类市场中，参与主体主要包括作为卖方的企业和作为买方的消费者两类用户。主体之间的互动主要包括相互搜索、讨价还价、达成交易三种类型。市场客体主要包括用于交易的商品和服务两种类型。在互联网时代，单边市场则表现为互联网平台和用户之间的服务与被服务关系。例如，早期的 Facebook 就是典型的单边市场，其主要功能是作为一个联系朋友的社交工具，大家可以通过它和朋友、同事、同学以及周围的人保持互动交流，分享无限上传的图片，发布链接和视频，增进与朋友的联系。

　　双边平台：双边市场是指有两方参与者和一个平台的交易市场，市场的买方和卖方在平台上进行交易。与单边市场相比，双边平台具有以下特点：第一，在这样的市场中，至少存在三类不同的市场主体。一类是平台企业；另外两类是性质截然不同、通过平台互动的平台用户群，典型的平台群体如进驻购物广场的商家和消费者、Windows 平台上的应用程序开发者和最终用户、电视频道的广告客户和观众、银行卡的持卡人和商户、门户网站的网民和广告商、搜索引擎的用户和广告商等。第二，双边用户之间存在多种类型的互动。除了传统的交易外，共享平台还包括免费、赠送、交换、分享、共同创造等多种互动类型。第三，作为双边市场的创建者，平台企业还需要提供多种机制促使平台健康发展，提高平台效率，实现资源、信息等共享，如操作系统、中介、配对、技术支持等。

双边市场平台具有相互依赖性、网络外部性和价格非对称性的特点。首先，在相互依赖性方面，平台的发展依赖于买卖或共享双方的规模，同时买卖或共享双方的互动依赖平台提供的服务，买卖或共享双方之间的供需也存在相互依赖关系。在共享平台上，可以将平台参与者分成资源共享者、需求者和协调者，其中共享者和需求者可以是同一个体。其次，在网络外部性方面，平台主要包括直接网络外部性和间接网络外部性两种类型，网络效应具有自我强化的正反馈机制，这种网络效应使平台内部群体和平台之间的竞争容易导致"赢者通吃"的局面。最后，在价格非对称性方面，平台企业通过非对称的定价策略实现多方共赢，例如，通过对某一方进行补贴的方式将双方整合到平台上。

进一步细分双边市场平台，大致可以分成三种类型。图 2-3 的双边平台由平台企业、平台核心群体和平台外围群体三者构成，平台在平台核心群体同边网络效应的基础上与平台外围群体形成跨边网络效应，推进平台发展。

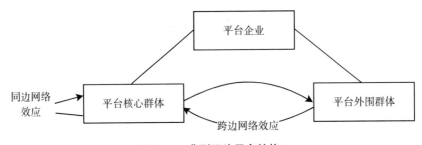

**图 2-3　典型双边平台结构**

图 2-4 的双边平台与图 2-3 的不同，该平台核心群体包括多群体，其同边网络效应演化为平台核心群体的跨边网络效应，在此基础上，进一步与平台外围群体互动，形成跨边网络效应。典型的平台类型为机场，机场的航班和乘客分别对应平台核心群体的双方，而在机场提供产品和服务的商家则是平台外围群体。

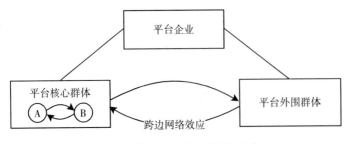

**图 2-4　核心—外围结构双边平台**

图 2-5 的双边平台包括一个平台核心群体和两类平台外围群体，如初创的 Facebook 平台主要服务于平台核心群体的社交需求，随着平台的发展，广告商和第三方软件开发商分别作为两类平台外围群体加入 Facebook，三者之间在平台的中介作用下形成同边和跨边网络效应，伴随着平台的发展而不断壮大。

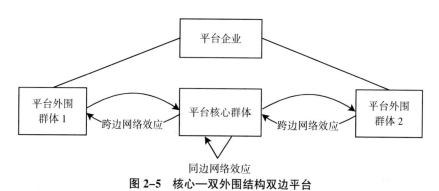

**图 2-5 核心—双外围结构双边平台**

随着各种运动 APP 的流行，随时随地统计一天的运动量、热量消耗情况等已经成为一件触手可及的事情。办公室、朋友圈里也不断掀起运动、健身热潮，大量创业者涌入运动 APP 的竞争行列，悦动圈就是其中的佼佼者。

**一、悦动圈的概况**

悦动圈是由深圳悦动天下科技有限公司于 2014 年 3 月自主研发的 APP，目前拥有 1 亿下载用户，平台通过用户之间的共享、竞赛等方式实现同边网络效应。作为腾讯、小米入股的明星企业，成立一年半完成三轮融资，先后斩获百度金熊掌奖、腾讯应用宝最佳新产品奖、腾讯腾飞新锐大奖，被 36kr Next 平台评选为"年度最佳跑步计步应用"，被《证券时报》评为"2015 年深圳十大未来独角兽"。能取得如此骄人战绩，与该 APP 的功能与运营策略休戚相关。

**二、悦动圈的社交平台**

很多人在制订运动计划的时候都有宏远目标，但实施的时候总是偷工减料，运动是强意愿、低落实的事情，为用户建立一种坚持运动的信仰支撑成为提高平台用户黏性的关键。为此，平台构建了竞赛、分享和奖励等游戏化产品机制。例如，在运动后运动者借助微信平台分享和炫耀运动成绩，满足

炫耀的心理；在竞赛方面，对用户的运动历史进行统计分析并建立数字等级优越感；此外，为了给用户惊喜，采用大家都乐于参与的红包机制，平台设置游戏化的任务制度，当用户完成一定数量的运动量以后，可获得惊喜数字红包。这些机制有效地引导、培养和维持用户跑步习惯。与此同时，游戏化的产品机制有力地增加了用户的平台忠诚度和黏性。

健康话题已经成为当下大众最关注的问题之一，人们具有身心健康的诉求，但这种诉求虽重要却不紧急，为了进一步引导消费者对身心健康予以关注，营造大众同理心，悦动圈将积极阳光的人们作为带动者，引导消费者在朋友圈中晒运动，实现个人运动信息的分享，不断引起朋友圈内群体的共鸣，进而将一个人运动后的微信朋友圈分享机制转变为一群人因兴趣社交的活动管理平台，从个人的单纯运动行为转变为大规模群体的社会化媒体社交行为，有效地激发网络效应。

独运动不如众运动，而传统运动赛事总是容易受限于场地、安全等因素。例如，线下举办一场马拉松赛事需要取得各种报备，在安全措施、场地规划等方面也有一系列硬件指标。但通过O2O赛事，悦动圈实现了互联网马拉松运动，不再受限于运动场地，也不再受限于参加人员的地区，通过平台实现信息分享和运动组织。此外，为了激发团队意识，平台创新性地发明了团战玩法，组织了团队印花赛、百校大战等线上团战项目，让用户在个人运动快乐的基础上，进一步感受到集体的归属感和荣誉感，从而满足消费者的潜在心理需求，实现消费者的体验价值创造。

资料来源：作者根据多方资料整理而成。

## 2. 产业平台

在平台战略的相关研究中，除了针对消费者的多边市场平台外，第二种平台战略是围绕模块化架构的核心技术构建的新产品和服务的产业平台。这种类型的平台实践可以追溯到福特公司的平台战略，1913年，福特开发出世界上第一条汽车装配流水线，改变了世界汽车制造业的历史，生产的福特T型车数量达到1500万辆，至今仍保持世界纪录。2016年4月，福特又宣布一项驱动公司向汽车移动公司转型的计划，内容涵盖新能源汽车、自动驾驶、技术实现的共享式开发以及共享出行等方面。在计算机领域，IBM 的开放式结构设计把产品平台引入 IT 产业，实现企业间、模块间接口共享，并成功打败了当年以封闭为战略的苹果公司。在产业平台中，平台领导者一般是产品制造者或者软件商，通过建立模块化结构和开放系统，其他厂商依托核心企业的平台开发不同产品。模块化创新是产业平台的主要方式。一般来说，产业平台包括三个特征，即模块化结构、界面（模块相互作用和交流的接口）、标准（模块遵循的设计原则）。此外，平台的发展具有动态性，随着产品互补性、功能多样性及兼容互通性不断增强，平台也在不断演化和升级。

我们认为，产业平台战略应该作为企业层面的成长和竞争战略，其目标是实现创新资源开放化和社会化，达到开放式创新的目的，而不是简单的产品开发平台的概念。为此，平台企业通过与各种兼容互补技术协同，形成互补、共生、再生的技术创新体系，使企业之间的竞争成为"创新生态系统"之争。

对于双边市场平台和产业平台，存在诸多不同的特征，具体如表 2-1 所示。

**表 2-1 各种性质的平台特征**

| 特征＼平台 | 产业平台 | 双边市场平台 |
|---|---|---|
| 性质 | 产品和知识平台；知识探索，创新生态，创新共创 | 双边平台；资源利用和实现客户价值 |
| 关系和连接性 | 集群式参与者，不同层面的协作和开放性；通过知识交换实现协同 | 全球性竞争和合作关系 |
| 平台参与者与角色 | 创新政策制定者、本地中介者、创新代理、创新人员、基金支持者 | 服务和商品供应商、消费者和平台企业是核心参与者，其他参与者为周边参与者 |
| 平台目标 | 提高企业生产效率；实现大规模或个性化定制；提高产品设计创新能力；获取来自外部互补创新的知识 | 对平台企业：把双边用户吸引到平台上来互动从而获益；对双边用户：使互动成为可能或能够从平台互动中获益 |
| 设计规则 | 模块化组件再使用；系统架构的稳定性；实现知识互补 | 实现开放或授权开放，便于平台用户接入，平台设计定价策略 |

无论搭建的是市场平台，还是产业平台，其实都是搭建一个平台化企业，通过某种产品产生庞大的流量，在此基础上不断根据客户需求，为客户增加个性化的产品和服务。所谓平台战略，就是利用平台规模，实现企业逐利这一目标。具体来说，平台战略有五大作用，如图 2-6 所示。

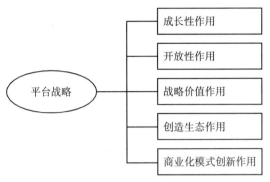

图 2-6　平台战略的作用

第一，成长性作用。成功的平台具有强大的连接能力，通过连接能力建立的在线网络实现爆发性成长，让平台后面千千万万的服务者成为创造者。例如，滴滴打车衔接过剩的汽车资源，目前已拥有 3 亿用户，在中国 400 多个城市开展服务，司机超过了 1400 万，但是大概只有 1% 的出行从线下到了网上。根据平台成长曲线的阶段划分，滴滴还处于发展的早期阶段，2016 年 8 月，滴滴收购优步中国，实现平台规模的快速扩张。可见，平台的成长性作用是巨大的。

第二，开放性作用。越是开放的策略，吸引的创造者就越多，平台的创新能力越强，平台生态圈的参与者类型和数量越多，平台的吸引点也随之增长，而这些吸引点会进一步产生爆点，那么这个产品就会形成一个良性的用户吸引点，所以开放性策略能够帮助平台快速成长。如喜马拉雅 FM 在内容、硬件、软件等方面的开放性战略，为该平台的扩张和发展提供了巨大的潜力。

第三，战略价值作用。与传统垂直型企业不同，平台企业的价值估值与企业的成长天花板挂钩，平台价值根据平台将来可预计的增长性曲线进行评估。此外，平台估值还与平台能够沉淀下来的数据有关，就如马云定义阿里一样，阿里是一个数据公司，在大量消费者购买数据和购买过程的基础上能够进一步挖掘巨大的商业价值。所以，平台规模和数据沉淀是共享平台战略价值的起点。

第四，创造生态作用。共享经济平台通过构建商业生态圈的方式连接价值创造者，并实现价值转移，以及最后的价值实现。在商业生态中，平台需要对用户价值进行深度挖掘，并对挖掘的成果进行商业化。例如，早期的猪八戒网通过提供企业商标设计需求与创意商品提供方的匹配服务，并从该服务中收取佣金的方式获得收益，2016 年开始，猪八戒平台进一步对企业的这些需求进行挖掘，提供知识产权、注册等一系列创新服务，创建新的商业生态圈。

第五，商业化模式创新作用。盈利模式是平台商业化模式的关键环节，目前，平台商品化模式的变现方式主要包括：流量变现成广告、开放游戏进行盈利，开放会员等级进行盈利以及形成现金流进行盈利等。平台往往会综合运用多种变现方式构建利润池和形成竞争壁垒，如 Facebook 的盈利模式就包括多种渠道。

---

**专栏 2-2　　　　亿车科技的互联网停车共享**

2015 年艾瑞发布的《"互联网+"城市智慧停车指数》报告显示，北上广深四地的平均停车泊位缺口率为 76.3%，每地至少有超过 200 万车辆无正规停车位，而 44.6% 的停车位没有得到合理利用，只有 7% 的智慧停车场可以解决部分泊车问题。在这种环境下，亿车科技这家"互联网+"停车企业应运而生。

深圳市前海亿车科技有限公司（以下简称亿车科技）是一家致力于利用移动互联网和大数据技术解决城市停车难问题的高科技创新企业。面向全球提供领先的路边临时占道停车管理与路外停车场收费管理运营一体化解决方案及车联网的增值服务。亿车科技以智能停车业务为核心，围绕智能交通领域提供专业的细分产品的研发、建设、运营解决方案。

亿车科技是一个典型的停车联网解决方案提供商，提供"泊云"停车管理运营和"蜜蜂停车"停车场运营项目，以路边停车、停车场联网以及充电桩运营为业务重点，已完成 150 多个停车站的互联网改造和运营，计划 2016 年完成 2000 多个停车场的接入与运营。

在模式方面，亿车科技致力于打造 B2B2C 的业务模式，整合停车场的运营资源，融合支付、一卡通、电信等第三方资源。公司向社区物业及商业物业提供云平台，使物业公司实现自动化的停车场管理、人员出入管理、停车场实时监控和收费系统管理等功能。车主在使用蜜蜂停车 APP 完成停车缴费等功能的同时，也能得到汽车及社区 O2O 服务。

在系统功能方面，泊云包含智慧路边停车、智慧停车场、停车运营及增值服务四大块，实现停车位数据采集、停车位查找、在线缴费、执法监管等多项创新功能，利用数据采集技术、无线通信技术、虚拟化技术，基于云计算、大数据处理、移动互联网等技术实现对城市停车资源的管理、对停车行

为的监控、对运维团队的支撑，并最终实现为各类车主提供全面的交通信息服务。在此方案基础上，亿车科技已开发出一系列相关产品，包含面向监管部门的后端运维支撑系统，面向巡管人员的手持PDA客户端软件，面向车主的WEB门户网站以及手机APP客户端。

在资金支持方面，2016年初，亿车科技获得由腾讯、泓锦文并购基金、同创伟业、坤鼎车联网产业基金和其他投资人共同出资的8000万元A轮融资，用于2016年在全国建立6个区域运营中心和10个办事处。

在合作伙伴方面，2016年5月，亿车科技推出"开放战略"，试图整合停车生态圈，全面开放路边停车、停车场联网、充电桩运营、车后增值服务的合作，与各类合作伙伴在业务、产品、技术和资本四个方面打造共赢共生的停车生态圈。2016年6月，亿车科技联合腾讯，与江门政府共同推进智慧城市建设，亿车科技的开放战略实现新的突破。2016年7月，亿车科技与科海股份达成战略合作，本着开放共赢的理念，双方将实现市场信息和资源平台共享，在智慧交通、城市停车管理云平台等智慧城市行业领域展开深入合作，拓展示范项目和探索商业模式。

停车痛点足够痛，停车市场足够大，也有足够的刚需高频，作为互联网新的风口，现在只是"停车生态"的第一道门，还面临资源、用户习惯、匹配等方面的问题。互联网停车企业如何变现以及如何构建"停车生态圈"，亿车科技已进行了有益的探索，将来的发展我们拭目以待。

资料来源：作者根据多方资料整理而成。

# 二、平台战略的驱动因素

从Facebook和Google到苹果和亚马逊，这些巨头企业凭借开放平台策略实现快速增长。我国的腾讯、百度、阿里巴巴、京东、小米等互联网企业也通过平台战略成长为中国最具价值的公司。同时，传统企业正面临平台企业的跨界竞争，海尔等企业也正在构建符合传统产业特点的平台战略。平台战略正在颠覆传统企业竞争的游戏规则，互联网巨头正以一种新的价值网络构建平台生态圈。消费主义的兴起、企业竞争规则的改变、自身资源的短板等因素促使企业必须思考和实施平台战略，从而实现资源协同、发现商业机会以及构建新的商业生态圈（见图2-7）。

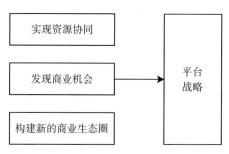

图 2-7　平台战略的驱动因素

## 1. 实现资源协同

当前，企业面临资源不足与产能过剩、互联网逐渐成为新的战略资源、资源分享和合作思维逐步扩大等现象，促使企业进行资源协同，从而实现共担成本、顾客关系管理协同、知识创新、资源外部性的目标（见图2-8）。

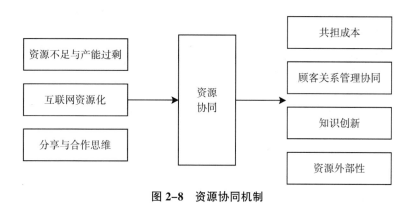

图 2-8　资源协同机制

第一，企业面临资源不足与产能过剩的困境促使企业资源协同。传统的基于资源企业的观点认为，企业的竞争优势是建立在内部资源基础上的，企业寻找持续竞争优势的来源必须集中在企业资源的异质性和不可流动性基础上。由此，产生竞争优势的资源必须具有有价值、稀缺、不可模仿性和不存在替代物等特点。然而，在共享经济背景下，这些资源特征并不能确保组织保持竞争优势，而且，

单个企业也难以完全拥有形成竞争优势的所有资源，存在资源不足的现象。另外，企业同时还存在产能与资源过剩和分散化现象。各种有形的、无形的、与经验相关的过剩产能无处不在，这些过剩产能可以通过共享平台向外界提供产品和服务，重新挖掘原有的闲置资源价值。例如，2010年以前的腾讯被360董事长周鸿伟称为封闭的帝国，腾讯利用QQ上累积的社会关系实现模仿复制，让新进入者无路可走，其中的关键就是腾讯基于传统资源观试图自己完全掌控资源，然而，这种模式在与360的3Q大战中显现出巨大的危机，因为互联网的发展催生出大量的"互联网＋"企业和平台，没有哪家企业有能力掌控所有的业务和项目。2010年以后，基于微信平台，腾讯将战略转变为只做"连接器"和"内容生产"，其他的全部放弃，同时构建开放平台和开始大规模投资，实现资源协同。到2016年，腾讯开放平台的伙伴市值估值超过3000亿元，与此同时，腾讯的市值也从400亿美元飙升到2000亿美元。

第二，互联网资源观推进资源协同。随着互联网内涵和外延的不断丰富和扩展，互联网已经不再仅仅是一类技术系统或应用平台，其资源性特征在经济社会系统中的表现越来越显著。例如，在医疗服务领域，利用基于互联网的全息影像技术，通过传感器、摄像头和可穿戴设备等可以自动记录人体的心脏、骨骼、血液和脑电波等各项指标数据，开启了未来基于互联网的全新医疗服务模式，通过互联网自动实现人体健康数据的采集分析并形成辅助医生的诊断建议。显然，互联网已经超越技术系统和应用平台的范畴，深度融入产品系统之中，成为重要的人造资源。互联网这种资源广泛渗透到生产生活的各方面，促进线上线下资源的深度融合与重构，推动生产和生活方式变革。因此，企业应该基于互联网的资源观重新思考原有的生产经营方式，分析企业面临的竞争环境和内部条件，结合自身的优势，加快基于互联网资源的技术创新、商业模式创新和服务体系创新，不断优化基于互联网资源的企业发展战略。

第三，资源分享与合作思维是资源协同的推进器。随着Uber、Airbnb、滴滴等共享平台的巨大成功和社会影响力的不断增强，人们对共享经济的认可度不断提升，基于私人资源的再利用、公共资源的深度开发、基础设施的共享和分享日益成为企业和个人认可的资源使用方式，企业需要借助资源分享与合作思维创造共享价值。

通过资源协同，企业可以实现以下价值：

（1）资源协同实现活动成本的共担。通过平台企业间跨功能、跨买方和卖方组织边界的一体化业务过程来实现范围经济。平台企业利用各产品和服务功能之间的内部联系性，满足顾客不同功能的价值需求，实现功能一体化。此外，平台企业在提供产品和服务的过程中，相互协调，共享业务流程，共担活动成本，实现活动成本的降低。

（2）资源协同实现顾客关系管理协同。企业价值创造的根本资源来自顾客，顾客资源使用模式的发现与应用能够帮助企业提供更高价值的业务解决方案，为顾客创造价值，为公司增加利润。

（3）资源协同实现知识创新。平台通过信息跨组织边界的平行连接促进信息快速交换，促使人们直接相互联系，促进创新思想的产生，从而使平台不仅传递价值而且创造价值。

（4）平台战略实现资源外部性。由于规模的增加可以降低单位成本、提高现有市场占有率与获得新市场，所以资源的市场外部性随着共享平台参与者数量的增加而增加。通过平台参与者合作关系的建立，可以产生更多准租金，从而使合作伙伴共同获得在非合作情况下难以获得的收益。

（5）资源事例。

---

**专栏 2-3　　就医 160 的互联网医疗平台战略**

2016 年 6 月，互联网医疗服务平台就医 160 在第四届健康界峰会上正式发布了国内首个以患者为中心的互联网分级诊疗平台战略。就医 160 分级诊疗平台全面支持社区全科医生签约服务，为患者提供首诊咨询，指导精准就医。

**一、就医 160 的概况**

就医 160 致力于打造网上医院，实现了网上预约挂号、导诊、支付、健康咨询以及健康管理等服务，覆盖了医院、医生和患者三端的诊前、诊中、诊后全流程。截至 2016 年 3 月底，平台服务范围包括深圳、东莞、长沙、广州、北京、上海、香港等 200 多个城市，在 31 个省份实现了挂号服务；连接了 2700 多家医院（其中包括 1000 多家三甲医院），47 万医生和 8200 多万用户，服务人次超过 2.4 亿；移动端挂号比例超过 60%。2015 年 5 月，平台获得 1.3 亿元 B 轮融资，获评 2015 年度"最具投资价值的互联网公司"

之一。2015 年 12 月 15 日，公司成功登陆新三板。

就医 160 通过互联网提升患者的就医体验，帮助医院提高 IT 能力，改善服务流程；服务基层医疗，提供互联网分级诊疗平台，分流患者到社区，推动病情优先的分级诊疗，打造互联网分级诊疗体系；广泛引入健康产业链合作伙伴，连接保险和药企，打造开放、共赢的医疗健康生态系统。

## 二、构建医疗共享平台

针对政府、医院提出的"分级诊疗"问题，2016 年，就医 160 发布互联网分级诊疗平台战略，该战略的目标是以患者为中心重构就医路径，提升就医效率，改善患者就医体验。首先，在导诊环节，通过网络向患者宣传和引导分级诊疗政策，将轻慢病患者疏导至社康中心，缓解大医院诊疗压力。其次，在分诊环节，兼顾病人和医生的诉求，以"病情优先"为切入点，发挥互联网连接信息的优势，连接医患，调动医生积极性，通过患者"免费申请+医生审核"的方式匹配医患资源，提高转诊患者就医效率。同时，平台全面支持社区全科医生签约服务，为患者提供首诊咨询，指导精准就医。最后，借助平台医生资源、患者群体和流量，助力医院与社康中心之间的"双向转诊"，通过 HIS 系统，支持线上转诊，成为分级诊疗体系的运营平台。2015 年，平台完成 133 万个转诊案例，例如，深圳的福永人民医院（基层医院）转诊 10070 例，石岩人民医院（基层医院）转诊 24484 例。

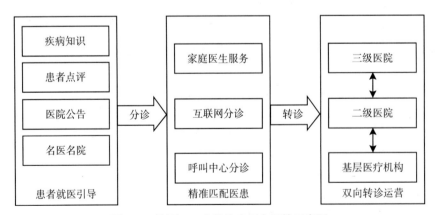

**图 2-9 就医 160 分级诊疗平台运转示意图**

就医 160 采用重团队、重产品和重服务的三重模式提供服务。在重团队方面，平台的线上线下人才兼备。目前，团队人数超过600人。其中，地面团队有工程师、实施人员、地推人员等300余人。线上团队有来自百度、阿里、腾讯等公司的工程师、运营人员和产品人员300多人。在重产品方面，公司有着完整的产品线，除了医生端和患者端，还有医院端。医院端提供排班、挂号支付、院内产品等服务。在重服务方面，平台打造了从诊前的挂号、导诊、分诊，到诊中的支付缴费、排队叫号、检查报告推送以及住院服务，再到诊后的随访管理、评价反馈等全流程的闭环服务。

通过就医160平台，深圳市民能在手机端完成预约挂号、诊中支付、查看检查报告单等功能，实现全流程网上就医。通过实施深圳市人力资源和社会保障局"智慧人社"项目，就医160助力政府服务模式创新，提高政府服务效率。在医保支付方面，目前，试点医院的普通门诊挂号和缴费业务已经实现医保移动支付服务，医疗保险的参保人可以通过支付宝、微信、平安壹钱包绑定加载金融功能的社会保障卡，通过手机完成医保的门诊挂号和缴费。截至2016年5月底，就医160网上医院已完成60万笔诊中支付。目前，深圳市所有公立医院基本上都已接入就医160平台，其中，深圳市儿童医院、深圳市妇幼保健院已成功打造全流程网上医院，获评首届"互联网+医疗健康"典型案例。

在医生端，2016年5月，平台增加"私人医生"板块，新增了检验检查报告单服务以及个性化服务，医生可以通过帮助患者解答报告单收取相应费用（包括20元、30元、50元、100元等几个价位）。此外，医生可以根据自己所长，给患者提供自定义服务。对医院而言，就医160全流程网上医院有利于提升医院的门诊量、就诊环境、微信粉丝数等。例如，深圳市儿童医院在门诊流程改造后，单日门诊量达到了5600单，提升了86%，在高峰期门诊量达到7000单的时候仍然保持顺畅就诊秩序。此外，深圳市儿童医院的微信粉丝数也由上线前的6620人上升到上线后的41282人，净增长率为523.6%。

在把控网上医院入口流量优势的基础上，就医160平台将广泛引入医疗健康产业链条的体检机构、药商、医疗器材商、金融保险机构、医疗可穿戴设备商、健康管理机构等共建互联网医疗生态系统，并将通过引入糖尿病、

心血管、肿瘤、肝病、肾病、影像、康复、心理咨询等专科领域合作伙伴，进一步拓展服务深度，提升服务黏性，深度整合服务资源，提升各方抗风险能力，共同打造开放共赢的医疗健康生态体系。

资料来源：作者根据多方资料整理而成。

## 2. 发现商业机会

2007 年，诺基亚、三星、摩托罗拉、索尼爱立信、LG 占据了 90% 的移动电话市场份额，然而，在 2015 年，苹果却获取了近 90% 的市场利润，短短八年间，手机产业格局发生了翻天覆地的变化。从传统的战略优势角度来看，诺基亚等企业都具备强大的产品差异化水平、可信的品牌、先进的操作系统、优秀的供应链、大规模的研发投入以及规模效应，然而，苹果利用平台战略和建立战略新规则推翻了原有的市场格局。借助移动互联网的全面渗透、消费结构的升级以及解决传统产业痛点，企业可以通过构建平台战略发掘新的商业机会（见图 2-10）。

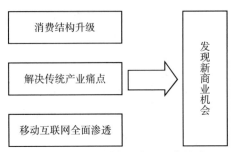

**图 2-10　平台战略发掘商业机会的成因**

第一，消费结构的变化产生新的商机，平台战略的大数据实现商机变现。随着互联网与商业的深度融合，整个社会存在消费升级机会，消费结构将会发生深刻变化。在消费升级的大背景下，生产商、制造商如何引领、创造消费者需求是企业要解决的关键问题，而现有的大部分传统企业主要基于"产业五力分析"模型实施战略，主要处理"上游供给商"和"下游买家"问题，缺乏对最终消费者诉求的关注。近年来，虽然不少企业将现有产品实现网上销售，但缺乏消费者信息的反馈。与此同时，随着生活水平的提升，个性化需求大增，很多产品进入小众需求时代，精准锁定小众群体成为产品和服务的关键，并在此基础上创建个性化品牌。为此，企业应利用与消费者的接触点，收集消费者数据，洞察消费者需求，重构生产供应链和消费供应链，实现从 B2C 到 C2B 的转变，提升消费者价值。

第二，传统产业存在大量痛点，平台战略通过解决产业发展的痛点可以带来新的商机。传统大宗商品存在供应链效率低、买卖双方信息不对称等众多痛点，如钢铁、金属、棉花等行业，这些行业利用互联网的思想和技术，可以完成产业 B2B 供应链重构，只有完成了产业重构，才能产生额外的效率。当前，传统的金字塔结构的渠道模式正在被升级和改写。例如，在传统的服装行业中，厂商创立一个品牌，设计一些产品，一年开几次订货会，每个地方招募一些经销商，经销商自己开门店，品牌商的工作就是把货卖给经销商，完成自己的工作。但是品牌商不知道商品的终端消费者，当这个货进入市场之后，整个市场的反应都是后置的，灵敏度对于最上游的品牌商来讲是后置的，而通过平台战略对产业链的重构，可以实现制造商的消费者感知前置。

第三，移动互联网已经全面渗透到各产业，利用地理位置进行供需信息匹配的服务和行业重构正在大量发生。例如，滴滴基于地理位置进行供给和需求的匹配，这样的方式与以搜索为导向的方式不同，基于移动互联网的匹配能满足与地理位置相关的用户需求。又如，在解决吃的方面，不少共享经济平台带动退休厨师、家庭主妇设立家庭小厨房，为附近的上班族提供餐饮服务，实现技能的共享。

---

**专栏 2-4　　　　　猪八戒网的平台扩张之路**

猪八戒网从 2006 年开始创办，到 2016 年已是第十个年头。猪八戒网团队从只有重庆的一个团队扩展到在 29 个城市拥有自己的团队。从 2015 年到 2016 年，不到一年的时间里，团队规模从 500 人扩展到现在的 2700 人左右，扩大了五六倍，产品线从以前的只为企业设计 Logo 到现在进入企业生命全周期，包括财税、印刷、金融、知识产权、家装、工装、工程建筑设计等领域，可以说，无论是产品、产品线、地域、团队数量等，猪八戒网都处于一个闪电扩张的阶段。

**一、猪八戒网的概况**

猪八戒网是服务众包平台，由原《重庆晚报》记者朱明跃于 2006 年创

办，服务交易品类涵盖创意设计、网站建设、网络营销、文案策划、生活服务等多种行业。猪八戒网有千万个服务商为企业、公共机构和个人提供定制化的解决方案，将创意、智慧、技能转化为商业价值和社会价值。2011年，猪八戒网获得IDG投资。2015年6月15日，猪八戒网宣布分别获得来自重庆北部新区和赛伯乐集团的10亿元、16亿元融资，将计划打造全国最大的在线服务电子商务交易平台。

## 二、猪八戒网的共享平台

经过10年的苦熬，朱明跃带领的猪八戒网在每一个服务都是个性化定制的、非标准化的、严重低频的，而且买家特别分散、非常不专业的服务众包领域创造出了一个从500元到百亿元的创业故事。猪八戒网通过衔接过剩的创意资源和需求，搭建了一个共享平台的典范。

首先，因为坚信这个平台是有价值的，所以猪八戒网的发展道路是价值创造引领下的商业模式和产品模式探索之路。例如，由于新创企业缺乏专业人才和渠道，需要通过外包公司来设计标识，但成本高，企业难以承受，而猪八戒网平台能够满足企业的低成本要求，通过聚集大量有专业技能和剩余劳动力的设计师，满足新创企业的设计需求，同时这些设计师可以通过这个平台将自己的能力转换为真金白银，实现就业与创业。在这个过程中，平台为用户创造了价值，这个价值信念成为支撑平台的原动力。

其次，产品创新。十年里，猪八戒网做了七次腾云行动进行产品创新，每一次平台创新都推倒以前的东西重新来过。猪八戒网平台所交易的物品具有严重非标准化和严重低频的特点，买家又分散在全国各地，平台实现服务需方和供方的规模化交易，这种模式在国际上没有对标企业，猪八戒网只有不断进行产品创新来解决用户问题，一次两次不成功，经过七次平台升级，猪八戒网成为该行业平台的领头羊。

2015年6月，猪八戒网融资26亿元，在大众创业、万众创新的风口上，猪八戒网开启了又一轮的创新，做到了商业模式的颠覆创新。

（1）商业模式创新。取消佣金制，往纵深领域挖掘。随着产品趋于成熟，猪八戒网的交易规模和增长速度低于预期。其中关键原因在于平台采取"雁过拔毛"式佣金模式，交易规模越大，佣金就越高。但这种模式难以培养平台栖息者的用户归属感，而且，随着设计者与需求者关系的建立，双方为了节约佣金，可能会选择私下交易，影响平台交易规模的增长速度。为此，在对过去八九年的交易进行盘点后，猪八戒网发现，凭借多年的积累，平台积淀了海量用户和数据，于是猪八戒网决定在这些数据的海洋中钻井，取消佣金。为此，公司在探索新盈利模式的过程中发现，企业在平台购买Logo设计仅仅是公司业务之一，与Logo设计相关联的还有商标注册、法务、财税等方面的需求，基于此，猪八戒网首先提供企业注册商标服务，建立了为客户提供商标注册代理服务的"八戒知识产权"，在成立近一年的时间里，月均接单达11000件。由于平台有大量的商标数据，在提供商标注册服务的过程中，猪八戒网可以依托平台现有大数据，使"八戒知识产权"通过率达到80%以上，远远高于线下商标代理机构50%以下的通过率。在以上服务的基础上，猪八戒网继续拓展了八戒工程、八戒印刷、八戒财税等业务，实现了对各服务领域的纵深挖掘，从而实现了取消佣金并没有减少平台业务量，反而达到业务规模成倍增长。据悉，猪八戒网2016年收入预计可以超过7亿元，公司估值已超110亿元。

（2）战略创新，实施"百城双创"战略，未来将全方位助力创业者。在大众创业、万众创新的背景下，猪八戒网借助现有平台服务积累的经验与数据，发挥知识资本价值，提出"百城双创"战略，打造"八戒城市"项目。针对一个城市区域搭建O2O服务综合体和云端服务平台、广告O2O服务平台，政府机构、中小微企业可以向全球购买服务，当地服务企业可以将自己的服务足不出户地卖向全国乃至全球。"八戒城市"的功能涵盖了创投、企业服务、政府服务与城市营销等方面，在推动当地信息化、产业升级、政务推广落实与创新创业等方面起到了重要的平台支撑作用。据悉，2016年"八戒城市"将与120座城市进行洽谈，挑选36座城市进行落地。同时，还将落地线下实体园区，成为线上线下相结合的超级孵化器，全方位服务地方企业创业者。

最后，开放平台体系，共享数据红利。一是开放平台体系，把用户、数据、规则开放出来，把伙伴引进这个平台，共同分享服务大时代的红利。二是基金投资。八戒投资下面管了2~3只基金，共十几亿元的规模，陆续投资

了一些公司，包括做财税的慧算账、做印刷的浙江胜达、做兼职的青团社等，从而共享时代红利，共创共享共赢。

资料来源：作者根据多方资料整理而成。

### 3. 构建新的商业生态圈

在传统产业竞争中，企业的核心竞争力主要靠内部积累、优化企业价值链上的活动、管理好所拥有的资源和阻止核心资源流失，企业的利润率取决于行业结构（五力模型）和企业在行业中的定位，取决于产品具有成本领先或差异化的竞争优势，这种竞争背后的逻辑是"零和博弈"，一方的收益必然意味着另一方的损失。这个视角认为企业竞争优势必须从企业内部建立起来，价值也只能从内部获取，从企业自身的价值链活动中获取。这种视角会带来两个问题：第一，对于一个企业来说，资源永远是有限的，而培养核心竞争力必须投入大量的资源。第二，资源的积累是有路径依赖的、是有惯性的，克服惯性甚至比从零开始更难，所以核心竞争力常常会变成"核心刚性"，成为阻碍创新的最大障碍。而通过平台的生态圈建设将从强调内部关系转向强调外部关系，从"零和"走向共赢，改善行业共同的生存空间。建设生态圈的作用如图 2-11 所示。

**图 2-11　建设生态圈的作用**

首先，生态圈提升企业协调与商业生态圈内伙伴关系的能力。由于生态圈强调外部关系，重新定义和优化企业价值网上的活动，需要管理好不拥有的资源，有效地与这些资源对接，为我所用。例如，亚马逊的 Kindle，亚马逊不必做书籍内容出版的业务，而是与书籍出版社合作，以自身能力为基础撬动生态圈，借助合作伙伴的资源创造价值。借助生态圈的放大效应和组合能力，达到"四两拨千斤"的效果，从整体来看，整个生态系统具有放大效应和组合能力。在这种视角下，企业间竞争不再是"零和博弈"，而是共赢，企业之间形成共生、互生、再生的利益共同体。

其次，通过建设生态圈，企业可以利用生态圈带来的动态能力弥补核心刚性的不足。因为生态圈的结构更灵活，可以迅速吸纳和组织新生的资源，使整个系

统的竞争优势不断地迭代更新，更具有可持续性。表 2-2 为核心竞争力与生态圈
优化能力的竞争模式比较。

表 2-2　竞争模式比较

|  | 核心竞争力 | 生态圈优化能力 |
|---|---|---|
| 竞争目的 | 零和博弈 | 共赢——共生，互生，再生 |
| 价值创造 | 内生 | 外生 |
| 价值获取 | 价值链活动 | 价值网活动 |
| 竞争优势来源 | 管理好所拥有的资源 | 管理好不拥有的资源 |
| 竞争优势数量 | 单一 | 多个 |
| 竞争优势表现形式 | 持续地提供成本领先或差异化的产品 | 生态圈具有放大效应或组合能力 |
| 竞争优势可持续性 | 核心刚性 | 动态能力 |

**专栏 2-5　　　喜马拉雅 FM 的耳朵经济**

在移动互联网时代，互联网对"眼球"资源的掠夺与占用已经发挥到了
极致。被誉为"互联网女皇"的 KPCB 风投合伙人 Mary Meeker 在 2016 年 6
月 1 日发布的 2016 年《互联网趋势》报告指出，语音正在被重塑，成为人机
交互的新范式。

**一、喜马拉雅概况**

2012 年 8 月成立的喜马拉雅，致力于成为音频领域的 YouTube，提供在
线音频分享服务。移动客户端"喜马拉雅 APP"于 2013 年 3 月上线，2014
年 5 月 22 日公司获得 1150 万美元的 A 轮风险投资。2016 年 7 月，平台拥有
2.8 亿手机用户，活跃用户的日均收听时长达到 108 分钟。喜马拉雅 FM 在
2016 年的 Top Digital Awards 中成为最大的赢家之一，其与杜蕾斯合作打造
的"杜杜电台"案例荣获创新奖金奖，与必胜客合作的粉丝答谢活动创新营
销案例夺得创新奖银奖，同时代表音频行业与芒果 TV、洋码头一同拿下最
重量级的年度大奖。易观智库发布的《中国移动电台市场年度综合报告
2016》显示，在用户渗透率、启动频次、使用时长等方面，喜马拉雅 FM 的
日活用户渗透率高达 74.3%，"马太效应"日益凸显。图 2-12 为喜马拉雅
FM 首页。

图 2-12　喜马拉雅 FM 首页

## 二、喜马拉雅 FM 音频生态圈

短短四年时间，喜马拉雅 FM 已初步打造形成软、硬件共同发力的"耳朵生态"完整产业闭环：基于"UGC＋PGC＋独家版权"模式的内容生产与主播孵化机制，基于"内容审核＋主播认证＋大数据算法"的运营模式，基于"2.8 亿手机用户＋宝马、福特、凯迪拉克等 52 个汽车品牌＋阿里、华为、小米等超过 300 个智能硬件品牌"的多渠道分发能力，形成了喜马拉雅 FM 音频生态圈。

第一，内容建设方面，平台采用"独家版权＋明星主播＋粉丝经济"模式，公司拥有 400 万草根主播，8 万认证主播，新浪、三联、澎湃等 200 多家媒体，马东等 8000 余位自媒体大咖，1000 多万册小说的有声改编权，阅文集团等 9 家图书公司的排他性版权合作，这些核心内容一同构筑起了公司的内容优势。例如，2016 年 6 月 6 日，马东与《奇葩说》明星辩手们一同打造的付费音频课程《好好说话》在平台上线，截至 2016 年 6 月 16 日，课程销售额超过 1000 万元。2016 年 7 月 5 日，喜马拉雅 FM 正式上线《每天听见吴晓波》。罗振宇、秦朔等数十位大咖的付费节目也即将在专区内上线。在内容建设的过程中，平台利用音频内容的人格化特征形成粉丝经济。此外，平台还构建了基于粉丝经济的网络效应激发机制，提高平台消费者的黏性和忠诚度。例如，平台为主播们提供了包括打赏系列的商业化服务，在2016年5月推出的"1块钱疯1天"打赏排名活动中，排名榜首的主播在24小时内获得2.4万名粉丝打赏，有力地提高了平台的活跃度。

第二，在智能硬件开放平台方面，喜马拉雅FM先后推出车载智能硬件"随车听"、智能儿童故事机、3D降噪耳机等多个有声硬件产品，此外，喜马拉雅FM与音频产业上下游共同构建产业生态圈。例如，与科大讯飞联合推出"喜马拉雅Inside"语音开放平台，与硬件厂商合作拓展硬件入口，如海尔的云厨吸油烟机、浴室智能镜子、商业冷柜等智能产品，美的的接入双屏智能冰箱，创维、海信等品牌的智能家居都接入"喜马拉雅Inside"平台，打开了移动音频的市场空间。

第三，在广告收费方面，因为音频广告的独占性特质，具有闭屏收听、伴随性等优点，音频广告能更有效地让品牌信息触达用户，特别是通过对音频收听行为的分析，可以监测投放效果，进而基于平台大数据技术对受众人群精准定向，并通过内容植入、品牌入驻、主播互动等多种形式实现广告的创新性呈现效果，目前，杜蕾斯、欧莱雅、天猫、必胜客等知名品牌都成为语言开放平台的广告投放商。

第四，在多场景应用方面，喜马拉雅FM继续深耕"车声活"、"家声活"、"随身声活"等场景。其中，在车声活方面，宝马、福特、比亚迪等汽车品牌或车载智能系统等主流车厂已全线接入喜马拉雅FM。在"家声活"方面，喜马拉雅FM已与海尔、三星、阿里、小米、华为、亚马逊等一大批国内外公司在硬件产品上实现内容深度合作。在"随身声活"方面，喜马拉雅FM一方面通过收购国内顶尖音箱厂商海趣科技，自主研发并生产3D降噪耳机等产品，另一方面将内容植入哈曼、漫步者、Misfit等一系列智能产品中。图2-13为喜马拉雅FM的收听场景。

第五，在大数据技术应用方面，因为音频只有试听一段时间才知晓是否感兴趣，使用成本高，而精准、高效的内容匹配是降低使用成本的重要途径。此外，音频需要实现不同场景的精准推荐。因此，基于"海量内容积累，分发无限细分"的大数据红利是"耳朵经济"的重要环节。2015年第三季度，喜马拉雅FM上线"猜你喜欢"功能，基于用户的每一次点击和搜

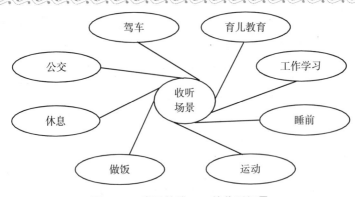

图 2-13　喜马拉雅 FM 的收听场景

索，以及其他各种行为的数据，并基于年龄、性别、地域、职业等维度建立用户兴趣图谱，为用户真正提供"听你想听"的定制服务。公司基于用户兴趣图谱实现个性化内容推荐、广告投放、商品推送等服务，同时从用户数据中判定主播及运营团队节目内容质量，实现对数量庞大的主播进行优劣筛选的目的，从而形成平台的用户过滤机制，保持平台的健康度。

### 三、结论与启示

喜马拉雅 FM 通过内容建设、打造音频产业生态圈、拓展音频应用场景以及基于大数据下的个性化营销使平台迅速增长，正在引领音频行业以付费形式为主的耳朵经济，实现了产业层面的创新与突破，并通过汽车产业、智能家居行业的跨界合作，进一步影响智能行业人机交互的未来走向。

资料来源：作者根据多方资料整理而成。

# 三、平台战略的设计

众所周知，构建平台商业模式的平台战略已成为当今企业发展的一大共识。正如中欧国际工商学院战略学副教授陈威如所言，平台战略正在卷席全球的商业模式革命。为此，如何设计出一个行之有效的平台战略，比平台战略本身更为重要。

## 1. 设计原则

平台战略设计过程中，企业需要打破原有的企业竞争战略设计思维，遵循符合平台特征的设计原则，否则，所建立的平台仅仅是传统企业产品思维的变形，难以真正实现平台战略目标。企业实施平台战略时，在思想上要改变原有的零和博弈思维，在此基础上，将控制资源转变为管理资源、内部优化转变为外部互动，以及关注单方面客户价值转变为关注生态系统价值。平台战略设计原则如图2-14所示。

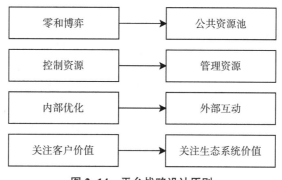

**图2-14 平台战略设计原则**

第一，从零和博弈到公共资源池。著名的"公地悲剧"理论认为，当人们共享一种资源，但不具有资源所有权时，人们会过度使用并导致资源枯竭。在这种零和博弈的思维下，企业之间的共享将以一方的牺牲为代价来使另一方获得收益。但奥斯特罗姆提出的"公共池塘资源理论"认为，资源能够产生恒定的利益并且具有非排他性。因此，企业在构建平台战略时，需要挖掘非排他性的共享资源，实现多赢的目的。

第二，从控制资源转向精心管理资源。传统基于资源竞争的观点认为公司是通过控制珍贵的稀缺资产获得优势。渠道的优势包括有形资产以及诸如知识产权的无形资产。对平台而言，难以复制的资产是社区及其成员拥有和贡献的资源，换句话说，生产者和消费者的网络是首要资产。同时，企业利用资源的方式也要发生变化，从资源所有权转变为使用权。例如，猪八戒网在搭建平台的同时，实现了平台入驻企业人才外包功能，平台和企业都不需要拥有提供服务的专业人员，只需要使用这些人才，从而降低了企业专业人才成本，对于平台来说，其关

键能力在于精心管理好平台用户群体。

第三，从内部优化转向外部互动。渠道公司通过优化材料采购到销售和服务的产品活动链，管理内部劳动力和资源，从而创造价值，如对于供应链问题，传统企业的供应链优化主要以提高效率为目标。平台创造价值的方式是促进外部生产者和消费者间的互动，通过设计一系列机制促进平台各方的互动。例如，YouTube等视频网站通过分析用户历史观看记录，以及其他用户历史数据，采用个性化推荐的方式有针对性地推荐用户可能感兴趣的视频内容，从而促进用户的互动。在物物交换的共享经济平台上，精准的供需双方匹配算法是实现平台用户互动的关键技术。

第四，从关注客户价值到关注生态系统价值。传统企业主要采用铺设渠道的方式向消费者提供产品和服务，以线性化的方式实现产品和服务从生产方到消费者的转移，在这个渠道链中，客户处在线性过程的最尾端。相比之下，平台设法在平台群体间建立一个循环、迭代、由反馈驱动的闭环过程，建立一种连接、开放、共享的生态，促使生态圈中群体集体行动，不断扩展生态系统的整体价值最大化。

这四大转变表明，与传统价值链相比，平台世界中的竞争更为复杂、激烈。但迈克尔·波特描述的五大竞争力依旧有效。在平台上，这些竞争力表现不同，企业必须留意平台上的互动、参与者的进入情况以及新的绩效指标。

## 2. 设计步骤

平台战略的设计步骤主要围绕如何构建平台展开。与传统垂直一体化公司的"等级游戏"不同，平台建立过程中平台创办人与平台群体以及平台内各群体之间的权利均衡是平台取得成功的关键，通过各群体之间权利的均衡，实现多方群体的过剩资源和能力的持续供给、满意度的提高以及公平的商业生态。一般来说，共享平台的构建需要经历四个阶段（见图2-15）。

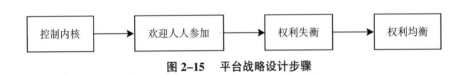

图 2-15　平台战略设计步骤

第一，构建共享平台的控制内核。在构建共享平台内核的过程中，平台的开放度和复杂度是主要的考量指标。从开放度角度来看，平台的创新能力会与平台的开放度正相关。例如，安卓平台允许大量的企业增加新的功能模块，而且在该平台上能够进一步衍生大量的应用软件，这些应用软件为平台带来了大量的创新，而滴滴、小猪短租等共享平台则制定了详细的规则，平台参与者只要遵守平台规则就可以了，没有更多的创新空间。从复杂度角度来看，平台构建过程需要围绕消费者需求，采用迭代、学习、试错的方式不断完善平台功能。通过创建一个小型平台，使平台步入正轨，达到平衡，然后再进入下一个建设环节，不要对刚开始起步的平台过度建设，这样往往会导致超预算、平台质量不稳定等问题。如 YouTube 的平台构建过程就经历了以约会为目的的自我推销视频平台，到观赏、上传和分享的共享平台的转变。

第二，平台需要激发个体能量，欢迎人人参与。在内核控制阶段完成以后，平台的任务就转变为如何吸引和激励用户加入并持续使用平台，在这个阶段，保持易用性、稳定和灵活公平的参与规则和文化是平台能够进一步发展的基础。我们知道，微信在成长过程中，就通过"查看附件的人"的陌生人交友功能、摇一摇、漂流瓶的不确定性交友功能来吸引用户加入平台，而支付宝和微信的春节"红包大战"更是使春晚的节目仿佛成了配角。这一系列动作的背后，都是为了促进人人参与，增加平台用户的黏性。

第三，权利失衡，平台出现快者与强者之间的竞争现象。随着参与者数量和类型的增多，参与者逐步会分化为专业机构和个体机构两大类型，这两者之间在竞争力上有显著差距，这种差距会导致它们在市场份额上出现分歧。其中，获胜的玩家实力会崛起，占用的市场份额版图也随之扩大，出现赢者通吃的现象，使新参与人员的处境变得尴尬，对相对弱小但数量众多的群体发展造成威胁。保持共享平台的多样性是平台能够持续健康发展的关键，若平台不能保持一定水平的多样性，就不能保持平台的弹性和冗余，也就降低了平台的创新能力和创造能力。例如，短租平台 Airbnb 上的房东就包括专职房东和兼职房东。有调查表明，有 16.8%的 Airbnb 房东是同时打理着两套及以上房源的，Airbnb 从这些人手上收到的佣金和服务费占到了这些城市营收之和的 39%，此外，有 3.3%的房东贡献了这些城市全部收入的 28.5%，说明在平台上出现了富者越富、穷者越穷的现象，弱者与强者之间出现权利失衡。

第四，在权利失衡之后，平台需要不断调整规则，保持权利均衡，确保平台稳定发展。为此，平台需要在群体之间划分权利、共享价值，公开数据或者软件标准，实现参与各方的数据兼容，这样就能够提高平台各方参与者的开放度，进而有利于提高平台的创新能力。例如，App Store 的应用软件数量已经超过 200 万个，大大小小的软件开发商以平台为依托开发新应用软件，整个平台成为巨大的软件创新群体。此外，平台可以鼓励群体自己建立平台内社群，平台作为后台的支持者，鼓励所有参与群体通过平台分享实践经验，提高平台的可靠性和透明度，提高平台用户的忠诚度。

**专栏 2-6　　　　知乎、果壳的知识共享平台探索之路**

长期以来，互联网平台大多起到连接的作用，连接人与信息和连接人与人，知识共享一直处于一种公益和尝试状态，虽然 Google、Wikipedia、百度百科、百度知道等能够提供一系列结构化知识，解答标准问题，但缺乏个性化知识供给与知识需求匹配。随着 Web3.0 时代的到来，以及移动互联网技术愈渐成熟，人们获取知识的需求也日趋个性化，知乎、果壳等平台应运而生。

**一、知乎和果壳的概况**

2016 年 4 月 1 日，知乎推出值乎，尝试进入商业化变现阶段。之后的 5 月 15 日，果壳网旗下在行推出一款称为分答的付费语音问答新产品。通过"提问＋回答"的方式进行知识传播，通过"好问题和好内容"这个媒体来吸引提问者和回答者，并形成评论和传播，以此形成马太效应。二者的共同点都是希望能够实现"互联网领域知识变现"。

**二、知乎、果壳的运营策略**

第一，知乎的运营策略。在碎片化知识分享方面，知乎推出的值乎 1.0 版本中，用户可以发布一条认为"有料"的干货并设定价格，然后把关键信息打码，用户付费后才能看到信息和将其分享到朋友圈等其他社交平台，用户查看后可以进行"值"或者"坑"的评论。2.0 版本推出悬赏提问，3.0 版本推出付费语音问答功能，不断为用户提供新的知识价值。

在专题知识分享方面，知乎让优秀答主的知识财富变现，以留住优秀答主，使其对平台产生黏性。同时，知乎让普通用户以低门槛获得与优秀答主交流的机会，使用户可以以全新的形式高效地获取知识。例如，知乎推出的"知乎 Live"功能实现答主与用户一对多的交流群形式，在一个小时的时间里，知乎Live 主讲人用语音、文字、图片的方式在线回答观众的问题，观众需要提前买票进入 Live。知乎 Live 初期邀请了知乎大 V 进行专题分享，如搜狗公司 CEO 王小川开办了"人工智能的机遇与挑战"Live，王小川这场标价 99.99 元的 Live 吸引了 200 个人参与。

在知识加工方面，依托内容资源，知乎推出"知乎日报"，每天推送精选回答，让广大用户可以快速了解社区内容的精华，加快产品口碑扩散速度，实现平台引流。据知乎团队透露的数据，"知乎日报"的人均每日阅读时间为 21 分钟，比同类资讯产品高出 4 倍。

第二，果壳的运营策略。在专题知识分享方面：果壳在 2015 年推出约见领域"行家"的"在行"平台，它具有共享平台的性质，共享的是"行家们"的时间和知识，用户通过约见行家获取自己想要的经验或知识后，通常都会在平台上对行家进行认真的评分和评价，一旦行家积累了一定数量的优质评价之后，会对其他用户产生心理预期，从而更精准地匹配用户需求，进一步提高转化率，加上对行家们的管控，就会形成良性循环的趋势。据了解，平台上交易量最多的行家已累计收益接近 70 万元，大多数对行家都给予好评且认为"值"，可以看出平台满足并匹配了双方的需求，既满足了领域行家知识变现的需求，也为用户提供了一对一咨询行家的机会。不过，这种 O2O 形式不具备"高频、刚需、强黏"特色，从而限制了平台规模和交易量的增长，天花板效应明显。此外，线下一对一的形式需要行家们具备良好的时间管理能力，双方的交易成本都比较高，后期"在行"希望通过线上电话咨询的形式来提升效率，降低成本。

在碎片化知识分享方面：为弥补"在行"交易成本高、活跃性低的缺点，2016 年 5 月果壳推出"分答"。在"分答"中，用户先设置擅长领域和付费标准，然后等待提问，并按回答的次数收费，在此基础上，其他人可以支付 1 元来收听该提问—回答的信息流，其中 0.5 元归提问者，0.5 元归答主，因此回答者和提问者都可以从中盈利，从而刺激了提问—回答双方的积极性，有利于提升用户活跃度。

该平台提问流程如图 2-16 所示。

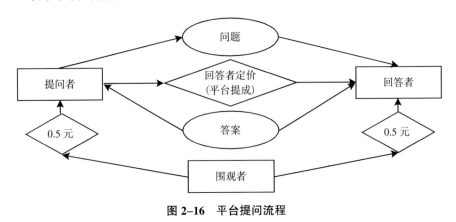

**图 2-16　平台提问流程**

### 三、知乎、果壳面临的问题

第一，知识性问题：当前平台上娱乐色彩问题更集聚人气，而一些学术科学类问题比较严肃，人气较弱，在此情况下，往往"网红"们的人气要更旺一些，有吸流效应。目前平台需要在"娱乐、私密"类问题与"科学严肃"类问题之间进行权衡，避免让碎片化的语音提问回答模式成为一场大众的娱乐和消遣。

第二，持续性问题：包括答主对整个过程节奏和参与者的把控、是否能持续提供优质的专题内容、在产品功能完全开放后保证整体内容质量不出现较大程度的下降等问题。

第三，开放性问题："知乎日报"作为一款由知乎 UGC 编辑成 PGC 的产品，保持了比较高的水准，但为了提高用户的自主性，知乎推出了"读读日报"，用户可以根据自己的爱好自主或者邀请好友创建日报，从而提高用户的参与感，满足用户创作和合作的欲望以及分享、炫耀和虚荣的心理。但开放的同时会导致内容质量的参差不齐，且有价值的干货传播性较弱，同时商业机构可能会利用读读日报作为公司宣传渠道，引入很多知识噪音，容易出现回答评论化、评论点赞化、点赞娱乐化、反智行为、跟风之举，让很多早期用户失去分享和提问的兴趣。

第四，沉淀问题：分答没有知识沉淀，虽然分答团队最近与罗辑思维合作，试图让社群产生的优质内容可以在平台内沉淀下来并多次挖掘价值，但依然没有形成清晰的知识沉淀和挖掘模式。

第五，中心化问题：平台始于去中心化，人人都是中心，逐渐形成以数个意见领袖为中心的社区。需要考虑用户的质量和层级比例，以及邀请制与逐渐开放是否会影响用户的质量，并影响整个问答社区的氛围和内容质量。

**四、结论与启示**

知乎、果壳产品的主要盈利模式还是传统的分成（值乎、分答等）、广告(知乎日报)、周边产品（出书、线下活动），在传递知识和知识连接的同时完成变现。但两个产品都在探索差异化道路，知乎针对社区开放导致的质量下滑问题，采取内容质量控制策略，从而产生半封闭式的、一对多的、有固定主题的交流群组功能的知乎 Live 产品。而果壳针对用户体量问题，推出参与门槛低、传播度高的"分答"，为"在行"引流的同时建立新的付费知识问答玩法，搭建果壳—在行—分答为主轴的产品矩阵，但极低的门槛导致大众用户的涌入，降低了内容质量。

在平台盈利模式的探索过程中，知乎与果壳都以牺牲内容质量为代价，换取产品的热度，进行着短期和长期利益的博弈，知识社区的封闭与开放、愿景与变现、理想与现实是企业需要平衡的关键问题。我们希望它们用自身的产品引导用户产出优质的内容，走向良性循环的道路，真正探索出一条互联网共享知识的变现之路。

资料来源：作者根据多方资料整理而成。

# 四、平台生态圈

中欧国际工商学院战略学副教授陈威如认为，平台战略的核心是创造共赢生态圈。未来，产业生态圈协同共赢的趋势将越来越强烈。因此，建设平台生态圈已迫在眉睫。

## 1. 平台生态圈生命周期

平台的建设往往存在生命周期曲线，根据变化趋势可识别出初创期、真空

期、爆发期和成熟期四个关键节点和发展阶段（见图2-17）。

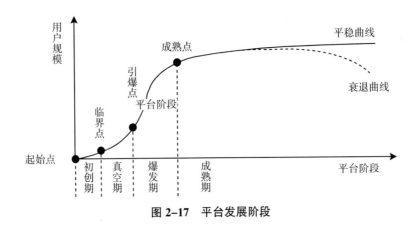

图 2-17　平台发展阶段

第一，起始点和初创期。平台生态圈诞生之初，绝大多数人会对其持观望态度，只有少数探索者愿意率先进入，主要原因是探索者敢于冒险，对技术持乐观态度，很少被新技术困扰，愿意尝试新鲜事物，且这种意愿很少被外界环境左右。探索者的这些特质产生的内驱力促使他们主动地加入平台生态圈。用户对新产品采纳意愿分布如图2-18所示。

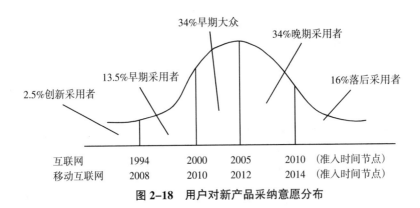

图 2-18　用户对新产品采纳意愿分布

第二，临界点和真空期。随着平台生态圈的发展，各类用户陆续加入其中，此时，平台生态圈实际规模所激发出的网络效应比较弱，无法通过同边和跨边网络效应吸引潜在用户进驻平台。为此，平台企业必须针对潜在用户采取"非网络效应诱因"策略，吸引他们加入平台生态圈。这一阶段就是"真空期"。

第三，引爆点和爆发期。当平台生态圈发展至"引爆点"时，平台生态圈可以利用现有用户激发出的网络效应吸引潜在用户自发地进驻其中。在以"引爆点"为起点的"爆发期"中，已有用户激发出的网络效应已成为平台发展的重要因素，在病毒式传播的作用下，潜在用户被不断吸引到平台上，平台企业进入了高速发展阶段，它们无须投入过多的成本就能获得高额的利润。

第四，成熟点和成熟期。经历了"爆发期"的疯狂扩张后，平台生态圈发展至"成熟点"，此时，平台生态圈具备了相当大的规模以及良好的服务质量，内部机制比较完善，已经形成良好的品牌效应及口碑，大众对平台生态圈形成比较稳定的认知，平台生态圈规模趋于平稳，生态圈的规模曲线斜率在"成熟期"内逐渐减缓。与此同时，行业会出现新进入者，平台企业会面对更多的竞争者，容易导致用户流失。在该阶段中，虽然网络效应依旧很强，但已不再是吸引外界潜在用户进入生态圈的主要诱因，平台企业若不及时转变运营策略将面临继续衰退的风险。

---

**专栏 2-7　　　　　　　私厨共享在路上？**

在深厚的饮食文化之下，大众消费能力的提升带来了多样化、个性化的饮食需求，私厨也随之悄然兴起。为了挖掘与整合各个城市、各种类型的私厨和饭局信息，消除私厨市场的信息不对称性，近年来，大量实现私厨信息发布和交易的私厨分享平台试水市场，特别是共享经济理念的迅速渗透，私厨服务的范围从高端、独家、定制、私密扩展至家常便饭，使人人都可以成为私厨服务提供者。然而，2016年央视"3·15"晚会曝光了外卖平台"饿了么"的不规范之处，引起了人们对外卖、私厨等饮食平台"无证裸奔"状况的关注。2016年7月13日，国家出台的《网络食品安全违法行为查处办法》明确规定，"通过第三方平台进行交易的食品生产经营者应当在其经营活动主页面显著位置公示其食品生产经营许可证。通过自建网站交易的食品生产经营者应当在其网站首页显著位置公示营业执照、食品生产经营许可证"。业内人士认为，该政策敲响了私厨外卖平台的丧钟。在此背景下，小e管饭、妈妈的菜、妈妈味道相继停止运营，同时北京市食药监局也明确指出回家吃饭、吖咪厨房、吃几顿等私厨模式涉嫌违规。

**一、爱大厨的概况**

创办于2013年的"爱大厨"主要提供专业厨师上门服务，平台于2015

年 7 月获得千万美元级 A 轮融资,以提供专业、健康、便捷、定制、美味为理念,以让厨师上门做饭成为一件普及的事情为愿景,创建了一种全新的饮食生活方式。经过近三年的发展,爱大厨目前拥有 3300 名专业厨师,主要的服务范围为北京、上海、广州、深圳四个城市。为了保证服务质量,平台对入驻厨师进行严格的身份审核与试菜考评,通过考评的大厨才能上门服务。为了能够提供个性化的、符合各种口味的服务,爱大厨的厨师能够提供的菜品类型涵盖鲁、川、粤、闽、苏、浙、湘、徽八大菜系及法餐、意餐、日韩料理等西餐和西点。在服务价格上,平台提供四菜 99 元、六菜 129 元、八菜 159 元的家常用餐服务。此外,为了满足个性化和场景化需求,平台还提供家宴、生日宴、寿宴、公司聚餐、茶歇自助、年夜饭等私人定制高端宴请上门服务。最近,平台逐步加强高端家宴、公司茶歇定制等高收入业务。用户通过爱大厨 APP 或爱大厨微信公众号可在线预订,预约厨师上门,实现在家享受星级酒店般的餐饮服务。

## 二、爱大厨的共享价值

对于私厨的价值创造方面,爱大厨认为厨师价值是核心,作为一种长期"被家庭需要"的资源,爱大厨致力于挖掘厨师价值,改变传统厨师的服务体系,力图进一步挖掘厨师经验、科学合理的饮食搭配和烹饪理念,充分发挥厨师的创造性,创作系列独特的菜品或小食,并且通过爱大厨平台进行分享,从而实现厨师知识和经验的分享,为消费者带来体验价值,为厨师带来经济价值和社交价值。

另外,用户存在多种饮食场景,但在传统餐饮服务业,用户主要通过定酒店的方式满足需求,通过爱大厨的厨师上门,用户可以满足个性化的需求,同时也可以充分利用用户本身的各种餐饮资源,创造和分享新的就餐场景和就餐体验。例如,企业年会、茶歇饮食以及全套的情人节浪漫晚餐服务等。

## 三、爱大厨存在的问题

目前,私厨领域还存在以下几个问题:

第一,高端用户群体相对分散,体量较小,难以迅速扩大规模,在私厨分享平台将目标群体由中高端用户转移至普通大众之后,除了食品储存、消毒、粗加工、家庭烹饪环境、食材、烹饪者健康卫生情况等食品安全以及工商执照、卫生许可等政府监管问题，还存在私厨既不能供应大量订单，也无法保证送餐时效和质量的问题。

第二，厨师上门服务是一个增量市场，这条服务链条上的几乎所有环节都要经历一个从无到有的建立过程。服务的非标准化会导致用户体验有差异，对厨师来说，上门服务付出的时间和精力成本与相应的收入所得还不成正比，对他们来说比较缺乏吸引力。

第三，食材食品安全信息追溯问题，现有平台主要采取厨师上门前代买食材的方式，价格、质量都难以核对和保证，如何切入生鲜、酒水等领域，实现产业链的延展，或者与有机农场合作，实现食品来源的可追溯以及低成本食材配送是需要解决的问题。

第四，厨师的多平台栖息问题，厨师居于私厨商业模式的供应链上游，具有话语权，如果有财力雄厚的企业参与私厨竞争，并且采取补贴大战，在厨师和竞争者双重压力下，如何建立厨师对平台的归属感，就成为了平台竞争的重要环节。对于核心厨师资源，现有平台采用排他性合同的方式约束厨师是否可行，依然没有现成答案。

**四、结论与启示**

在政策监管下的私厨行业，未来应留存一批坚持面向中高端用户的小众化独立运营平台，充分挖掘非标准化美食和陌生社交的价值；或者以大数据与智能化为引领，帮助餐饮店实现精准个性化服务，让每个人根据自身条件发现不同食物与自身的匹配关系，并智能化推荐最佳食物摄取方式，与客户的健康数据关联起来，智能定制适合不同人的健康美味，实现餐饮4.0时代。因此私厨之路漫漫，仍需不断求索。

资料来源：作者根据多方资料整理而成。

## 2. 运营策略

平台生态圈在生命周期的各个阶段体现出不同的特征，这些特征要求企业在不同阶段采取对应的匹配运营策略，才能达到"四两拨千斤"的效果，否则将会事倍功半。

第一，初创期。借力现有媒体，对接探索者用户。根据用户对新产品采纳意愿分布图可知，在"从众心理"的影响下，大部分人不愿意成为"小白鼠"，在平台生态圈初创期，大多数人都会观望，只有极少数探索者有尝试意愿，并成为平台生态圈的"初期造势者"。与普通大众不同，探索者天生具备敢于冒险、愿意尝试新生事物等内在特质，愿意尝试新生平台生态圈的产品和服务，且不容易被外界环境所左右。因此，如何有效地传达平台的价值主张并让探索者觉察并吸引其尝试平台服务是这个阶段的重点。为此，平台在用户分析的基础上，应精准定位用户细分群体，借助传统广告渠道、社交网络、搜索引擎、导航网站以及体验店、体验卡等方式广泛宣传。

第二，真空期。基于非网络效应诱因，激发网络效应。在"真空期"内，平台生态圈的实际规模较小，此时的网络效应比较弱，平台生态圈维持原地踏步式的运转，尚不足以吸引更多的潜在用户加入。为此，平台企业需要采取一系列"非网络效应诱因"，推进市场各方的互动，在提升各方参与度的同时累积平台影响力，激发网络效应，将平台推向"爆发期"。非网络效应诱因的机制主要包括补贴机制、孵化机制和服务产品创新机制。

（1）补贴机制是该阶段中所有机制的核心，平台企业连接了双边市场，可以将某一边市场视为"被补贴方"，为其提供低于市场平均价格、免费甚至是倒贴的服务，吸引该边群体进驻生态圈，在该边用户达到一定规模的基础上，吸引另一边市场（付费方）进驻平台生态圈，带来收入并保持平台生态圈的运营与发展。在界定"被补贴方"与"付费方"的问题上，Eisenmann等提供了五条判断标准（见表2-3）。

表2-3　界定"被补贴方"与"付费方"的五条判断标准

| 原则 | 被补贴方 | 付费方 |
| --- | --- | --- |
| 价格弹性反应 | 高 | 低 |
| 成长时的边际成本 | 低 | 高 |
| 同边网络效应 | 正向 | 负向 |
| 多地栖息的可能性 | 高 | 低 |
| 现金流汇集的方便度 | 困难 | 容易 |

（2）孵化机制。平台在实施开放策略时，对于部分用户可能存在技术门槛，进而影响用户进驻平台，为此，平台企业需要构建孵化机制。如腾讯的微信、百

度地图等应用提供 API 及一系列开发文档、开发课程，辅助技术开发，降低开发者的准入门槛。平台企业可以构建一站式云端平台，向开发者提供能力池，建立汇聚各种开放式能力的综合服务平台，实现对能力的可管可控，逐渐积累开发者一边人气，并以此为筹码，吸引更多的用户，从而将生态圈推向正循环。

（3）服务产品创新。为了增强核心竞争力，平台企业必须进行服务创新。一般来说，服务创新分为服务产品创新、服务流程创新和商业模式创新。其中，服务产品创新包括推出全新的或者是改进和升级的服务，不会改变服务流程和商业模式，对用户的影响较小，有利于用户接受，并且有利于用户感知价值提升，作为"非网络效应诱因"吸引新用户。

第三，爆发期。激发网络效应，实现飞速发展。当平台生态圈突破"引爆点"后，平台企业应借助网络效应吸引外界用户加入生态圈，与此同时，平台企业应借助"爆发期"相对稳定的环境，继续探索和培养服务创新能力，保持平台活力。以下三种机制有助于上述思路的具体实施：

（1）市场细分机制。当平台生态圈发展至一定规模时，平台企业须打造出适合各边用户的细分框架，精准对焦用户所需，真正实现细分用户之间的有效互动。例如，携程网为了精准引导顾客，根据不同用户类型，在酒店、机票、攻略、礼品卡、积分奖励、特卖汇、合作卡、订餐等方面提供不同类型的服务，也便于发现长尾市场。

（2）保持生态圈延展性机制。为了使生态圈具有足够的延展性，使生态圈在"爆发期"内毫无障碍地扩大，平台企业需要建立"标准化"的机制体系，为平台用户提供公平的环境，实现平台各方高效的匹配，避免出现"堵塞"现象，同时遵循"金发姑娘原则"。

（3）用户过滤机制。随着"爆发期"的到来，平台会吸引一些噪声用户，降低现有用户平台的使用效用，影响平台声誉，进而影响平台对潜在用户的吸引力，平台需要采取互动及规则过滤此类用户。例如，淘宝网的"消费者保障计划"是对商家的一种认证方式，有利于提高消费者的信任感，进而为商家吸引更多的客户。在具体政策方面，淘宝网要求商家好评率在 97% 以上，并缴纳保证金，一旦出现违规商品，消费者将获得赔偿，如果商家违背协议规定，将被永久封 IP。此外，用户之间的相互评价也是过滤不良用户的重要手段。如在微博中，当用户的言论对社会风气有不良影响时，平台企业会屏蔽此用户，甚至将其清理

出生态圈。

第四，成熟期。扩大影响力，留住现有用户，积蓄能量。在这个阶段，平台生态圈已经建立起较完善的机制，形成品牌效应及口碑，同时市场持续出现竞争者，平台企业应该制定扬长避短策略，进一步扩大平台生态圈的社会影响力，创新服务机制，为平台后续发展积蓄能量。以下四种机制可作为平台企业实现上述目标的核心策略：

（1）用户绑定机制。在前几个阶段的基础上，平台与用户的互动会形成用户使用习惯，沉淀用户历史数据，且用户向平台倾注了大量的金钱、时间和精力，为此，平台需要针对现有资源的积累，继续实现服务创新，满足用户的价值主张，在超越消费者期望的基础上，绑定用户。例如，某些超级"果粉"为了体验苹果生态圈的乐趣，会去购买苹果公司推出的每一款产品，具有很强的平台黏性，而苹果每个阶段的产品型号又能够超越用户期望，从而成功地实现了用户绑定效果。

（2）用户归属感建立机制。平台企业针对用户心理层面的隐性需求，特别是在价值共创时代，通过高品质的产品、与用户保持互动来增加用户参与感，提高用户生态圈归属感，降低用户离开生态圈的可能性，进而进一步引爆网络效应。例如，苹果公司在提供高品质硬件产品的同时，App Store 等平台汇聚了数以亿计的软件开发商和用户，产品的大量下载会加强开发商的社会认同感，从而提升平台的归属感。

（3）盈利模式创新机制。在平台成熟阶段，平台可以进一步利用自身资源，发掘自身潜能，开拓多种盈利渠道，发挥前期积累的用户效力。例如，早期的QQ 并没有挖掘良好的盈利模式，但当 QQ 用户数量达到一定水平后，腾讯基于庞大的用户群体，构建起多环生态圈，从而将触角延伸至更多的领域，并从中获利。例如，财付通、QQ 空间、QQ 游戏等都是在 QQ 用户群基础上的盈利模式创新。

（4）利润池覆盖机制。由于网络环境下各个生态圈的联系十分紧密，竞争在所难免。为了击败竞争对手，抢占更多的市场份额，平台企业可以对竞争对手的主要利润来源领域实施低价或免费策略，覆盖它们的利润池，降低它们对市场的掌控度。这种覆盖可以发生在同类平台企业间，如滴滴、快的和优步中国，也可以发生在不同类平台企业间，如腾讯与 360。网络环境下平台企业遭遇的威胁来自四面八方，企业应想方设法地在竞争中脱颖而出，将平台生态圈推至二次引爆点。

平台企业运营策略归纳如表 2-4 所示。

表 2-4 平台企业运营策略

| 时期 | 阶段特征 | 平台企业运营策略 | |
|---|---|---|---|
| | | 基本思路 | 核心策略 |
| 初创期 | (1) 生态圈实际规模小于期望规模；(2) 网络效应从零开始逐渐增强，但用户无法察觉；(3) 生态圈缓慢地扩张 | 从消费者角度表达价值主张，为探索者察觉到生态圈的存在、自发地进入生态圈创造条件 | (1) 传统媒体广告；(2) 数字化媒体广告；(3) 实体店面；(4) 实体设备 |
| 真空期 | (1) 生态圈实际规模小于期望规模；(2) 网络效应持续增强，但不足以吸引潜在用户进入生态圈；(3) 生态圈艰难地扩张 | 通过"非网络效应诱因"促使各边群体互动，累积话语权，不断激发网络效应 | (1) 补贴机制；(2) 孵化机制；(3) 服务产品创新 |
| 爆发期 | (1) 生态圈实际规模大于期望规模；(2) 网络效应成为吸引潜在用户进入生态圈的主要诱因，并继续快速增强；(3) 生态圈飞速地扩张 | 利用"网络效应诱因"扩张生态圈规模，同时培养服务创新能力 | (1) 市场细分机制；(2) 保持生态圈延展性机制；(3) 用户过滤机制 |
| 成熟期 | (1) 生态圈实际规模小于期望规模；(2) 网络效应减弱；(3) 生态圈扩张至某一峰值后开始萎缩 | 留住前期积累的用户，保持稳定性，为平台企业缓冲、调整以及蓄势待发提供时间 | (1) 用户绑定机制；(2) 用户归属感建立机制；(3) 盈利模式创新机制；(4) 利润池覆盖机制 |

### 专栏 2-8 　　　　空格的共享经济

空格是主打"共享经济"理念的个性化服务交易平台，通过搭建服务者与消费者交易的桥梁，将分散化的剩余资源、时间、技能转化成价值，实现服务过程的去渠道化。空格的服务领域包括现代化社区服务、咨询和文化创意领域。其产生的背景满足四个方面的条件：①随着城市化的全面推进，大量人口成为城市居民促使现代服务的快速发展。②人力资源的年轻化，加快了自由职业和多样化的从业趋势的发展。③智能手机的大范围普及，降低了个体电商化服务门槛。④随着共享经济的社会认可度不断提高，资本方服务对消费者平台的支持力度空前高涨。

**一、空格的概况**

空格于 2015 年 6 月 15 日成立，在短短的时间内，企业团队已从最初的 13 人增加到 200 人，在武汉已经开启超过 200 个格子。这个主打服务的平

台，以交易为基础，以社交为目的。用户可以通过空格平台购买手工美食、手工定制、家政、画画等各类实用服务，与此同时，有一技之长的用户可以在平台上出售自己的技能和时间。

**二、空格的平台战略**

空格以其独特的视角、独特的创新很快赢得市场，空格主打共享经济理念，相比于其他交易平台，用户可以在这个平台上实现个性化生活服务，为个人服务者提供创业平台。在具体运营过程中，空格按小区、学校、写字楼和园区划分"格子"，每个格子都有一名格主负责格子的日常运营，建设格子的内容，解决用户的问题。而小区住户可以加入格子，通过格子找到自己所在小区周边的各类服务，服务者可以在格子里发布各类信息，为格子里的用户提供各种服务。

空格的创始人团队大部分来自阿里巴巴，他们基于空格发展的双边市场，对供需双方都进行刺激。一方面，他们对商家免费提供服务，通过A咖计划扶持补贴一部分商家，卖家作为服务者，是空格发展的根基，空格致力于帮助服务者成长的理念不仅留住了服务者，还提高了服务的质量，使闲置的时间、技能得以转变成金钱，满足了大多数人的创业需求。另一方面，相对于买家，他们拥有一个30多人的团队，在各大论坛和社区挖掘用户，引导他们注册，对于注册的用户，空格独创M豆概念，可在平台交易环节流通抵现，1M豆等同于1元，用户可以通过分享和邀请好友关注微博、微信等赚取M豆，M豆的出现能够在交易中给用户带来优惠，容易吸引用户注册，还能够让用户自身为平台打广告，抓住人们的从众心理，营造平台炙手可热的状态。此外，平台还以对M豆排行前十的用户奖励BIG BANG演唱会门票以及红包奖励等方式来吸引注册用户的增加，优秀的销量还可以吸引更多的商家加入平台，而同时买家也可以是卖家，在平台上发布并出售自己的时间、技能，双方的刺激生长造成一个跨边网络效应。

**三、空格的价值创造**

空格在实施平台战略的过程中，通过一系列策略提升平台吸引力，为商家和消费者创造价值。在用户过滤机制方面，平台对个体、商家和机构入驻实行零容忍政策，一旦发现虚假交易等行为，将严厉制裁，保持平台的健康度。在服务方方面，平台通过 A 咖计划培养平台服务达人，并采用群组和帮派等功能聚拢粉丝，从而在提高服务达人收益的同时扩大平台影响力。在吸引用户入驻方面，平台通过对服务者的补贴让服务者产生归属感，与此同时，平台提供各种服务促使两者之间建立社交关系。通过以上机制，平台聚焦服务提供商和消费者，实现服务者的技能分享，提高其收益，也方便了周边用户，创造了社会价值。

**四、结论与启示**

空格 APP 搭建的个人服务平台通过"格子"的形式连接服务者技能与消费者需求，无缝衔接线上信息渠道和线下服务渠道，提高了 O2O 模式的效率。个人服务者将原有的门店被动接受服务需求转变为主动的服务推荐和社会化媒体培育，实现随时随地出售自己的时间和技能，从而实现了共享经济模式的线下"扁平化"运营，推进了全民创业。

资料来源：作者根据多方资料整理而成。

## 3. 平台生态圈的融合

随着平台之间的竞争日益激烈，平台需要从生态学视角重新审视创新系统，构建创新生态系统，共同促进技术开发和创新产出。为此，企业需要将由研究驱动的研发生态圈和由市场需求驱动的商业生态圈进行融合发展。

首先，对于向服务型转型类型平台，平台企业主要采用并购机制，实现研发生态圈与商业生态圈的融合。核心企业作为生态圈的构建者，已经完成研发生态圈的架构，是生态系统者运行的驱动主体，为了更好地满足终端消费者的需求，企业并购与主导产品和服务配套的创意生产者，优化配置系统内的创意资源。在并购活动中，核心企业需要在消费者端和生产者端进行广泛的环境扫描，并且具备动态吸收能力，准确定位与主导产品配套的外部服务生产者，提升并购活动的效率。在此基础上，主导企业作为平台架构者，对生态圈内的各种资源进行分解、组合和利用。例如，苹果在研发过程中，认为语音搜索功能是终端用户的潜在需求，为了完善 IOS 系统功能、快速占领个人语音搜索市场，苹果收购了语音搜索开发商 Siri，实现了包括研发团队、源于美国国防部计划的领先技术以及 25 所研究机构在内的研发网络的并购。

其次，对于加强研发类型平台，平台企业采取基于联盟机制的商业生态圈与研发生态圈融合策略。平台企业已经建立了良好的商业生态圈，特别是消费者端已经对企业有良好的认可度，但企业缺乏研发生态圈的积累，此时，平台主导企业通过建立研发联合体的方式，与其他研发主体、领先用户以及创新中介共同参与创新产品的开发，集成整合系统内的研发资源，实现协同效应。在研发联合体内，各种研发资源可以较自由地流动，平台主导企业作为分解者，对研发资源进行分解与组合。在这个过程中，核心企业所掌握的市场资源是其能够与研发企业联盟的基础驱动因素，其对商业生态圈的把控，以及对用户需求的深度了解，提升了对创新产品的未来收益预期，在此基础上，吸引大量研发主体进入研发联合体，同时提供了连接市场需求的领先用户基础。在联盟形成以后，核心企业协同创新的整合能力是关键性驱动因素，通过核心企业整合生态圈成员的资源优势和创新潜力进行合作研发，结合商业圈优势，提高创新产品的研发效率和市场接纳度。在这个过程中，核心企业需要建立合作文化来构建大家共同认可的发展愿景、制度规范以及行为准则，推动形成合作创新氛围。此外，平台企业还需要整合资源建立统一的技术标准环境，搭建标准化的开发界面与系统架构，支持生态圈内成员间分工与合作的深化发展，提升研发活动的合作效率。例如，苹果认识到安全和支付对用户的重要性，为此，苹果收购指纹感应器制造商，以此达成技术联盟，实现资源共享，重新定义了苹果的 NFC 技术，加速其指纹识别功能的发展，并在此基础上与银联形成战略合作，携手推出移动支付服务 APPLE PAY，改变传统支付模式。

最后，在企业发展过程中，需要建立研发生态圈和商业生态圈相互融合的共享机制。核心企业通过搭建利益共享平台整合应用开发者、终端用户与创新中介等各类主体，促进技术资源与市场资源的匹配，平台集聚技术和市场资源，实现生态圈内群体的价值共创和利益分享。为此，核心企业需要搭建互惠性的平台，为各创新主体间的价值共创提供载体，同时吸引外部创新主体的进入。在这个过程中，核心企业规范性的治理分配能力是系统运行的关键性驱动因素，企业需要建立准入标准，同时建立合理的分账模式，提升利益分配的成员接受水平。同时，核心企业应在平台内构建共赢文化，促进系统成员间形成共同的愿景、共享的价值理念以及合作共赢和风险共担的行为准则。在这个过程中，平台需要通过广泛的用户反馈引导创新方向，同时建立创新生态系统发展的用户基础。例如，苹果公司为了与 Android 的广告平台进行竞争，上调 IOS 移动广告平台的第三方开发者收入分成至 70%，而苹果公司负责广告的销售和托管可得到 30% 的收入分成，大大激励了开发者参与的积极性，并影响了终端用户的选择。

【章末案例】　　　　　省广股份的平台战略

在一个被业界称为"这是一个最好的时代，也是一个最坏时代"的今天，作为广告公司的老兵和国有企业，省广股份不断创新，拥抱互联网和共享经济，以"开放、整合、激励、共赢"的理念构建全新的平台战略，在朝着国际化整合营销传播集团目标前进的过程中可圈可点。

一、省广股份的概况

广东省广告集团股份有限公司（以下简称省广股份）成立于 1979 年，是本土最早的大型综合性广告公司之一，1990 年就确立了公司在行业内的前三甲地位。2010 年登陆深交所，成为国内广告第一股。

自 2015 年起，公司转变思路，全面实施和优化平台战略，不断整合营销传播服务的横向跨界能力和垂直化专业能力，为公司和员工搭建创业平台，激发创业创新精神，同时，探索国际化发展方向，为我国企业提供国内外营销传播整合服务。

从营收规模来看，近 10 年公司的收入和利润都得到快速增长，营收规模复合增速达 28.43%，从 2006 年的 10.12 亿元到 2015 年的 96.23 亿元，利润规模复合增速达 46.23%，从 2006 年的 1795 万元到 2015 年的 5.49 亿元，2010 年上市之后公司的利润水平复合增速达 51%。公司成立至今，品牌管理薪火相传，创意策划业内领先，牢牢把握了客户和优秀媒介资源。

公司的主营业务是为客户提供品牌管理、数字营销、媒介代理、自有媒体和公关活动五大类服务（见表 2-5）。

表 2-5　省广股份业务范围

| 主营业务 | 简介 |
| --- | --- |
| 品牌管理 | 以提升客户品牌价值和产品销售为目标，为客户提供品牌策略、品牌规划、广告策划、创意、设计、制作等服务 |
| 数字营销 | 利用互联网络、电脑通信技术和数字交互式媒体，以最有效、最低成本的方式谋求新市场的开拓和新消费者的挖掘 |

续表

| 主营业务 | 简介 |
|---|---|
| 媒介代理 | 为客户的广告投放进行媒介数据分析，制定媒介策略、媒介创新、媒介投放计划，代理客户实施媒介购买、媒介投放及媒介监测工作 |
| 自有媒体 | 利用自身的公交候车亭广告大牌、公交车车身广告位及户外广告大牌的经营权或者其他自有媒体为客户代理发布广告的业务 |
| 公关活动 | 从事组织机构信息传播、关系协调与形象管理事务的咨询、策划、实施和服务，促进公众认识组织，树立良好形象，维护公众关系等 |

### 二、省广股份公司的平台战略

第一，实施用户平台包络战略，对接多场景用户入口。自上市时开始筹划"广告数字化运营系统"，公司采用"内生+外延"策略，通过并购、整合、协作等方式不断完善数字营销全产业链布局，实现了互联网营销业务、大健康网络营销、大数据、移动广告平台、游戏等领域的全面服务（见表2-6）。在用户端，公司围绕"数字营销"这个共性需求，构建微博、微信、游戏、健康、视频、文学类、门户、搜索、今日头条、车联网等综合入口，实现用户端的平台包络战略，为平台的"供给端范式"向"需求端范式"转换打下消费者入口的基础，便于从多维度为客户打造完整的服务体验，从而构建平台竞争优势。

表2-6  省广股份数字营销布局实践

| 时间 | 投资/合作标的 | 事件 | 用户入口 |
|---|---|---|---|
| 2012年11月 | 收购合众盛世 | 中国优秀的大健康行业网络营销传播服务商 | 健康产业用户 |
| 2014年7月 | 投资深圳钛铂新媒体 | 钛铂新媒体是目前华南地区最大的以微信、微博为主的社会化媒体营销企业 | 微博、微信用户 |
| 2015年3月 | 投资深圳东信时代 | 专注于移动互联网广告，集移动广告技术研发、移动广告平台运营、移动广告策划制作投放和整合营销服务于一体；点媒Lomark平台对接了百度、淘宝、Google等20个以上的交易平台，聚合了数千个APP，日均广告展示流量已超7亿，国内流量覆盖率达75%以上；打造了移动互联网广告生态系统 | 百度、淘宝、Google等平台 |
| 2015年9月 | 收购广州蓝门数字 | 华南地区最知名的数字营销企业之一，主要为国际知名快消品及汽车客户提供服务，目前业务以微信、微博平台为主，为客户提供其他社交媒体的监测、发布等业务 | 微信、微博用户 |

续表

| 时间 | 投资/合作标的 | 事件 | 用户入口 |
|---|---|---|---|
| 2015 年 9 月 | 收购上海晋拓文化 | 游戏行业的互联网广告业务领军企业，全面覆盖视频类、文学类、门户类和游戏类等优势广告资源，是腾讯、百度、优土、暴风等媒体的战略合作伙伴，引进了大数据分析和算法优化研发团队，打造了领先的精准 DSP/DMP 平台及投放策略系统 | 游戏、视频等用户 |
| 2016 年 3 月 | 投资广州易简 | 易简广告构建移动营销＋新媒体＋体育＋投资＋旅游的全新生态，并且积极布局移动营销全产业链，投资明星微信公众号，代理今日头条、广点通等媒体资源，拥有业内稀缺的自有媒体矩阵以及产业＋投资双轮驱动，占据渠道、内容等优质资源 | 体育、旅游等入口 |

第二，挖掘大数据价值，解构用户全息画像。掌握大数据优势的广告企业将显著提高广告精准性。省广股份在所构建的数字营销全产业链基础上，以传统用户、移动用户等用户入口为基础，围绕消费者信息，深挖用户数据价值，形成对消费者的深入洞察，在此基础上，逆向对接公司传统业务所积累的品牌管理和传播创意经验，进而激发新的广告创意，并反过来展开媒介策划。公司分别采用自主研发、收购、并购、投资等方式加大大数据技术积累和资源整合，从而实现用户端的"全息用户画像系统"、企业服务端的"企业智能市场管理平台"以及平台整合的"全媒体智动交易平台"（见表2-7），有力地推进了平台"供给端范式"向"需求端范式"转换的进程。在具体举措方面，首先，自主研发方面，公司的"广告数字化运营系统"项目构建了覆盖7大行业25个品类、三年样本量超过20万个的数据库，集成了消费者洞察、品牌策略、创意发想、媒介策划等多模块的应用；其次，在对外合作方面，公司先后与荣之联、百度、腾讯等达成了大数据业务合作，提升了公司数字营销业务实力及规模，加强了公司大数据价值挖掘能力；最后，在并购整合方面，公司布局合众互动、传漾科技、东信时代、晋拓文化等数据技术企业，强化数据分析运用、算法优化等能力，实现技术与资源的互动与协同，提高公司的广告数字化能力，全面建立基于互联网的数字化营销技术，为客户提供整合营销传播解决方案（见表2-8）。

表 2-7　省广股份大数据营销系统

| 项目 | 内容 |
|---|---|
| 全息用户画像系统 | 用数据精准、有效地解构用户全息画像，并识别其在各种关系中的角色以及相应的心理和行为，与企业数据及服务体系紧密联系，通过智能化、个性化的自动市场活动实施体系保证市场活动的效果，并为公司智能市场管理平台提供目标受众的全息用户画像，提供市场决策支持 |
| 企业智能市场管理平台 | 提供完整的企业市场运作服务，满足企业市场及自身运营的需求；通过智能化、个性化的自动市场活动实施体系保证市场活动的效果；通过符合中国市场的应用场景、云服务（SaaS）等让企业高效实施 |
| 全媒体智动交易平台 | 公司全媒体智能化的程序化购买管理平台，通过数字化的广告平台，打通线上线下媒体自动的执行购买和实时竞价的程序化交易平台；针对某些特定优质资源，或者针对某些开放的广告主，提供私有程序化交易服务 |

表 2-8　省广股份大数据业务布局

| 时间 | 投资/合作标的 | 事件 |
|---|---|---|
| 2012 年 5 月 | 开发广告数字化运营系统 | 建设了覆盖 7 大行业 25 个品类、20 多万样本量的行业数据库 |
| 2014 年 7 月 | 与荣之联战略合作 | 在 IT 服务、大数据、云计算、车联网等领域及车联网信息营销系统平台、视讯系统广告平台、广告语义分析平台等展开深度合作 |
| 2014 年 9 月 | 与百度战略合作 | 以大数据市场研究、大数据解决方案、大数据营销产品开发等方式为基础展开合作 |
| 2015 年 3 月 | 收购上海传漾科技 | 中国互联网广告领域的领军企业，拥有业界领先的广告发布管理系统、数据解析技术和富媒体广告协作平台，拥有以 DSP、SSP 和 DMP 三大平台为核心的互联网广告生态系统 |
| 2015 年 9 月 | 开发大数据营销系统 | 全息用户画像系统、企业智能市场管理平台、全媒体智动交易平台 |

第三，全面整合资源，提供一站式服务平台。随着互联网及移动互联网用户的增长，传统媒体的广告效应日趋减弱，从线下往线上迁移的数字营销需求日趋旺盛，与此同时，广告主对广告投放精准性和优质媒介提出了更高要求。但随着广告行业渠道的日趋丰富，广告同质化现象凸显，无关性广告将影响用户体验，广告拦截运用快速增长。在这个背景下，能够得到消费者认可的广告即可以有效传达广告主的意图，更重要的是，消费者能够通过微博、微信等社会化媒体网络进行主动传播。因此，具备创意策划、客户资源、媒介资源、大数据资源优势的企业将在整合营销背景下占据有利地位，行业竞争格局将保持强者恒强的格局。在对接多场景用户入口和大数据技术

基础上，省广股份进一步整合创意策划和媒介资源，提供一站式整合营销服务，抓住产业转型风口。

在公司战略上，公司采取"内生+外延"战略，整合优质资源。首先，公司持续推进"媒体集中采购"项目，与优质媒介资源紧密合作，借助行业、政策和资金地位在媒介采购中保持优势。在传统媒介方面，与央视、综艺热门媒介、地铁、公交、户外广告保持长期合作。其次，在外延收购方面，自2011年开始，公司在跨地域业务拓展和媒介资源方面取得突破，成功打造了优质的线下媒介资源池。再次，在新媒体领域，公司以现有的资源为背书，以丰富的品牌广告主、快速增长的业务规模和广告流水为筹码，以优惠的价格获取优质媒介，并与BAT等在业务与数据领域全方位开展合作。最后，在广告交易平台方面，公司通过收购东信时代、传漾科技等企业，整合SSP（Sell-Side Platform）平台和广告交易平台，协调优质媒介导入和品牌输出方面。

在这些策略的作用下，省广股份的客户具有良好的忠诚度，保持了很强的黏性，客户流失率低。2011~2014年公司的五大客户维持稳定，目前深度涵盖了汽车、快消、运营商、大健康、地产等各个行业，掌握了丰富的品牌广告主资源。

第四，优化平台治理，实现价值共创。在省广股份成立35周年之际，企业竞争逐步转向平台化竞争，传统的基于产业链的竞争模式难以获得竞争优势，省广股份及时意识到行业趋势的转变，积极部署公司的平台战略，从平台参与者的设置、参与者的激励、网络效应的激发方面进行有益的探索。首先，在平台架构方面，公司对现有的资源大平台进行解构，将大平台按照行业、专业和工作室运营平台进行分解，搭建了行业细分平台（涵盖汽车、快消、地产、通信等众多领域）、专业细分平台（娱乐营销、体育营销、大数据、互动体验营销等）、工作室运营平台（数字营销、媒体策划、平面设计、文案策划等），如图2-19所示。其次，在参与者激励方面，平台秉承"开放、整合、股东、共赢"的理念，鼓励员工众筹、员工持股，鼓励平台间资源互通，积极调动员工、合作伙伴的积极性。再次，在网络效应激发方面，公司以消费者入口资源为基础，充分整合现有资源，激发平台内创业企

业和各细分平台公司的创新能力，提供优良的广告媒体服务和产品，形成正反馈。在此基础上，利用平台共享的多渠道传播媒体，对接消费者，加强与消费者的关联度，提高公司知名度，实现跨边网络效应激发。最后，在好的产品和服务，以及消费者互动的基础上，对广告主形成吸引效应，最终为消费者、广告创造者、广告主创造价值，共同推进平台的壮大发展。

| IMC 行业细分平台 | IMC 专业细分平台 | 工作室运营平台 |
| --- | --- | --- |
| 汽车 IMC 运营公司<br>地产 IMC 运营公司<br>快消 IMC 运营公司<br>通信 IMC 运营公司<br>…… | 娱乐营销公司<br>体育营销公司<br>大众传媒公司<br>大数据咨询公司<br>…… | 数字营销工作室<br>媒体策划工作室<br>平面设计工作室<br>文案策划工作室<br>…… |
| 重点行业划分 | 垂直划分 | 员工创业 |

**图 2-19　省广股份的平台架构**

第五，建设产业生态圈，实现产业共生。2015 年 12 月 12 日，公司发布"平台战略 2.0"，以构建平台化生态圈为目标，将核心战略从"开放、整合、股东、共赢"转变为"开放、整合、激励、共赢"，激励各方共同创造价值，最终形成多方共赢的效果，树立了建设成为国际化整合营销传播集团的愿景。

首先，在平台战略的基础上，进一步打造 IMC 行业细分平台，打造具有特定行业属性的专业化营销全产业链条团队，依托长期积累的深入研究的专业能力成为某一类行业或某一领域不可替代的专家，结合整合的资源在专业细分平台上提升专业服务水平，为广告主提供更全面细致的服务。其次，为激励创新、孵化创业，省广股份开展平台公司股权众筹大会和员工创新创业大赛，积极推进合伙人制度，让员工自由报名认购旗下七家平台公司的股权，并通过预留动态激励股份，为后续员工成为股东预留空间，从而吸引更多的行业精英加入省广平台，实现协同作用和多方共赢。该制度是"平台战略 2.0"的核心任务与制度，未来公司将进一步加大创新创业的力度，聚合中国营销新力量。最后，丰富平台生态要素，除了之前公司在数字营销的战略性布局外，公司分别在内容营销、资产投资、海外拓展等方面进行布局。在内容营销方面，广告业具有与娱乐业融合的趋势，公司先后与北京微影时代、黄晓明合资成立省广影业，与上海双刃剑体育在体育营销领域展开合作，拓展广告主的营销方式，提高客户的黏性。在资产投资方面，公司投资5000万元设立深圳前海省广资本管理有限公司，寻找优质的投资项目，推动公司完善产业链上下游布局。此外，公司与上海智义投资管理有限公司共同发起广告行业并购基金，参与投资深圳九宇银河智能互联投资基金，2016年3月成立省广资管公司，将为公司储备和寻找优质标的，拓展产业链延伸布局。在海外拓展方面，针对广告主海外营销服务需求的增长，2015年12月，公司成立香港子公司——中国整合营销传播集团控股有限公司，积极利用香港金融市场打造海外并购和业务运营平台，加紧落地国际化的布局。

### 三、结论与启示

中国经济面临着向消费型经济转型的过程，从而影响相关消费型行业的广告产业，而当前我国广告行业占 GDP 的比重还较低，未来有巨大的市场成长空间。此外，当前我国广告行业集中度偏低，随着数字营销以及整合营销服务需求的上升，广告行业的马太效应会逐步显现，在这个背景下，省广股份积极谋划，打造平台型企业，构建广告生态圈。

第一，企业服务模式转变引领企业战略转型。在传统的营销方式中，广告主根据其对自身价值定位和目标消费者的理解，将广告理念通过广告单向传导给消费者。在这个过程中，广告公司根据广告主的理念衍生出广告媒介服务，整个过程呈单一方向且互动较少。广告主对消费群体反馈少，没有掌握消费群体的需求和特征。而新型的营销方式具有多向的信息交互特点，广告主能够获得更全面的消费者信息，进而对消费者精准定位和挖掘潜在需求。因此，广告服务机构应提供一站式营销服务，架起广告主和消费者之间的桥梁。省广股份认识到提升用户价值是企业竞争的共性规则，因此，在战略转型过程中，公司立足需求端，从基础数据，到数据挖掘，进而反刍后端资源整合和共享，构建竞争优势，实现了传统媒体与新兴媒体融合背景下的基于共享经济的平台战略。

第二，激发网络效应，促进平台健康发展。在整合用户资源、媒体资源、广告主资源的基础上，省广股份力图构建多方栖息者的同边网络效应和跨边网络效应，目前已经在公司内部开展创新创业团队的尝试，从服务端出

共享经济：
下一个风口

发，建立丰富的产品和服务资源，进而吸引更多的用户和广告主进驻企业平台，实现开放平台界面和构建商业生态系统，形成可持续的企业竞争优势。

第三，与一般的双边平台不同，省广股份既是广告营销平台的产业创新平台，也在搭建多边网络平台，属于混合型平台企业，这需要企业对各种资源进行有效梳理和协同，真正实现共享经济效益。例如，公司已经全方位建立消费者广告入口，但这些入口总体上还比较分散，而且依附在不同的平台上，如何将这些消费者群体的特征和数据进行动态整合是实现消费者端协同的前提。而在资源端，公司并购和成立了多家新媒体公司，这些公司之间的业务既有互补也有冲突，如何协调、整合和激发所有资源的作用，是公司实施平台战略的重要环节。

资料来源：作者根据多方资料整理而成。

# 第三章

# 跨界整合

跨界的本质是连接和创新，跨界的终极形态是无界，跨界整合已经成为企业和个人所必须懂得的生存法则。

**【开章案例】　　　　　浙报传媒的跨界整合**

2016 年 9 月 29 日，中国传媒界当下的亮眼明星"浙报传媒"迎来上市五周年的纪念日。以上市五周年为起点，浙报传媒正式开启 3.0 模式——真正意义上的互联网枢纽型平台模式，从传统媒体到媒体集团、从媒体集团到互联网枢纽平台的发展路径进入升级期。

**一、浙报传媒的概况**

浙报传媒集团股份有限公司（以下简称浙报传媒）隶属浙报传媒控股集团有限公司，于 2011 年 9 月 29 日在上海证交所借壳白猫股份上市。浙报传媒是中国报业集团中第一家媒体经营性资产整体上市的公司，以投资与经营现代传媒产业为核心业务，负责运营《浙江日报》、《钱江晚报》等超过 35 家媒体和边锋网络平台，包括新闻网站、客户端等，拥有 6.6 亿注册用户、5000 多万活跃用户和 3000 多万移动用户，产业规模居全国同行业前列。目前，公司的总资产已达 81.02 亿元。

浙报传媒以用户为中心，在国内率先推进传统媒体和新兴媒体的融合发展，创新提出并实践融媒体时代"新闻+服务"商业模式，全力构建互联网枢纽型传媒集团。浙报传媒坚持"传媒控制资本，资本壮大传媒"的发展理

念，营收和利润保持较快增长，市值居沪深两市传媒板块前列，是沪深300指数成份股。

## 二、浙报传媒的融合发展

从阶段特征角度，可以将浙报传媒的融合发展路径分为以下发展阶段，如图3-1所示。

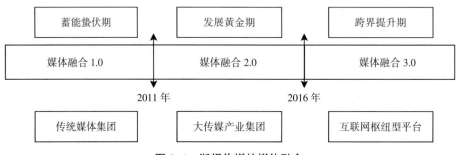

图 3-1　浙报传媒的媒体融合

第一阶段，媒体融合1.0阶段。宏观战略布局规划，基本能力锻炼，确立传媒和资本双杠杆的运作能力，进行资本市场的投资运作，并将浙报传媒运作上市。

第二阶段，媒体融合2.0阶段。进行全面媒体融合战略布局的展开，坚持"传媒控制资本，资本壮大传媒"的理念，建立"3+1"大传媒产业格局，并实现资本市场的经济效益和社会效益的双丰收。

第三阶段，媒体融合3.0阶段。从媒体产品运用到用户运营再到数据业务运营的跨越式升级，建立起四位一体的大数据产业生态圈，成就真正的互联网枢纽型传媒集团，从信息枢纽到产业枢纽再到大数据资产枢纽，从业务表层到生态底层层层深入地构建。

当下的浙报传媒正处于从2.0进入3.0的关键过渡期，这也是从产业布局向生态圈布局的关键阶段，或许还是浙报传媒继续自我革新升级与引领行业和产业发展的关键阶段。

## 三、浙报传媒的跨界整合

浙报传媒的跨界整合表现在多个方面，包括收购杭州边锋、上海浩方，进军大数据产业，牵手携程，布局养老业（见图3-2）。另外，横向扩展自己的产业链，逐步建立完善的生态系统。

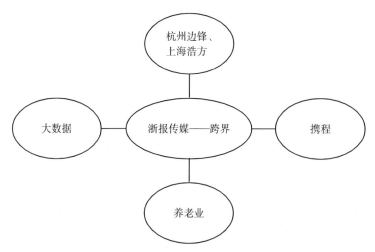

**图 3-2 浙报传媒的跨界整合**

第一，收购杭州边锋和上海浩方。2012 年 4 月 10 日，中国浙报传媒集团股份有限公司正式审议通过对杭州边锋软件技术有限公司（以下简称杭州边锋）、上海浩方在线信息技术有限公司（以下简称上海浩方）的收购计划议案，拟斥资34.9亿元收购盛大集团旗下这两家网游公司。杭州边锋、上海浩方本是国内领先的休闲娱乐互动游戏及平台的开发商、发行商和运营商，旗下在线棋牌、电子竞技平台、桌面游戏三大主营业务均是各自所处领域中的领先者，两大游戏平台 2011 年月均活跃用户数近 2000 万人，月均新增注册用户数突破 300 万人，产品总数近 600 款。2011 年，两公司合计实现营业收入 4.6 亿元，创造净利润1.6亿元，较 2010 年同比增长 60%。浙报传媒对国内领先网游公司的收购，足见其跨界发展网游的决心。目前，公司的游戏业务收入已超过总收入的 20%。

第二，进军大数据产业。浙报传媒将全面实施大数据产业投资战略，开创大数据创客中心。公司抓住国家推动实施大数据产业政策的契机，启动非公开发行工作，拟募集资金 20 亿元，用于建设"互联网数据中心和大数据交易中心"项目，以集聚数据，推动数据存储、加工、清洗、挖掘和交易，打造公司"3+1"大传媒格局的核心基础，培育新的主营业务平台，全力向拥有强大实力和传播力、公信力、影响力的互联网枢纽型传媒集团转型。该

项目以浙报传媒互联网平台上拥有的 6.6 亿注册用户、600 万读者资源、5000 万活跃用户、2000 万移动用户为依托，将建设浙江省内最大的互联网数据中心之一和浙江省唯一的大数据交易中心，同时也将以该项目为核心建设浙江大数据产业孵化园，借助行业高地的优势最终形成一个覆盖大数据全产业链的开放性生态系统。

第三，布局养老业。基于大数据构建智慧服务平台，浙报传媒开始布局养老业。公司在浙江省杭州、嘉兴、宁波、温州、海宁等城市街道社区开设了"养安享"居家养老服务中心，这一服务中心帮助公司快速切入养老产业蓝海，"养安享"采用会员注册制，为老年人提供理疗保健、文化娱乐、休闲旅游等服务。另外，浙报传媒和国内领先的健康医药企业修正集团联手，充分发挥企业的市场主体作用，提供符合老年人需求的健康、文化、娱乐等相关产品。

第四，与携程跨界合作。2015 年 1 月 20 日，浙报传媒、携程旅行网在杭州召开新闻发布会，宣布双方就"旅游大数据和旅游目的地营销与管理"达成战略合作意向，并完成签约仪式。如何依靠自身强大的媒体资源并利用智慧旅游和互联网化的思维，对旅游市场的数据进行挖掘，这是浙报传媒一直在思索的问题。携手携程旅行网，依托浙报全媒体资源，通过跨屏、跨媒体的整合，在浙江旅游大数据的挖掘、智慧旅游对接、旅游目的地营销以及完善政府管理等领域尝试突破，推动浙江旅游业的跨越式发展，正是浙报传媒最终做出的决策。

## 四、结论与启示

严峻的外部环境给了浙报传媒一个很好的转身机会。公司加大融合发展力度，加快互联网化进程，全力实施新闻传媒、数字娱乐、智慧服务和文化产业投资"3+1"大传媒格局建设，保持公司营收和利润的稳定增长，以及抗风险能力的提高。目前，公司的大数据大传媒产业架构轮廓初现，朝互联网枢纽型传媒集团转型初见成效，综合实力显著提升。此外，公司还建设"互联网数据中心和大数据交易中心"，积极布局国家热点领域大数据产业，培育公司新的主营业务平台。同时进行技术和投资团队的优化整合，重组设立数据业务中心、产品研发中心等五大中心，大大加强公司在新媒体技术方面的产品研发和运营能力。由此可见，传统传媒行业在面临互联网思维时，不仅可以纵向深入发展原本的行业，还可以通过跨界整合已有资源，向新的盈利点出发。

浙报传媒由传统的传媒行业成功转型为现在多方业务均衡发展的现代企业，是企业多元化战略的表现。在保持原优势业务的基础上，浙报传媒将科技与娱乐结合，将文化进行跨媒体拓展延伸，甚至通过资本运作等方式打造跨平台的娱乐社区，获得了今天这样的佳绩。因此，不得不说这些都可能是传统企业未来的发展方向。

资料来源：作者根据多方资料整理而成。

如今，全球正弥漫着新一轮人工智能、物联网的热潮，传统行业开始触网，与互联网、移动互联网等产业融合步入新阶段，多元化跨界已成为常态。跨界合作既能够加强自身的竞争能力，也是对合作伙伴以及消费者的多重共赢。可以说，通过多元化的跨界，可以整合企业优质资源，为消费者创造价值，更好地应对日趋激烈的市场竞争。

# 一、跨界：从颠覆到融合

这是一个最好的时代，也是一个最坏的时代。我们步入了移动互联网时代，跨界已经无处不在。跨界的本质在于连接与创新，跨界的终极目标是达到无界。跨界将颠覆以往的所有界限，如行业、产品、服务、用户等。跨界思维将所有一切融合在一起。

## 1. 传统合作思维的颠覆

传统合作思维指的是企业在进行横向扩张时，寻找的跨界对象都是基于自身利益，看对方是否能为自己带来盈利点，即企业间的合作仅基于单方利益而非共赢。但是按照博弈定律，双方各自利益最大化和双方利益共同最大化是不会在同一个层面上的。在信息不对称的过去，这或许可以让企业接受，但信息化的今天，这种合作已不再受到欢迎。

基于互联网思维，传统的商业模式被重塑，流程被重新组织，组织需要进行重新设计。过去企业各环节与客户之间组成的水平化流程将转向垂直化：设计人员直接与客户互动，产品不是以"代系"更新，而是每周进行"迭代"；生产基于（没有中间渠道的）真实客户需求转向大规模定制；直接面向终端客户的网络营销替代传统的多环节分销。因此，企业业务流程的每一个环节都为了面向终端"客户社群"而转向垂直化。"零"营销费用、"零"渠道成本、"零"毛利将会冲击传统企业的经营哲学，经营"利润"将被经营"客户社群"所取代。这就是互联网思维另外重要的一点——"跨界颠覆"，用跨界的思维突破传统的惯性思维，超越传统的经营理念和商业模式。

### 2. 跨界整合

跨界是在商业生态中寻找空白点，那么我们有必要先了解一下什么是商业生态。

首先，商业生态是一种系统。所谓的商业生态系统，就是由不同行业的企业共同组合成一个有机的整体，其成员包括核心企业、消费者、合作企业、风险承担者等，在一定程度上还包括竞争者，这些成员之间构成了价值链，不同的链之间相互交织形成了价值网，物质、能量和信息等通过价值网在联合体成员间流动和循环。商业生态系统里的各部分呈现一种共生关系，多个共生关系形成了商业生态系统的价值网。

其次，商业生态也是一种企业网络，是"一个介于传统组织形式与市场运作模式之间的组织形态"，但它不是一般的企业网络，它强调以企业生态位的思想来看待自己和对待他人。它们共同的目标都是在一个不断进化和变化的环境中求得生存。要达到这个目标，一个企业网络必须能够快速准确地感知到环境的变化，明白其所处的状态，并制定出一套可行的方案。不仅如此，它还应当展现出其良好的学习行为。所以，商业生态是一种新型的企业网络。

图3-3为商业生态系统的组成。

商业生态的一个重要特点就是强调系统成员的多样性。这是一个来自生态学的概念，生态系统中的各类生物在环境中各自扮演着重要的角色，通过与其他物种之间的依存关系，组成了整个生态系统。在商业生态中也是如此，多样性对于整个商业系统来说是非常重要的。首先，多样性对于企业应对不确定性环境起到

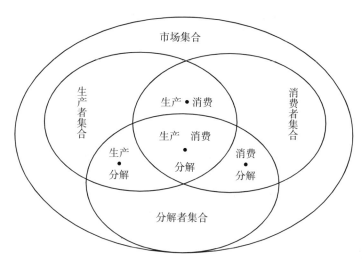

市场集合

生产者集合

消费者集合

生产 • 消费

生产　消费
·
分解

生产
·
分解

消费
·
分解

分解者集合

**图 3-3　商业生态系统的组成**

缓冲的作用；其次，多样性有利于商业生态系统价值的创造；最后，多样性是商业生态系统实现自组织的先决条件。

　　企业在商业生态的空白点处寻找跨界正是由于商业生态多样性的重要作用决定的。当原有生态系统中的各子系统都处于健康发展的状态，企业要想让商业生态稳步发展，最好的方式就是扩展企业商业生态，尽快形成一个完善的生态系统。这也就是我们会频频看到互联网企业收购、兼并或入股很多看似不相关行业的原因了。

### 3. 移动互联网跨界爆发

　　跨界是一种反传统、反经验、反做法的逆向思维方式。企业跨界就是把表面似乎无关的东西用未来的需求、内在逻辑和服务方式联系起来，创造出一种新的商业模式。在别人还看不清的时候，已勾勒出比别人想象中更美好的蓝图。跨界其实是为了整合。通过自身资源的某一特性与其他表面上看不相干的资源进行随机的搭配应用，可放大相互资源的价值，甚至可以融合成一个完整的独立个体面世。

　　跨界的爆发得益于科技的发展，互联网以前所未有的广度和深度变革了经济的发展模式，从一开始的桌面互联网到移动互联网，再到"互联网+"，互联网从过去对整个信息通信领域产业的变革，发展到和各个领域深度融合，带来了更大

的变革。"互联网+"的本质是跨界，利用互联网技术和平台，使互联网和各行各业进行深度融合。因此，"互联网+"时代的到来也意味着跨界的爆发。

小米入股美的，万达与腾讯、百度合资成立电商公司，乐视与北京汽车战略合作，阿里入股海尔电器，绿地集团与阿里巴巴以及平安集团共同推出专业地产金融服务平台"地产宝"……跨界正形成一场飓风向我们席卷。虽然跨界已不是新生事物，但是新时代环境下的跨界和传统的跨界还是会有很大的不同。跨界首先是对传统合作思维的颠覆，跨界的企业都是在商业生态中寻找空白点。

跨界思维代表了一种新锐的世界眼光，也是一种思维特质，运用跨界思维就是运用极致思维，让企业在跨界后能实现对预期的超越，让客户在看到企业跨界成果后能够尖叫，这样，跨界思维的目的也就得以实现。

### 4. 跨界的本质在于连接与创新

跨界的本质是连接与创新，跨界的终极目标是无界。企业跨界，就是打破原有的架构，建立新的连接，实现创新。对于传统产业来说，跨界是为了迎合市场，进行产业升级，实现新经济形势下从传统产业到新型产业的转型以及企业的多元化。对于互联网企业来说，跨界可以更好地建立一个互联网生态圈。

例如，横跨体育、农牧行业的恒大，于 2015 年再一次开启了健康医疗领域以及金融保险领域的布局，进行跨行业的连接。通灵珠宝 CEO 沈东军以联合出品人和演员的双重身份本色出演《克拉恋人》中的一位"暖爸"，此后又接连出演都市职场爱情剧《最佳前男友》，沈东军跨界演艺圈大大提升了通灵珠宝的知名度，品牌价值飙升。薛之谦从最初的歌手，跨界到后来的影视圈、综艺圈，打破行业界限，让观众看见了多面的薛之谦。

跨界的最终目标是无界。跨界就是为了打破界限，从一个行业进入另一个行业，从一个产品进入另一个产品，从一项服务进入另一项服务。跨界企业只要找准了痛点，就能顺利改变之前的有界现状，突破界限，实现创新。

专栏 3-1　　　　　　　民生银行的跨界

有人说，民生银行最重大的价值，不在于其自身的资产价值，而是在于其为国内金融改革提供的崭新路标与探索精神。目前，民生银行正在推进金融的跨界与融合。

## 一、民生银行的概况

民生银行成立于 1996 年，是新中国第一家民办商业银行。2000 年 12 月 19 日，中国民生银行 A 股股票（600016）在上海证券交易所挂牌上市。2003 年 3 月 18 日，中国民生银行以 40 亿元可转换公司债券在上交所正式挂牌交易。民生银行是国内银行业第一家也是迄今为止唯一一家全面进行事业部制改革的银行，2007 年起，民生银行将以前以分、支行为中心的"分公司"业务营销模式改为按照特定业务划分的"事业部"制式的垂直商业运行模式，按照行业线划分了地产、能源、交通、冶金四个行业金融事业部。

## 二、民生银行的跨界融合

作为一家传统的商业银行，面对互联网金融的发展，民生银行开始了自己的转型。2009 年，民生银行开展小微金融战略，成为国内首家涉足小微金融服务领域的商业银行，把"普惠金融"的概念一以贯之。2013 年，民生银行启动社区金融战略，从硬件到软件，从单店到平台，极力打造能够为社区居民提供全新生活方式的便民生活圈。2013 年 9 月 16 日，民生银行与阿里巴巴在杭州签署战略合作框架协议，双方在资金清算与结算、信用卡业务、信用支付业务、理财业务、直销银行业务、信用凭证业务、互联网终端金融、IT 科技等方面开展战略合作。较之前阿里巴巴与其他银行的合作，双方突破了过往泛泛的、框架性的合作，更有步骤、有细节、有深度。2014 年 2 月 28 日，民生银行直销银行正式上线。上线之后首次推出了"如意宝"余额理财产品和"随心存"储蓄产品，不仅为消费者提供了更加方便快捷的服务渠道，还带来更加贴心个性的服务体验。

在消费升级、行业间界限变得越来越模糊的大环境下，一向敢于创新的民生银行又走在了行业的前列。2014 年 10 月 14 日下午，民生银行与世界纯电动汽车制造商美国特斯拉汽车（TESLA MOTORS）开启战略合作。双方开启战略合作后，民生银行将与特斯拉共同在全国 20 个城市的民生银行自有营业厅及小区金融门店建立至少 400 个目的地充电桩（见图 3-4），通过创新科技与小区金融的结合，满足客户全方面的生活需求，提供专业便捷的贴心金融服务。除了特斯拉充电桩，民生银行还为购买特斯拉电动车的客户提供信用卡、消费金融、电子金融、金融租赁等多方面金融服务。而在非金融领域，教育、医疗、购物等也都成为民生社区金融服务创新的目标。

图 3-4  民生银行与特斯拉共建的目的地充电桩

2015 年 1 月，民生银行携手本来生活网，推出 2015 年新年客户答谢年货特卖会。2015 年 5 月 20 日，民生银行与奔驰汽车合作推出"奔驰吧！梦想"的购车主题活动，针对民生银行高端用户，精准定位消费人群，奠定奔驰梦想购车季活动的高价值人群基础。民生银行还与 IMAX 合作打造跨界营销活动，在回馈客户的同时打造了巨大的社会声量，进一步扩大了民生银行和合作企业品牌的知名度，提升了企业价值。

2015 年 11 月，民生银行携手全球最大电商网站亚马逊推出"民生黑色星期五"全球嗨购活动。期间每天一个国家馆日，推荐全球尖货，同时在民生微信银行上线微信活动，每天精选三款主打商品特卖，更有海外美食免费送、全球爆品免单、狂抽 50 台 Kindle 等活动，通过用户互动实现裂变传播，提升用户认知，扩大市场影响力。民生银行与亚马逊的携手合作，不仅是一次精心策划的跨界营销，也将为业内其他平台营销模式探索出一个新的方向。

2016 年 6 月，民生银行与出门问问达成跨界合作，成为出门问问智能手表 NFC 支付业务的首家合作银行。2016 年 7 月 12 日，泰康人寿与民生银行战略合作协议签约仪式在京成功举行。

虽然民生银行一直在做跨界创新，但是很明显近几年的动作更加频繁。民生银行勇于创新，拥抱互联网，开展热点营销、异业合作，带来了全新的用户体验，帮助更多企业达成共赢，让品牌更具立体感和纵深感。民生银行的跨界不仅提升了自身品牌价值，也为合作企业带来了价值。

资料来源：作者根据多方资料整理而成。

## 二、跨界的类型

跨界方式有很多种，包括行业跨界、品牌跨界、产品跨界、服务跨界、用户跨界、渠道跨界，如图 3-5 所示。

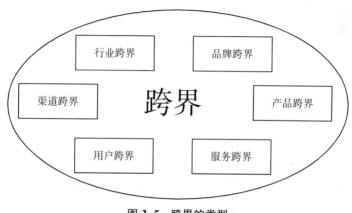

图 3-5　跨界的类型

### 1. 行业跨界

顾名思义，行业跨界是指企业跨越原有行业、进军新行业的活动。在行业跨界中，如果企业跨界后的业务与原有行业相关，如食品加工转做电商则被称为关联性行业跨界；如果企业跨界去做一个完全不相干的行业，则被称为非关联性行业跨界，如恒大做矿泉水。

综观全球工业发展历程不难发现，在每次变革到来、新格局形成之前，在每一次新产业、新转型、新增长出现或到来之际，传统的行业总是会面临两种选择：要么衰落，要么转型。主动选择衰落未免太过于愚蠢，所以企业一方面寻觅着行业跨界，寻求新的市场机会；另一方面借用新的生产工具，促进新行业的发展。随着云计算、大数据、移动网络以及智能终端的发展，互联网与更多行业的

跨界整合成为大势所趋。

第一，不同行业之间跨界，扩大企业影响力。卖手机的小米卖起了电饭煲，卖空调的格力卖起了手机，卖地产的万达建起了旅游城，行业跨界已经屡见不鲜。行业跨界为企业自身的品牌建设起到了良好的推动作用。不同行业间的跨界打破了行业营销固有的藩篱，实现了真正意义上的跨行业的合作共赢。一些看似毫不相干的元素被重新黏合在了一起，建立了新的联系，彼此充分发挥各自企业或品牌的协同效应，让营销价值最大化。例如，中粮集团本是我国最大的粮油食品进出口公司和食品生产商，但是 2015 年 11 月，中粮集团迈出了跨界第一步，Joy House 在成都盛大开幕，成为中粮集团进入餐饮业的第一个品牌。中粮跨界餐饮业不仅再一次提升了中粮的品牌度，也延长了自己的产业链，开拓了新的市场。

第二，传统行业用互联网思维跨界。互联网的迅猛发展对传统行业的冲击可以说是致命的，如零售业受到淘宝、天猫冲击，家电电子受到苏宁、京东冲击，出租短租受到滴滴、小猪冲击。在互联网的浪潮下，传统行业如果不应用互联网思维进行跨界创新，面临的一定是灾难。跨界已然成为信息化的今天许多企业的必经之路。地产巨头万科是传统行业的代表企业，却早在 2013 年就开始了向互联网企业取经的路程。集团总裁郁亮带领管理人员相继访问小米、阿里巴巴、腾讯等，了解互联网思维的"客户黏性"，并携手互联网企业百度，借助互联网技术发展万科地产，将大数据、定位技术纳入房地产项目，逐步构建万科产业生态系统。

### 专栏 3-2　　　宁波富邦收购天象互动

宁波富邦 2016 年 7 月 11 日晚间发布的重组预案显示，公司拟以 39 亿元的价格收购天象互娱和天象互动 100%的股权。通过本次交易，天象互娱、天象互动将成为宁波富邦的全资子公司。宁波富邦将成为主营业务铝加工与网络游戏研发和运营并行发展的多元化上市公司。随着公司业务多元化程度的提高，宁波富邦的抗风险能力和可持续发展能力增强，公司的盈利能力也将得到提升。

**一、宁波富邦的概况**

宁波富邦的主业属于有色金属压延加工行业，是一家专业生产工业铝板带材和铝型材的区域性铝业深加工龙头企业，现有产能 6 万吨，员工 580 人。下属企业包括公司铝材厂、铝型材有限公司、宁波富邦精业贸易有限公司以及仓储公司。公司 2015 年 80974.83 万元的主营业务构成中，其中工业板块实现主营业务收入 41644.55 万元，贸易板块实现主营业务收入 39330.28 万元。

近年来，国内铝加工产品市场高速发展，整体呈现出市场化程度高、产品同质化竞争激烈、产量供大于求等特点，预示着该行业已由成长期进入饱和期。公司主营产品传统铝板带材和工业铝型材的生产和销售受宏观经济景气程度和下游企业出口订单市场的影响较大，虽然经过多年发展已构建起较为完善的销售网络，但低迷的整体市场需求制约了公司产能的发挥，同时激烈的同业竞争使产品价格陷入恶性循环，企业核心竞争力受到了严峻的挑战。

**二、宁波富邦收购天象互娱**

面临企业发展遭遇瓶颈的现状，公司管理层做出了新的战略部署：争取产业结构调整，积极与大股东进行沟通，寻找合适项目和优质资产，推进公司转型发展。

宁波富邦此次转型切入了泛娱乐市场，2016 年 7 月 11 日公司发布重组预案，拟以 18.57 元/股发行 11269.79 万股，并支付现金 18.07 亿元，合计作价 39 亿元收购天象互娱 100%的股权（作价 37.5 亿元）、天象互动 100%的股权（作价 1.5 亿元）；同时拟以 18.57 元/股非公开发行股份配套募资不超过 18.43 亿元用于支付现金对价及相关费用，其中公司控股股东富邦控股及其关联方拟合计认购约 10 亿元。

天象互娱是一家集自主研发、代理发行、IP 授权为一体的移动游戏公司，专注于移动网络游戏的开发与运营，其核心团队集合了来自百度、盛大、腾讯等国内一线游戏公司的高级人才，且与国内各大应用商店平台渠道、终端内置渠道有深层次的合作。天象互动旗下主要游戏产品包括《花千骨》（见图 3-6）、《热血精灵王》、《三国威力加强版》等。重组后，天象互动主要业务、资产均已注入天象互娱，其仅保留了《花千骨》、《热血精灵王》及代理游戏《天天枪战》在 4399 运营平台的联合运营业务。公司未来的业务定位是进行移动网络游戏创业团队或公司的孵化业务，为优秀的创业者搭建

立体的服务平台，提供全方位的创业服务。

图 3-6 《花千骨》手游

重组完成后，宁波富邦将由单一的铝型材加工和销售企业转变为传统铝加工业与移动网络游戏研发、发行、运营和孵化业务并行的多元化上市公司，转型升级战略初步实现。交易完成后，上市公司单一业务周期性波动的风险将得以分散，主营业务收入结构将得以改善，有利于构建波动风险较低且具备广阔前景的业务组合。期待跨界整合后的宁波富邦能扭转乾坤，实现公司的再发展。

资料来源：作者根据多方资料整理而成。

## 2. 品牌跨界

品牌跨界是指企业在某一产品顺利成为市场知名品牌或取得一定市场影响力时，将这一模式扩展到与其不尽相同的产品上的一种市场活动。作为品牌经营的一种策略，品牌跨界有三大优势，如表 3-1 所示。

表 3-1　品牌跨界的三大优势

| | 品牌跨界三大优势 |
|---|---|
| 1 | 塑造自我品牌，向品牌注入新基因 |
| 2 | 多品牌跨界，与粉丝互动营销 |
| 3 | 通过跨界，品牌实现新生 |

第一，塑造自我品牌，向品牌注入新基因。无印良品跨界做餐饮是品牌跨界的一个典型代表。无印良品的品牌理念是纯朴、简洁、环保、以人为本。2015

年4月，无印良品在中国大陆的首家餐厅在成都盛大开业，其消费与食材和装修档次完全不对等，一看就知道无印良品不是冲着赚钱而来。而事实上也确实如此，无印良品开餐厅，只是为了强化和传递品牌文化，为消费者营造一个品牌体验社区。在每个餐桌上，其桌牌都是一个大大的"素"字，在日语中，素指的是食物本身自然的烹饪方式，少油、少糖、少盐。餐厅的文化理念正是无印良品的品牌理念，通过这种形式的品牌跨界，无印良品牢牢地抓住了粉丝的心，也提升了品牌的价值内涵。

第二，多品牌跨界，与粉丝互动营销。品牌跨界的根本原因还是为了在互联网时代增强客户黏性，毕竟品牌将不同产品卖给不同的人耗时、耗力、耗成本。而留住老客户的边际成本不会太高，因此与粉丝的互动成了品牌跨界的一个不错选择。Uber在做市场开发时，对这一营销措施的应用得到了市场的普遍认可。2015年4月，Uber在北京推出"一键呼叫CEO"活动，16家知名企业的高管乘坐着轿车绕清华大学转悠，学生们可以通过Uber一键叫车，与高管在车上进行15分钟的面试。到场的有Uber北京负责人，以及来自LinkedIn、宝驾租车、穷游等企业的高管。Uber这一新颖的招聘风格引来了很多学生的围观和参与，甚至也有从天津赶过来的学生成功地拿到了企业录用书。Uber成功地和这些知名企业共享了粉丝，借助多品牌跨界，实现了双方共赢。和单纯的推广活动相比，既节约了成本，又提高了效率。

第三，通过跨界，品牌实现新生。品牌跨界使得品牌的精髓在跨界中得以重生，也给品牌带来一种立体感和纵深感。品牌跨界可以有效更新成熟但趋于审美疲劳的品牌形象，充分连接有更高价值预期的年轻消费者，甚至可能以此找到品牌创新的捷径，实现品牌的新生。

**专栏3-3** **范小哥的休闲品牌跨界**

在休闲零食风行的今天，打着健康概念的常温即食鱼糜、肉糜制品已经成为消费者的最爱。看好休闲食品的发展前景，冷食企业纷纷跨界进入休闲食品业。山东范府也不例外，抓住了市场热潮，开启了休闲品牌跨界。

**一、山东范府的概况**

山东范府食品有限公司（以下简称山东范府）成立于2008年10月，是集科研、生产、贸易于一体的大型速冻食品生产公司。公司现有职工865

人，拥有工程、经济及会计专业技术职称人员 64 人，其中，具有高级职称的 5 人、中级职称的 29 人。公司下设科研部、品控部、生产部、供应部、财务部和办公室 6 个职能部门和 4 个生产车间；公司总占地面积 6 万平方米，总资产 7690 万元，固定资产 3860 万元；公司拥有 1.5 万平方米生产车间、2000 平方米生产辅助用房、5000 平方米恒温冷库、2 万平方米职工生活用房。公司全部采用当今国内一流的生产设备，严格按照 ISO9000 质量标准体系组织生产。公司坚持"质量第一，信誉第一"的宗旨，以科学的管理手段、雄厚的技术力量、精良的生产设备，精心组织生产，努力为消费者生产质优价廉的安全食品。

**二、范小哥的休闲品牌跨界**

山东范府属于速冻行业中较早推出休闲鱼豆腐的企业，2014 年下半年企业已经有产品推向市场，之后不断创新，逐渐发展了新的休闲品牌"范小哥"。目前，范小哥已有多种休闲系列（见图 3-7）：休闲开袋即食甜不辣系列、休闲开袋即食鱼豆腐系列、休闲开袋即食小鱼仔系列、休闲开袋即食鱼排系列、休闲开袋即食蟹大脚系列、休闲开袋即食鱼丸系列。"跟着小哥走，食尚天天有"，这是范小哥的宣传语。产品包装上印有代表范小哥的卡通人物形象，颜色根据口味不同分别采用不同的亮色，整体包装新潮个性。目前，范府的休闲产品有 1 元包、3 元包、散装，以及定量装 100 克、120 克、150 克不同规格，以适应电商、商超、小商店、零食屋和食品城等多种渠道。

图 3-7　范小哥的休闲系列

山东范府跨界休闲食品，源于火锅料行业竞争的日趋激烈，及电商环境下速冻产品对物流的高要求增加了企业运营成本。于是在休闲食品受到市场青睐之时，山东范府专门成立了休闲事业部，开发系列休闲产品。看到速冻食品和休闲食品市场的区别，山东范府特意聘请了有休闲市场销售经验的专业销售人员，休闲事业部所用团队完全与公司速冻项目的人员区分开来。

为了把产品快速推向全国，山东范府还成立了电商团队，与菏泽信息工程学校合作设立"范府电商培训班"，培训的人才全部用于范小哥休闲食品的专业推广。现在产品在淘宝网、1号店、京东等线上均有销售。

从速冻食品到休闲食品，山东范府也玩转了一次跨界，借助互联网渠道，范小哥找到了更多的经销商和零售商，将各大系列推向更多的客户群。找准市场机会是山东范府成功跨界的一个重要原因，期待范小哥能不断满足市场需求。

资料来源：作者根据多方资料整理而成。

## 3. 产品跨界

产品跨界是企业跨界最常见的类型。产品跨界指两个或者多个不同领域的品牌依据自身的优势进行产品研发。这一跨界行为可能来自于市场对某种产品的青睐，也可能是企业在原有产品的生产过程中遭遇了瓶颈，希望借助于新产品的发布重新打开市场。

对于由第一种情况引发的产品跨界，企业要慎重分析形势。新产品从研发到投入市场这一过程并不那么简单，企业应充分考虑自己的人力、物力、财力，在保证自己原有产品正常经营的情况下，适当进行跨界活动。企业在这一过程中切忌主次不当，在没能保证新产品正常盈利的情况下损失了原有产品的利润。而对于由第二种情况引发的产品跨界，其实更多的是企业的一种创新，无论是对原有产品的更新，还是新开发的全新产品。在这种时候，企业一定要目标十分清晰，因为新的产品将是企业的寄托，产品的不成功给企业带来的打击很有可能是致命的。

互联网的发展为产品跨界提供了更多的可能，产品跨界各式各样，如手机和汽车、音乐与饮料、演员与歌手。可以说，互联网时代的跨界真正实现了只有想

不到没有做不到。不同产业间的联系越来越多，界限越来越不明朗，新技术的不断更新，都为产品跨界制造了契机。新时代的产品跨界最重要的特征就是产品逐步向智能化靠拢，并借助移动互联网的力量，不断与时尚接轨。产品跨界在发展的状态下，也应该认准市场机会，找准市场发展的新动向，以免偏离市场需求，得不偿失。同时产品跨界因为进入的领域比较陌生，对技术的要求相对更高，技术投资会成为其跨界的一个重要部分。

为了庆祝肯德基入驻香港 30 周年，2016 年 5 月，肯德基在香港推出"点指回味"可食用指甲油，指甲油使用天然原料制造，有原味、香辣脆鸡两种口味，涂上指甲油后，等待 5 分钟就可以吃了。这一产品跨界吸引了大众眼球，人们都很好奇食用指甲油到底是一种什么样的体验。

**专栏 3-4　　　方太跨界推出"魔兽级"厨电产品**

2016 年 6 月 7 日，高端厨电领导者方太彻底打破传统厨电产品的单一性能和固有形态，推出欧近跨界吸油烟机星魔方、水槽洗碗机 Q6 以及蒸微一体机 Z1 三款创新跨界厨电产品，为中国家庭在追求品质厨房的路上更多了一种健康、环保、有品位的选择。

**一、方太集团概况**

方太集团（以下简称方太）创建于 1996 年。20 年来忠于初心，始终专注于高端嵌入式厨房电器的研发和制造，致力于为追求高品质生活的人们提供无与伦比的高品质产品和服务，打造健康、环保、有品位、有文化的生活方式，让千万家庭享受更加幸福安心的生活。方太业务涉及厨房电器、集成厨房以及海外事业三大领域，其中 FOTILE 方太品牌专注于嵌入式厨房电器业务，现拥有吸油烟机、嵌入式灶具、嵌入式消毒柜、嵌入式微波炉、嵌入式烤箱、嵌入式蒸箱、热水器、水槽洗碗机八大产品线，已成为中国高端厨电品牌的领导者。方太目前在全国已有员工 13000 余人，在全国设立了 67 个销售机构，并建立了涵盖专卖店、家电连锁、传统百货、橱柜商、电商、工程等全渠道的销售通路系统。

**二、方太的产品跨界**

随着人们生活水平的提高，消费者对厨电的综合需求也日益增多，在居民家庭传统家电拥有率趋于饱和的状态下，厨电领域成为家电业新的增长点。但同质化严重的问题也一直困扰着行业。方太集团董事长兼总裁茅忠群表示："创新如果据守着传统的界限，就不可能有大作为、大创新。"方太的产品创新很多，有三款产品跨界值得关注。

第一，欧近跨界吸油烟机星魔方：打破边界。方太欧近跨界吸油烟机星魔方（见图3-8）是一款非常具有创新性的吸油烟机。星魔方是继近吸式吸油烟机风魔方、欧式吸油烟机云魔方之后，方太带来的又一个全新品类的吸油烟机。这款2016年方太全新烟机品类，通过双擎强排系统实现了前所未见的不跑烟效果，五重净化更促进最高油脂分离度达98%，全面提升中国人的呼吸幸福指数。继风云魔方之后，星魔方实现了中国中产精英家庭的无界厨房之梦。

**图3-8　欧近跨界吸油烟机星魔方**

第二，梦想版水槽洗碗机Q6：三合一跨界。2015年方太推出跨界产品水槽洗碗机，一经亮相就震惊业界。方太再次推出全新的梦想版三合一跨界水槽洗碗机Q6，更是将水槽洗碗机的特点发挥到了极致。全新升级的三合一水槽洗碗机Q6（见图3-9），在增加独立果蔬净化槽的同时，集结35项人性化发明专利，1槽碗碟仅需3瓶清水。其独特的"高频超声+高速湍流"双效速洗的360度强力去污动力组合，可洗净果蔬表面90%的农残，兼具省时、省水、省电和省空间的特质，远比欧美洗碗机更懂中国厨房和中国主妇。水槽洗碗机上市以来几乎囊获了业内所有的重要奖项，足见这款产品受欢迎程度之高。

图 3-9　梦想版水槽洗碗机 Q6

　　第三，蒸微一体机 Z1：微波与蒸汽的相互结合。蒸微一体机（见图 3-10）是中国家庭的"营养美味专家"。这款开创全新"外蒸内微"烹饪方式的蒸微一体机，实现了可蒸、可微、可蒸微的三合一功能，以古法蒸传秘籍融合现代微波精髓，烹饪效率提高 20%，既能保留食材营养，又能快捷做出美味加倍的料理。即使是烹饪新手，也能让家常菜焕发出不寻常的美味，轻松照顾好家人的饮食健康。

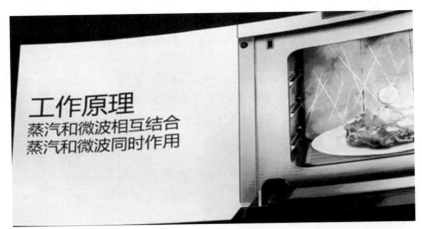

图 3-10　蒸微一体机 Z1

在方太看来，要做真正的创新非常重要的一点不是"做加法"，反而是"做减法"：把不同的功能在一个产品上融合创新。以星魔方为例，不仅可以hold住150平方米大厨房不跑烟，而且油脂分离度可达98%。星魔方的价格达到了13000元左右，由此可见，不仅在技术上、设计上堪称"魔兽"，价格上也达到了"魔兽"级别。显然，这是方太持续引领高端厨电发展趋势的本领。

在家电市场从蓝海转向红海、中国制造业寻求高端突破的大背景下，方太无界融合式创新思维的成功经历，激活了一大批中国家电企业转战高端市场的信心和决心，为一大批企业争夺高端市场提供了"路径"和"样本"的标杆价值。与此同时，方太推出的创新性产品成为产品跨界的成功典范。

资料来源：作者根据多方资料整理而成。

## 4. 服务跨界

服务跨界的内涵既包括传统服务企业由线下到线上的跨界，也包括不同类型的服务企业汲取对方的优势，借助这一模式为客户提供更优质的服务。在"互联网+"条件下，服务业促进了各企业、各行业的相互渗透、相互融合，服务跨界得到了进一步发展。服务跨界发展的根本原因是客户需求的不断变化，企业试图为客户提供更好的服务。

智能手机的出现不仅提供了传统手机的功能，还在很大程度上冲击了3C产品的发展，而智能手机上运行的各种APP，包括团购的大众点评，打车的滴滴、优步，扫描的CS全能扫描王，聊天的QQ、微信，早已经在服务跨界的路上越走越远，让一部手机走天下的梦想成为了现实。服务跨界对传统企业的颠覆式影响，将逐渐渗透到每一个行业。

### 专栏3-5　　红旗连锁的服务跨界

红旗连锁，表面看只是一家商业连锁超市，但现在也玩起了多元化的跨界合作。不仅与"在成都"市民服务平台共同打造智能便民服务平台，而且携手驴妈妈超市代办签证。可以说，红旗连锁逐步推进了有声有色的服务跨界。

## 一、红旗连锁的概况

成都红旗连锁股份有限公司（以下简称红旗连锁）成立于2000年6月，目前已发展成中国西部最具规模的集连锁经营、物流配送、电子商务于一体的商业连锁企业，是中国A股市场首家便利连锁超市上市企业（股票代码002697）。公里在四川省内已开设1200余家连锁超市，就业员工1.3万人，累计上缴税收6亿元以上；拥有三座现代化的物流配送中心；与上千家供货商建立了良好的互利双赢的商业合作关系。

## 二、红旗连锁的服务跨界

红旗连锁在"服务大众、方便人民"的服务宗旨下，不断探索、拓展多元化服务项目。红旗宾馆、红旗连锁网购商城等多个重点服务项目的成功开发极大地丰富了公司的经营内容。公司在保持多种经营特色的基础上，先后拓展开发安装四川广电星空数字移动电视、分众传媒及众通公众信息查询机，从而为供应商提供了多媒体广告宣传平台和建立了消费者信息交流平台。红旗连锁还在各门店开展了蜀安驾校报名、公交卡消费和充值、电信缴费、中国移动手机充值等业务。这一系列都是便民、利民的优质服务项目。不仅如此，2016年，红旗连锁还携手"在成都"市民服务平台和驴妈妈旅游网推出了两大服务跨界。

图3-11　"在成都"与红旗连锁的便民自助服务终端

1. "便民服务进万家，超市方便你我他"的智能便民服务

2016 年 10 月，由红旗连锁和"在成都"市民服务平台共同打造的"便民服务进万家，超市方便你我他"智能便民服务平台正式上线，目前已在成都市近2000 家红旗连锁的自助终端机上线相关服务。今后市民不仅能在红旗连锁自助终端机上进行基础的生活服务类缴费，还可以办理公积金、图书馆借阅等便民业务。

便民服务智能平台主要以"在成都"平台为支撑，结合红旗连锁已有的自助终端，使得"在成都"平台上的市民服务不仅能通过平台提供的网站（在成都）、在成都 APP、微信公众号（在成都）、热线电话等方式访问与办理，还能覆盖更多的线下使用人群。

2. 携手驴妈妈旅游网代办签证

2016 年 8 月 1 日，红旗连锁与驴妈妈旅游网在成都举行战略合作签约仪式。双方宣布将战略携手，整合优势资源，在红旗连锁上线销售全球旅游景点门票等旅游产品，加上线上线下融合，共同提供旅游服务。据悉，这是旅游行业率先与零售企业跨界的大规模合作。

据介绍，市民可以在红旗连锁店内综合营销平台上在线购买旅游景点门票和驴妈妈系列旅游产品。下一步，双方还将开通代办签证业务，为市民出国出境提供便捷服务。

业界认为，连锁超市联手旅游行业企业，超市巨大的客流量可以进一步推动旅游产品的销售，抢占旅游服务进社区的重要入口，同时，超市也可以运用代售旅游产品业务，吸引更多客流。这种创新合作模式，将实现多方共赢。

资料来源：作者根据多方资料整理而成。

## 5. 用户跨界

所谓用户跨界，指的是企业目标客户和潜在市场的跨界。一般而言，企业的产品不可能面向所有的消费者，每个产品都会有自己特定的目标群体。企业根据消费者文化观念、消费习惯等的不同制定品牌推广战略和营销战略。用户跨界要求企业把握目标客户的需求特性，主要包括差异性和潜在性。例如，小米的主要

客户是那些发烧友，肯德基以年轻男女为目标客户，海底捞以中等收入的大众客户为目标客户。企业确定自己的目标用户之后，才能针对目标用户的特点做出相应的营销策略，以实现企业的盈利。

当企业做出用户跨界的决策后，一般会通过并购同行业企业或开发新产品的方式来实现这一目的。在通过并购实现用户跨界的案例中，吉利的蛇吞象案例受到业内很多人的关注。2010 年 8 月 2 日，吉利控股集团正式完成对福特汽车公司旗下沃尔沃轿车公司的全部股权收购。吉利控股是一家当年规模并不大的中国民营汽车公司，其产品定位主要是中低端消费人群，沃尔沃却生产当时欧美市场中的高端产品。吉利收购沃尔沃的最主要原因就在于用户的跨界。作为一家民营企业，吉利的市场范围可以说是相当小的，但是企业已经做好"走出去"的战略规划，如何打出国内市场，迈入国际市场呢？吉利谋划了一场蛇吞象的精彩故事，通过收购沃尔沃来达到自己用户跨界的目标。而江中集团 2013 年 9 月向市场推出江中猴姑饼干一案，则是江中集团借助研发新产品来实现用户跨界的典型。江中猴姑以食疗养胃人群作为自己的目标客户，产品一面世就在各大商超终端和电商平台上热卖，销售额一度占据饼干品类第一。借助江中猴姑，江中集团也轻松实现了自己的用户跨界。

用户跨界虽然能为企业带来更广阔的市场，但是企业在跨界前一定要对目标人群有清晰的认识：他们是否会接受跨界后的产品。正如吉利收购沃尔沃之初，一度有人质疑没有人会花那么贵的价格去买一辆吉利的沃尔沃，而欧美人也不会希望自己买的是一个中国民族企业的产品。虽然这几年吉利和沃尔沃整合得还算顺利，但企业确实要做这种考虑。

### 6. 渠道跨界

营销渠道一直是市场营销的重要环节，是产品占领市场的必要条件。对于快速消费品而言，占领了商超，就占领了市场。不同行业、不同类型的产品往往具有不同的渠道选择和运作模式，渠道跨界就是产品或者品牌跨越常规的发行渠道，获得不同领域的消费者的活动。

渠道跨界似乎已经成为企业宣传推广的必然，随着消费需求和消费观念的转变，单一渠道的宣传推广再无法满足品牌的传播需求，借力渠道跨界，企业可以深入受众生活，借助线上线下资源共同提高受众参与度。当然，只有建立在消费者的购买行为和购买心理基础上，渠道跨界战略才能成功实现。因此，在做出渠道跨界的决策前，企业应该对目标消费者做一个深度的渠道需求分析，从而找出消费者显性和隐性的渠道需求心理，以最贴合的产品渠道满足消费者的需求。同时，渠道跨界选择时还应考虑产品定位，同一商品的不同定位对渠道的选择可能完全不一样，而渠道又是企业销售实现的重要途径，因此其重要性不言而喻。

2016 年 8 月，由舒淇和冯绍峰主演的时尚爱情大片《我最好朋友的婚礼》火热上映，两人分别代言的品牌索菲亚和奥普（AUPU）获得影片出品方授权，趁此机会，两大品牌跨界牵手，做了一次轰动性的跨界营销。

索菲亚和奥普的跨界联动，启动了线上、线下的全渠道支撑，包括线上媒体、天猫、聚划算和线下门店传播、电影包场首映礼等。此外，还结合《我最好朋友的婚礼》的电影元素，联合推出"拆婚大作战"H5 互动游戏，引导玩家帮助舒淇"倒追"冯绍峰，让受众产生代入感并获得参与感，一时间该游戏刷爆朋友圈。得力于渠道跨界，索菲亚、奥普、冯绍峰、舒淇获得了共赢。

## 专栏 3-6　　　　　钱盒子与百米生活的跨界整合

近日，国内领先的专注于小微企业融资服务的互联网金融信息中介平台钱盒子与全国最大商业 WiFi 运营商百米生活达成深度战略合作，成为全国首例互联网金融与 WiFi 运营商的跨界资源整合合作。

### 一、钱盒子与百米生活的概况

钱盒子是一家专注于小微企业金融服务的互联网理财平台。该平台秉承"专业机构做专业的事"和"风控作为第一要务"的经营理念，凭借出众的资源配置能力、严谨的风控手段、卓越的创新精神、良好的信誉及专业的形象，在业内赢得了良好的口碑。钱盒子于 2014 年 10 月上线运营，2016 年 1 月完成天使轮 5000 万元融资，并与百米生活、华兴银行、渤海银行、华夏邓白氏、融关律师事务所等多家机构达成深度战略合作。

作为全国排名第一的商用 WiFi 服务提供商和社区电商架构商，深圳市百米生活股份有限公司（以下简称百米生活）是中国最大的商业 WiFi 运营商。百米生活在上海、广州、成都、苏州等多个城市设有分、子公司，总部及分支机构团队共计 800 余人。2016 年 5 月，百米生活在新三板正式挂牌（股票代码837246）。百米生活全国市场占有率超过 60%，目前服务国内 315

个城市，逾 50 万家商铺，受众人群近 2 亿人。通过全国铺设 WiFi，百米生活拥有 230 个微信账号、1300 万粉丝。百米生活致力于构建线下消费场景内连接人与服务的物联网平台：以商业 WiFi 为切入点，通过物联网技术整合线上线下资源，在商户和消费者之间搭建便捷的沟通桥梁。该平台集合入口流量、大数据、云平台、精准营销、互联网金融等功能模块，为商家提供产品推广、品牌宣传、商家管理及成本控制等服务；依托位置属性和大数据开发优势，为消费者提供符合其活动半径和消费偏好，精准、贴心的个性化服务内容推送。

**二、钱盒子与百米生活的跨界合作**

钱盒子与百米生活的跨界合作，不仅为双方的发展添砖加瓦，更是互金行业与商业 WiFi 跨界合作的一次伟大尝试，为互联网金融和社区电商资源整合战略谋局。

一方面，钱盒子与百米生活的跨界资源整合，不仅让钱盒子在资金端获客资源上优势显现，而且在车贷的垂直发展及小额商户信用贷的开发上获得了强大的资源支撑。这对于互联网金融而言，不仅打破了资产获客的瓶颈，而且未来通过 WiFi 可黏住最现实的线下融资人群。通过 WiFi，钱盒子可以抓取铺设 WiFi 商户的客流、资金流水等重要信息，有了这两项重要的数据，就可以给他们授信进行融资借款。不仅有数据，商户本身也有一定经济实力，有较好的还款能力。因而，通过百米生活可抓取这类小额、分散的优质资产。百米生活的海量资源将给钱盒子资产端和资金端带来突破性拓展，钱盒子可通过百米生活的大数据及海量用户入口挖掘更多低风险优质资产，聚合更多投资伙伴。

另一方面，通过跨界资源整合，引入金融，百米生活打造商家能够自身造血和商业变现的 WiFi 商业模式，布局社区电商。百米生活与钱盒子的战略合作，相当于阿里巴巴和蚂蚁金服的跨界资源整合。淘宝有了蚂蚁金服的金融支撑，在电商领域独占鳌头。百米生活有了钱盒子的金融资源支撑，将助力社区电商战略谋局。钱盒子致力于为个人和企业搭建一个高效、直接的融资桥梁，寻找个人与企业之间安全与效率的平衡点，推动解决利率市场化进程中投资渠道窄和实体企业融资难的问题，这点贴合了百米生活商户的融资需求，钱盒子可以在给商户授信借款上，给百米生活增加商户的高强度黏性。

综上所述，钱盒子与百米生活的跨界资源整合，是互联网金融与 WiFi 合作的首次尝试及创新性突破。钱盒子与百米生活的成功联手，将推进互联网金融社区电商资源整合，打造电商金融闭环生态。

资料来源：作者根据多方资料整理而成。

# 三、共享时代的跨界营销

互联网技术的发展拉近了人与人之间的距离，每个人都可能是传播的中心，分散的社会资源得以重新组合，价值得以实现。这就对企业提出了更高的要求——必须重视人与人之间的关系，以此来聚合更多的用户。因共同的兴趣、目的、价值观而聚合的用户群体，是企业实现商业价值的最主要资源。

同时，共享时代推动了社群经济的发展，在社群经济的背景下，企业获取用户和留存用户都变得更加困难，这促使企业间的合作借力、共同塑造深度用户关系成为常态。由此看出，跨界营销应以人为本。

## 1. 打破传统营销思维

共享经济时代下，跨界营销与传统单独作战的营销思维模式不同，企业寻求跨界营销的过程就是寻求不同行业的企业、品牌、渠道、服务等之间的跨界合作。这些新的营销思维模式打破了行业营销内在的藩篱，实现了真正意义上的跨行业合作共赢。

跨界营销将原本毫不相干的元素组合在一起、融合在一起，让不同的企业或品牌之间随之产生不同的联系，并能充分发挥彼此间的协同效应，增加营销的效用。其所带来的新锐的生活态度和审美方式，让企业从传统靠价格战来竞争的模式中跳出来，更加注重合作共赢。

当美国的梅西百货、Target 超市和 Barnes and Noble 书店等先后引入星巴克的时候，优衣库也坐不住了，开始在店内摆放沙发、桌子、椅子和一个 iPad 站

供顾客使用。百货、超市、书店甚至服装店跨界餐饮业的目的就是希望能多留住顾客一会儿，从而增加他们在店内购物的概率。不仅如此，优衣库还赞助了纽约现代艺术馆（MoMA）周五免费开放计划，继而还与其共同推出限量版服装配饰"SPRZ NY"，采用了著名现代艺术家 Andy Warhol、Jean-Michel Basquiat、Sarah Morris 等的画作，产品多达 200 多种，包括手袋、T恤等，通过优衣库全球门店和网站销售。

### 2. 共享时代的跨界思维

传统的商业模式是羊毛出在羊身上，形成了一种平面思维。共享时代，商业模式转化为羊毛出在狗身上，猪来买单。这是一种空间思维，也叫跨界思维。在彼此关联、相互依存且充斥着大量信息的世界里，跨界思维成为企业管理的新思维。这种思维超越了传统观点、组织观念的疆界，考虑的是一连串事件和结果构成的网络或商品、服务流，以及无边界的组织，不再将组织和行业视为独立、无关联的实体，其外延大大伸展。跨界思维代表了一种新锐的世界眼光，也是一种思维特质，运用跨界思维就是运用极致思维，让企业在跨界后能够实现对预期的超越，让客户在看到企业跨界成果后能够尖叫，这样，跨界思维的目的也就得以实现。

### 3. 捆绑跨界营销

捆绑跨界营销是指两个或两个以上的不同品牌或企业在促销过程中进行合作，从而扩大彼此影响力的活动，是跨品牌和跨行业营销的一种常见方式。

捆绑跨界营销要注意捆绑产品目标客户的重叠性，只有两种产品的目标市场具有较大的交叉部分，才能保证两种或几种同时捆绑销售的产品全是目标消费者所需要的。此外，捆绑跨界营销的产品价格定位应该具有同一性。这是因为处于一定社会阶层的人，具有特定的行为标准和价值观，其购买需要的层次也是特定的。因此，捆绑跨界营销的效果能否实现，依赖于捆绑的产品是否都能满足目标消费者的消费需求。企业在进行捆绑营销跨界时应该注意以下问题：

一是选择合适的捆绑时机。对处于快速成长和畅销状态的产品，它不存在营销困难，因而捆绑的意义有限。只有当产品处于结构变革和竞争激烈的市场时期时，捆绑营销模式才有利于增强竞争力，实现捆绑各方的"共赢"。

二是明确各方核心优势和资源。只有在某些方面拥有核心优势的企业，才能成为联合捆绑的对象。而且，各方的资源互补性和共享优势越强，其结成共生关系的营销效力就越大。

三是估算实施营销方案所需的成本和预期的收益。只有在实施捆绑营销的额外收益大于额外成本时，捆绑营销方案才是可行的。因此，企业应详细估算捆绑联合需要付出的额外成本费用。

四是加大产品创新，开拓新品类。产品是营销的基础性要素，也是最根本的、最有持久力的要素。捆绑营销带来的轰动事件效应加上品牌主优势的执行能力，如果配合一类更具产品力的新品类就会更好。因此，夯实产品基础是实行捆绑营销的正道。

五是组建超级终端，无缝铺货。高调的宣传已经达到了塑造品牌的目的，但是还需要考虑销售渠道的巩固。无论营销、宣传手段如何，最终的目的还是要卖掉产品。在超级大传播下，品牌主应确立是以线上为主还是以线下为主，若是线下，需要从以大卖场为主的销售渠道，快速向社区、街边便利店拓展；若是线上，那么是选取第三方平台还是自建平台，以加大分销深度和终端广度，让产品和终端宣传铺到每一个角落。

六是紧密结合事件营销，宣传与促销相结合。进行捆绑营销时，事件营销要落地。广告主以往在事件营销中落地的大多是产品信息和活动信息，但还可以更进一步，多一些临门一脚的动作，促成消费者的购买行为。

## 4. 社交平台混搭跨界营销

社交平台混搭跨界营销指的是企业借助不同的社交平台共同推动企业的营销活动。社交平台混搭跨界营销能够充分调动活跃在不同社交平台上的用户，增大潜在客户的基数。一般而言，社交平台上的用户黏性会相对较强，而对于平台积极分子，社交平台推出的活动会在第一时间吸引他们的注意力，借助第一批用户的力量，企业能够享受到"病毒式营销"带来的效益。

青柠是网易公司推出的一款面向高校学生的 SNS 应用，主要用于在校学生间的社交，但是和一般的社交平台不一样的是，青柠把邮箱和社交绑在了一起，使得青柠不仅仅可以作为日常的聊天工具，也具备了一定的工作性能。

2016 年，网红经济热潮愈演愈烈。但对于网红而言，红一把不难，难的是一直红着，并且能把它做成一门生意。其实网红的背后已经逐渐形成了一条完整的产业链，北京模界将自己定位于专门帮助网红电商变现的背后"推手"公司。不仅如此，北京模界推出跨界资源整合平台"模界"，帮助网红变现。

### 一、北京模界的概况

北京模界文化传媒有限公司（以下简称北京模界）是一家做网红电商变现的专业运营机构，北京模界在红人组成的社交媒体阵地中结合演艺资源配置和供应链、品牌运营大数据，使网红具有专业的电商基因并使网红产业实现电商变现。北京模界是一家致力于建立强大可持续发展的网红生态圈的创新型传媒经济公司，为网红提供强大的孵化基地、多渠道传播平台、多维度影视娱乐发展圈和全面的网红电商供应链，是中国目前为止最为全面、最具强大资源阵容的网红经济生态圈打造公司。

### 二、北京模界：帮网红变现

北京模界创始人陈涛认为，网红之所以存在，是因为就像在《2016 年度中国互联网十大预言》中提到的，互联网发展到今天，单一的资讯消费已经越来越满足不了用户了。随着移动互联网的发展和用户们越来越需要得到存在感，用户们越来越需要在消费内容的过程中得到各种反馈，也越来越希望与自己发生交互的不再仅仅只是单一的"内容"，而是内容背后的"人"。网红就在这样的一种心理需求下催生出来。而网红经济真正规模化诞生是基于现在的电商流量成本，传统广告成本越来越高、越来越单一化，而网红则因为本身拥有大量粉丝和免费流量极大地帮助电商引流实现转化，促使网红经济浮出水面。

北京模界是首家致力于打造健康全面可持续发展的网红生态系统的网红孵化和变现公司。模界将首创专业的网红锻造系统、网红变现系统、网红专业品牌化系统。模界对于那些对未来发展迷茫、不专业、缺乏资源的网红来说是一个非常好的机会。北京模界创始人陈涛表示："'模界'就是要帮助所有有梦想的人成为网红，并且把网红的流量与供应链系统、品牌系统做好对接，让她们直接可以变现。"北京模界会签约一定量的网红，然后层层锻造最终筛选出适合电商变现的网红。在这层层筛选锻造的过程中，有些网红会被发现适合发展娱乐，拍电影或者电视剧，有些网红则适合自媒体营销。

**图 3-12　北京模界：帮网红变现**

北京模界具备五大核心资源：①社交媒体战略联盟：与新浪微博、微信、YY 语音等社交平台达成了战略合作；②影视剧及综艺内容战略联盟：中传视界影视等；③自主研发的红人锻造系统及红 V 系统；④消费大数据及柔性供应链运营：由 E 店宝、折不断平台提供消费大数据以及柔性供应链运营，并与中国质造、淘工厂达成战略合作；⑤电商及电商平台运营能力及战略联盟：阿里巴巴重点扶持网红公司。

北京模界希望打通网红变现资源链，创造完整社交经济生态。北京模界将推倒网红只能生存在社交媒体的"次元墙"，为合作红 V 铺就红人、艺人与达人的融合之路，为网红变现提供供应链、店铺运营及品牌运营支持。

资料来源：作者根据多方资料整理而成。

# 四、跨界思维形成六种模式

当互联网跨界到零售业，就有了淘宝、天猫；当互联网跨界到手机业，就有了小米；当互联网跨界到炒货店，就有了"三只松鼠"……由于跨界思维，未来真正会消失的是互联网企业，因为所有的企业都是互联网企业了。可见，跨界思维是在颠覆旧观念，也是在重塑新思维。伴随着移动互联网浪潮，跨界思维逐渐形成了六种模式，如图 3-13 所示。

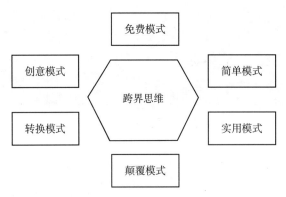

图 3-13　跨界思维的六种模式

## 1. 免费模式

免费模式指的是商家利用大众的"天下掉馅饼"心理，为消费者提供免费的商品或服务来树立品牌形象，再通过增值服务或广告费等获得收益的一种新型商业模式。因此，免费的真正含义是指共享信息资源和网络资源，企业免费的最终目的是通过免费实现更好的收费。共享经济时代，免费模式业已成为一种普遍模式。2016 年 9 月 5 日，腾讯市值突破 2 万亿港元，成为亚洲市值最高的公司。众所周知，腾讯的两大社交平台 QQ 和微信都是免费的。凭借免费模式，QQ 和微信网罗了中国大部分网民，QQ、微信已然成为消费者生活的一部分。QQ 的免费模式主要采取的就是免费加付费模式，当用户想要成为 QQ 会员，获得更多的特权时，只能通过付费来实现这一目标。免费的 QQ 可以提供正常的文字、语音、视频等聊天服务，也可以提供远程传输文件服务，而付费过后的 VIP 用户，能下载各种不一样的字体，也能享受文件永久保存的特殊服务，其他如 QQ 空间背景音乐设置的服务就更依靠付费来实现了。

此外，银行业的免费模式也慢慢走进大众的视线内。例如，交行和呷哺呷哺火锅跨界引进免费模式，用户在吃火锅时，通过扫描桌上的二维码即可申请办理交行信用卡，办理完成后，用户能获得 139 元的各类优惠券，并且还能享受满 100 元减 50 元的活动。中国建设银行与蜘蛛网跨界，每周六在蜘蛛网使用龙卡信用卡支付，可以 5 元、15 元的优惠价抢购电影票。江西银行跨界酒店业，与南昌江景假日酒店推出活动，凭江西银行卡消费结算即可以 458 元享原价 1588 元假日高级房，其他房型均可享受协议价。凡此种种，我们已经看到免费模式在餐饮、酒店、影视等方面都已经崭露头角，相信未来会有更多的免费活动让消费者体验。

## 2. 简单模式

简单模式的实质依然是以客户需求为导向。消费者永远会更青睐简单的产品，操作使用无须花费精力是他们对产品选择的一个重要因素。因此，让产品更简单是企业迅速推广产品、占领市场的一个重要条件，而这也就要求企业在跨界的时候要追求简单。简单模式还包含一个重要的快乐因素，只有将快乐寓于其中，简单跨界才能更迅速地获得认可。

拿一瓶可口可乐就可以登机，感到不可思议的同时是不是又觉得会给乘客带来极大的方便呢？2014 年，可口可乐与加拿大的廉价航空公司——希捷航空展开跨界营销合作，推出定制可口可乐，这批定制可乐的特殊之处就在于其可乐罐可以当作登机牌使用。那么这一活动是如何实现的呢？首先，乘客可以在机场内的可口可乐售卖机上为好友定制可乐罐，同时自己也会收到一个可乐罐，这个罐可以当作登机牌。此外，希捷航空也会在座位上为用户送上一份定制的可乐罐，如图 3-14 所示。

那么这两家公司又是如何实现简单跨界的呢？可口可乐与希捷航空的受众均为年轻消费人群，他们追求个性，喜欢接触好玩、时尚、新奇的事物，在品牌受众方面有一定程度的重合，这为两家公司开展跨界合作奠定了基础。而此次营销活动的巧妙之处就在于将可口可乐设计成了专属登机牌，迎合了消费者趣味化、娱乐化的口味和心理需求，实现了两种品牌跨界营销的完美融合，不仅新奇好

图 3-14　当作登机牌使用的可乐罐

玩，充分调动消费者积极参与互动，而且提高了消费者对品牌的好感度和美誉度，通过这一简单而又富有创意的营销活动不断为品牌和产品注入活力，提高了用户黏性。简单的一个营销活动，简单的用户重合，促成了两家企业跨界的成功。

## 3. 实用模式

实用是企业生存和发展的基础，没有一家企业能在脱离实用的基础上依然得到消费者的追崇。企业在跨界的同时，依然不能忘记自己的实用模式，应时刻牢记为消费者提供实用的产品或服务。2015 年，支付宝发布了一则当时被人们认为完全只是恶搞的创意视频，说要推出一个名为 Alipay Everywhere（中文名"到位"）的系统，能够满足用户找附近人借钱、借充电宝甚至借厕纸等各种奇葩的需求。而在 2016 年 10 月，这一功能成为了现实。成立之初的支付宝是一款支付工具，随着这么多年在市场上的发展，支付宝早已不仅仅只有支付这一核心业务，除去社交这一模块，本地生活服务模块也在支付宝的功能中逐步完善。在最新发布的支付宝 9.3.3 版本中，新上线的到位已经和扫一扫、付款、卡券并列，成为支付宝首页的标题项目。这是继支付宝首页变成信息流之后的又一次重大改变，从首页的功能就能看出，支付宝进军本地生活服务的心思已经昭然若揭。

那么到位是什么呢？简言之，这是一个基于实名和信用的 O2O 平台。其功能主要可以分为"找服务"和"去帮忙"两大类。具体服务细分成维修、教育、手绘、运动健身、咨询等板块，这有点类似于一个微缩版的大众点评。但与大众点评不同的是，到位中主要是以人为单位，服务很少以公司形式出现，用户提交需求后，就会得到服务提供者的响应，并基于芝麻信用积分作为判断是否选择，所以这么看来，这一功能和滴滴的网络叫车功能似乎更像。支付宝跨界的实用模式就体现在：其实关于技能共享我们大多数人并不陌生，但之前存在的绝大多数平台所提供的更多是标准化服务，而在消费者个性化需求日益突出的今天，大多数人旺盛的个性化服务需求很显然远远没有被满足。支付宝推出的到位正是基于这一点考虑的，在到位上，除了摄影、健身、星座占卜等服务外，用户还可以发起和响应任何个性化服务需求。如节假日来临，想去热门餐饮吃饭需要有人去提前排队，手机在外电量不够希望有人提供充电宝，这种极具个性化的需求在到位上会大量出现。而支付宝方面的态度也是"只要用户需要的是符合法律规范的个性化服务，都可以进行撮合交易"。

在共享经济盛行的今天，支付宝希望借助共享经济打造出一条新的关系链，这就是到位，通过连接用户和资源，支付宝将自身的流量共享出去，以海量的边际供给满足海量的边际需求，在实现资源最高效匹配的同时，尽可能地让用户之间产生交易的可能。可以说，企业间的竞争是时刻存在的，支付宝的到位实用模式也是在和微信的竞争中应运而生的，在激烈的市场环境下，跨界的实用将紧紧追随着企业的每一个脚印。

## 4. 颠覆模式

当跨界日益成为一种常态，如何在跨界的浪潮中脱颖而出，就成为企业考虑的重点对象。单一的跨界经营模式只能在特定的时间内对用户群产生比较大的影响，而在消费者品牌忠诚度逐渐降低的年代里，只有不断创新、不断颠覆才能牢牢抓住企业的原有客户。埃隆·马斯克就是一个颠覆式的跨界人物。1998 年，他参与成立了 Paypal，并已成为全球最大的网上支付工具；2002 年，他建立了 SpaceX 公司，探索太空，尤其是火星的秘密；2003 年，他成立了电动汽车公司特斯拉，开始研究新能源汽车。埃隆·马斯克不仅跨界干了几个行业，更让每个行业都成为行业的领先者，在世界范围内产生深刻影响。颠覆模式不仅在于创造出世界级的产品，而且在于企业打破传统思维模式，给消费者耳目一新的感觉。AR（增强现实）技术是现阶段非常流行的技术，不少品牌都对其跃跃欲试，希望借助 AR 技术达到营销的目的。但是目前来看，很多企业仅从形式上强调新技术，还停留在 AR 的噱头层面。那么如何将技术落地与品牌结合，帮助品牌沟通

消费者并促成购买，这是企业真正要考虑的问题。

迎着风口，带着挑战，可口可乐打造出了国内第一个将 AR 技术与电商促销相结合的案例：在可口可乐天猫超级品牌日当天，可口可乐结合奥运热点，在天猫 APP 发布让消费者简单付出但可以获得奖品的 AR 游戏。众所周知，每届奥运会的限量周边产品一向都是用户最关注的。因此，在整个互动创意中，可口可乐的 8 枚限量奥运勋章变得格外亮眼，从 3D 建模到动作绑定，整个团队都付出了巨大心血。在社交媒体上，可口可乐官方与代言人共同发声，吸引消费者参与游戏。首发当日，可口可乐天猫旗舰店的访问量环比增长 1500%，其中 95% 的流量来自于移动端。由于互动过程新颖有趣，使得转化率环比提升 13 倍。创意合伙人 Mark 表示，创意概念的正确是前提，而表达形式要大胆，不要低估消费者的接受能力。作为国内第一个尝试 AR 技术与促销结合的案例，或许有许多瑕疵，但以实际效果看，相比老套的方式，无论对广告公司本身还是对客户或消费者，激进的创意确实更让大家兴奋。利用科技的力量，可口可乐公司让营销变得越来越时尚，同时也赋予跨界颠覆式的意义。多维度的知识和敏锐的数字触觉与高效推动品牌、平台、艺术家、技术和消费者的联结，使得这次跨界吸足了眼球，可口可乐作为一家老牌经典企业，其品牌形象又被推向了一个新的高度。

## 5. 转换模式

跨界，可以是企业行业的跨界，也可以是企业角色的跨界。企业跨界必须要学会思维的转换，或是站在消费者的角度上，或是运用其他行业的思维来进行企业的营销扩张。营销界有一个经典故事，讲的是如何将梳子卖给和尚。甲、乙、丙三人接受了这一挑战。一个星期的期限到了，三人分别汇报各自的销售实践成果，甲先生卖出 1 把，乙先生卖出 10 把，丙先生卖出 1000 把。甲说，他跑了三座寺院，受到了无数次和尚的臭骂和追打，但仍然不屈不挠，终于感动了一个小和尚，买了一把梳子。乙去了一座名山古寺，由于山高风大，把前来进香的善男信女的头发都吹乱了。乙找到住持，说："蓬头垢面对佛是不敬的，应在每座香案前放把木梳，供善男信女梳头。"住持认为有理。那庙共有 10 座香案，于是买下 10 把梳子。丙来到一座颇负盛名、香火极旺的深山宝刹，对方丈说："凡来进香者，多有一颗虔诚之心，宝刹应有回赠，保佑平安吉祥，鼓励多行善事。我有一批梳子，您的书法超群，可刻上'积善梳'三字，然后作为赠品。"方丈听罢大喜，立刻买下 1000 把梳子。在这个案例中，甲仅仅考虑如何将梳子卖出去，并没有站在用户的角度上考虑为什么要买梳子。乙在一定程度上是为用户考虑的，但是其方式相对丙来说还是比较狭隘的。因此，丙自然成了三人中的胜利者。丙的销售模式很简单，帮助用户想到了产品的用途，能为客户带来切实的利益。对于跨界企业来说，这正是他们应该要考虑的问题。

那么如何转换模式，站在用户的角度去思考问题呢？相信大家都对深泽直人并不陌生，除了无印良品首席设计师的身份，他还曾与苹果、爱普生、日立、NEC、耐克、夏普以及东芝等多家知名公司有过合作，留下了一批在设计史上留名的产品。2015 年，日立跨界牵手深泽直人，通过工业设计和先进技术的融合与创新，推出了首款 HUMAN FRIENDLY 概念电梯 "HF-1"。这款电梯的灵感来自于深泽直人发现大多数人乘电梯时无意识地可能会选择站在角落处，寻求一份安全感。为此，深泽直人将电梯的四角设计成了无缝圆形的样子，产生一种为你保驾护航的感觉，并在电梯四周都设有扶手。电梯的按钮也被换成了立式 LCD 触控板，此外，设计师还为其专门配置了一款悦耳的音效，以保证乘客听觉的舒适度。电梯内部的触控面板将显示所在楼层号码、天气信息等其他基本信息，并且选用的是无衬线字体（根据 Siegel+Gale 的研究，无衬线字体可能比其他字体更易给消费者信赖或是可靠的感觉）。除了楼层号码，这款触控板也能够显示建筑物内的图片，以帮助乘客辨识自己所处的位置。相比于一般的电梯，该款概念电梯的天花板高度有所增加，顶部的 LED 光面板内置了两种不同类型的 LED 灯，使得灯光效果可以根据不同的季节或是一天内的不同时段产生相应的变化。除了在电梯本身上下功夫，深泽直人其实还为其设计了一整套的系统，例如，如何跟大楼的扶梯连接起来、让电梯的触控屏和手机屏互联、让电梯来帮助大家实现智能导航等。该电梯已经在日本应用于办公楼项目，日立希望通过这款极具人性化特点的电梯，展现其试图拥抱人类无意识行为的友好理念，为电梯行业提供新的方向。而这一行为的根本来源于日立和深泽直人角色的转换，力图打造最好的用户体验。

## 6. 创意模式

任何商业模式的发展都离不开创新创意，创意是保证企业持续经营的有力因子，这也是跨界中创意模式的重要性。跨界的创意性一方面体现为企业的跨界合

作对象前所未有，如时尚大牌与雪糕冰淇淋的跨界（高田贤山雪糕），一直做时装、化妆品、香水的品牌摇身一变成为冰柜里的食物；另一方面体现为企业在经营过程中发现其他的潜力市场，并对其进行开发。2015年索尼音乐也开始玩跨界，令消费者大吃一惊的是索尼音乐玩起了摇滚手机游戏。这一跨界主要源自手机游戏的日渐流行，让索尼音乐看到了新的市场。

成立于2004年的万达院线在跨界上一直非常具有创意。2014年4月，万达院线作为可口可乐战略合作伙伴，亮相由可口可乐与国际足联携手举办的"FIFA世界杯足球之旅"上海站活动。同时，万达院线在全国选举出的百名幸运会员（从全国75个城市的143家万达院线中选拔）与数万名球迷也共同参加了这场足球狂欢嘉年华，球迷们为争夺与"大力神杯"（足球界最高荣誉的象征）的合影机会展开激烈的足球游戏竞争，优胜者自然爆发出欢呼声，而那百名幸运会员则获得了优先与"大力神杯"亲密接触和合影的机会，引起无数人的羡慕。通过推出高质量的创新创意跨界模式，万达院线为公众打造了极致的观影体验。同时，万达院线还在陆续开展类似活动，包括合作国内外顶级娱乐、体育资源，希望会员在万达影城不仅享受到极致的观影体验，还享受到各种意想不到的惊喜。2014年6月，万达院线邀请幸运会员亲自到巴西观看世界杯。一系列大手笔的跨界营销活动，在为万达院线会员创造更加独特的快乐体验和服务的同时，也引领了院线行业发展新潮流，开创了富有创意的跨界营销新时代。

# 五、如何实施跨界整合

跨界整合指的是跨越两个不同领域、不同行业、不同文化、不同意识形态等范畴而整合形成的一个新行业、新领域、新模式、新产品等。跨界整合通过一体化的举措实现信息系统资源共享和协同工作，让原本没有联系的独立企业转变为并肩作战的合作伙伴，甚至是将原本的竞争对手转化为合作伙伴（滴滴和快的的品牌跨界），其目的就在于将分散的要素组合在一起，形成一个更为有效的整体。企业跨界整合的目的大多是为了形成一个生态系统，或是大数据管理或协同管理的新模式。

## 1. 构建互联网生态系统

互联网生态系统是由利益相关的企业组织组成的动态复杂系统，其核心是企业之间以互利的方式与其所处环境即生态系统共同进化，而不是简单的结合。互联网生态系统成员主要包括核心企业、消费者、市场中介、供应商、风险承担者和有力成员（见图3-15），在一定程度上还包括竞争者，它们与整个系统网络同呼吸、共命运，远远不局限于竞争或合作。以互联网为纽带的跨界整合正在加快，跨界合作、结盟、并购十分活跃，成为传统企业和互联网公司打造生态系统的重要手段。

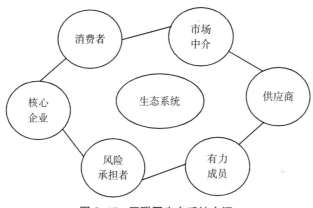

**图3-15 互联网生态系统内涵**

2015年12月21日，由互联网生态研究院主办、乐视控股集团联合主办的首届"互联网生态创新论坛"在北京举行。论坛邀请了国内经济、财经、金融、科技、汽车等各领域的数十位顶级专家，共同探讨"互联网生态"这一新兴的概念和企业经济形态。这次论坛的举行，包括在论坛上成立的互联网生态研究院，都彰显了互联网生态模式越来越重要的经济地位。此次论坛还指出，在互联网生态对传统产业发展的促进过程中，开放和共享是新的课题。

目前，拥有最完整生态系统的互联网企业非乐视集团莫属。乐视生态由垂直整合的闭环生态链和横向扩展的开放生态圈共同构成开放的闭环生态系统。一方面，垂直整合的闭环生态链以用户极致体验为核心，通过"平台+内容+终端+应用"四层架构的闭环垂直整合，打破产业边界、组织边界、创新边界，各环节协同共鸣，环节间产生化学反应，整体产生聚变效应，不断创造出与众不同的全

新产品体验和更大的用户价值；另一方面，横向扩展的开放生态圈通过"平台、内容、终端、应用"每一个环节，充分开放全部资源，从业务、用户、资本多层次引入能够与乐视生态强相关的外部合作伙伴，打破企业间的利益边界、资源边界、产品边界，与全社会的合作伙伴共生、共赢、共享。乐视生态真正把互联网和传统产业密切融为一体，通过一个系统、一个组织，打破企业边界和产业边界。

### 专栏 3-8　　　如家与首旅跨界整合，打造顾客生态圈

2016 年 9 月 8 日，首旅酒店（600258.SH）发布公告，进行了最新人事任命，其中，原如家 CEO 孙坚被任命为首旅酒店总经理。同时，孙坚将继续兼任如家酒店集团董事长及 CEO。首旅和如家之间的整合终于迈出实质性的一步，而这也意味着首旅酒店在未来或许会被打上如家的烙印。

**一、如家的概况**

如家酒店集团（以下简称如家）创立于 2002 年，以"成为全球酒店行业前三甲的酒店管理企业"为愿景，始终秉承"家"文化，用真挚的如家招牌式微笑和贴心服务使住"家"者宾至如归。如家酒店集团旗下现有十二大住宿品牌：和颐至尊酒店、和颐酒店、如家精选酒店、素柏·云酒店、驿居酒店、如家商旅酒店、睿柏·云酒店、如家酒店、莫泰酒店、派柏·云酒店、云上四季酒店及云上四季民宿。截至 2015 年 12 月，集团在中国 355 个城市共有近 3000 家酒店投入运营，形成了行业领先的国内连锁酒店网络体系。

**二、如家与首旅的跨界合作**

2015 年 6 月开始，如家收到私有化要约，2016 年 4 月首旅以 110 亿元合并如家完成交割，此后又经过证监会、商务部批准，历时一年零三个月完成了首旅对如家的并购，成为中国第二大酒店集团。

如家对外公布了其如何整合资源提供延伸服务的计划。如顾客可以直接在酒店前台租到首汽的车，在酒店的餐厅吃到首旅集团旗下的全聚德、东来顺，在酒店电商平台"如家优选购物平台"上网购，在住店的同时获得环球影城或迪士尼的优惠门票、优酷会员福利，甚至参与一场电影沙龙。"首旅集团是拥有吃住玩行各个方面的旅游服务公司，未来我们希望在延伸资源上做更多的整合，以住宿为中心，将顾客在吃喝玩乐各个方面的需求进行对接。"如家董事长兼 CEO 孙坚在采访中说。

新集团中，如家以经济型酒店起家，首旅则主要定位在高端酒店市场，在中档酒店领域存在空档。孙坚认为，做中端市场之后首旅将能提供低中高全品类的酒店服务，并且这也是市场趋势。经济型酒店在中国经过十几年发展已经放缓了增速，成本高企，每间房收入下滑，而中档酒店市场正在崛起。"未来一段时间我们会以发展中高端酒店为核心，如把如家变成如家精选，推出如家的时尚产品、商旅产品等，还有现在的和颐品牌。"孙坚说，他们的做法是需要将产品更新换代，然后尝试上下游之间的跨界融合。

其他跨界融合，提供延展服务的例子还包括和生活方式平台"洽客 in"合作，顾客通过在酒店线下扫码链接到"洽客 in"线上平台，通过用户浏览习惯将其属性分类，在下次登录时推送顾客感兴趣的内容。另外，如家与阿里旅行达成合作，可以在预订时通过 VR 全景预览酒店，用智能门锁入住等。

如家希望借助首旅的资源和此前达成的各种跨界合作，在拓展中高端酒店市场时用更多外延的服务吸引消费者，构建自己的"生态圈"。首旅集团旗下的首汽集团、康辉旅行社、餐饮平台、景点和乐园等业务，未来也将对接酒店顾客的需求提供服务。未来如家和首旅酒店的整合会大力发展中端酒店品牌，鉴于首旅涉及主题公园、餐饮、景点、购物零售等各个上下游产业链，其也很看好未来嫁接这些资源打造顾客生态圈。

资料来源：作者根据多方资料整理而成。

## 2. 实施大数据管理

大数据指的是一个体量特别大、数据类别特别多的数据集，并且这样的数据集无法用传统数据库工具对其内容进行抓取、管理和处理。大数据的主要特点有以下几点（见图 3-16）：

第一，数据体量大。大数据指大型数据集，一般在 10TB 规模左右，而在实际应用中，很多企业用户把多个数据集放在一起，已经形成了 PB 级的数据量。

第二，数据类别多。大数据的数据来自于多种数据源，数据种类和格式日渐丰富，冲破了以前所限定的结构化数据范畴，囊括了半结构化和非结构化数据。

第三，数据处理速度快。在数据量非常庞大的情况下，大数据也能够做到数据的实时处理。

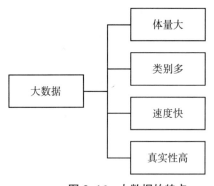

图 3-16　大数据的特点

第四，数据真实性高。随着社交数据、企业内容、交易与应用数据等新数据源的兴起，传统数据源的局限被打破，企业愈加需要有效的信息以确保其真实性及安全性。

大数据不只是一个单一的、巨大的计算机网络，而是一个由大量活动构件与多元参与者元素所构成的生态系统，包括终端设备提供商、基础设施提供商、网络服务提供商、网络接入服务提供商、数据服务使能者、数据服务提供商、触点服务、数据服务零售商等一系列的参与者。而今，这样一套数据生态系统的基本雏形已然形成。那么大数据到底能为企业带来什么呢？

首先，大数据助力企业挖掘市场机会，探寻细分市场。大数据能够帮助企业分析大量数据而进一步挖掘市场机会和细分市场，然后对每个群体量体裁衣地采取独特的行动。获得好的产品概念和创意，关键在于如何收集消费者相关的信息，如何获得趋势，挖掘出人们头脑中未来可能消费的产品概念。用创新的方法解构消费者的生活方式，剖析消费者的生活密码，才能让吻合消费者未来生活方式的产品研发不再成为问题，也就是说，如果你了解了消费者的密码，就知道了其潜藏在背后的真正需求。大数据分析是发现新客户群体、确定最优供应商、创新产品、理解销售季节性等问题的最好方法。

大数据的高密度分析能够明显提升企业数据的准确性和及时性，能够帮助企业分析大量数据进而挖掘细分市场，最终能够缩短企业产品研发时间，提升企业在商业模式、产品和服务上的创新力，大幅提升企业的商业决策水平。因此，大数据有利于企业发掘和开拓新的市场；有利于企业将各种资源合理利用到目标市场；有利于制定精准的经销策略；有利于调整市场的营销策略，大大降低企业经营的风险。

其次，大数据提高决策能力。信息化时代已让传统的仅靠管理者个人凭借自身才能和经验做决策的时代成为历史。在信息量庞大的今天，只靠人脑的力量非常有限，大数据能更清楚地传达出客观事实。尽管不同行业的不同业务所产生的数据及其所支撑的管理形态千差万别，但从数据的获取、数据的整合、数据的加工、数据的综合应用、数据的服务和推广、数据处理的生命线流程来分析，所有行业的模式是一致的。由于数据被广泛挖掘，因此决策所依据信息的完整性就变得越来越高。而云计算的出现，避免了被海量数据淹没的可能，企业能更高效率地驾驭海量数据，生产有价值的决策信息。

最后，大数据创新企业管理模式，挖掘管理潜力。管理最核心的因素之一是信息收集与传递，而大数据的内涵和实质在于大数据内部信息的关联、挖掘，由此发现新知识、创造新价值。两者在这一特征上具有高度契合性，甚至可以说大数据就是企业管理的又一种工具。数据分析挖掘不仅本身能帮助企业降低成本，如库存或物流，改善产品和决策流程，寻找到并更好地维护客户，还可以通过挖掘业务流程各环节的中间数据和结果数据，发现流程中的瓶颈因素，找到改善流程效率、降低成本的关键点，从而优化流程，提高服务水平。大数据成果在各相关部门传递分享，还可以提高整个管理链条和产业链条的投入回报率。

大数据的特点及其优势决定了大数据管理越来越普及，特别是企业在跨界后，合作双方对彼此的详细情况都不是很了解，如果仅靠人工处理，将是一项非常吃力不讨好的事，而借助于大数据管理的方法，则能大大提升效率。

## 3. 实行协同管理

协同管理指的是基于所面临的复合系统的结构功能特征，运用协同学原理，根据实现可持续发展的期望目标对系统实现有效管理，以实现系统协调并产生协同效应。企业跨界后，原本独立的不相干系统被强行合并到了一起，但各个系统在长期的发展中都形成了自己不同的企业文化、经营战略、组织结构与作业方式。在这种时候，就需要企业能将彼此的差异进行整合，协同管理，以实现企业跨界后的目标。

中国制造 2025 引起了越来越多人的重视，因为它预示着一个前所未有的跨界整合，相比之前所指的信息工业领域中的跨界，如今的跨界将是各行各业之间

实现融合，这种融合将重塑工业和互联网生态。但是跨界想要实现这一目标，就必须做好协同管理。企业跨界后，合作双方不应该是单向的给予关系，而应相互依赖，促进资源共享和成果共享。

**【章末案例】　　　　凯乐科技转型量子通信**

近年来，在国家大力投入研发和政策支持下，中国在量子通信理论和应用领域中后来居上，反超欧美等先发国家，使得量子通信成为中国制造新名片。作为一家主要从事通信光纤、光缆、通信硅管及移动智能通信产品的研发、生产与销售的企业，凯乐科技近年来逐步剥离不良资产，投资布局"互联网医疗"、"互联网网络安全"、"互联网房地产"等与通信相关的信息技术领域。近日，凯乐科技表示，将投入募集资金 6.18 亿元用于量子通信技术数据链产品产业化项目，开展量子通信技术数据链产品的研发及生产。项目实施后，公司业务将进一步扩展至量子通信、自主可控计算平台及智能指控终端领域。

**一、凯乐科技的概况**

湖北凯乐科技股份有限公司（以下简称凯乐科技）是中国领先的以高科技新材料为基础的多元化实业服务商。旗下拥有湖北荆州凯乐新材料科技有限公司、湖北凯乐光电缆有限公司等。2000 年 7 月，凯乐科技在上海证券交易所正式挂牌上市（600260），公司目前总资产达 811114 万元。公司主要从事通信光纤、光缆、通信硅管及移动智能通信产品的研发、生产与销售，投资布局"互联网＋医疗"、"互联网＋网络安全"、"互联网＋房地产"等领域。随着公司光纤产能的释放，市场份额不断扩大，公司通信光纤、光缆、通信硅管在中国移动、电信、联通三大运营商中的排名不断提高。公司智能手机、智能穿戴研发设计产品远销拉丁美洲、非洲、东南亚、日本及朝鲜市场。目前，凯乐科技是中国高科技新材料的龙头企业，已成为中国四大电信主流运营商光缆材料的主要供应商。凯乐硅芯管被公认为国内市场的第一品牌，凯乐塑料工业城已成为亚洲通信硅芯管、土工合成材料生产基地。

**二、凯乐科技转型量子通信**

2015 年 12 月 11 日，量子通信被纳入"十三五"规划建议，原因是量子通信被证明是无条件安全的通信技术。2016 年是我国量子通信产业化元年，政府扶持力度持续增强。2016 年初，量子通信获得"国家自然科学进步一等奖"。2016年2月，科技部部长万钢表示，我国新科技计划体系将对量子通信等方面的基础研究进行重点支持。2016 年 8 月 16 日，人类历史上第一颗量子科学实验卫星"墨子号"发射，用于探索卫星平台量子通信的可能性。基于卫星等航天器的空间量子通信有着地面光纤量子通信网络无法比拟的优势：其一，在同样距离下，光子在光纤中的损耗远高于自由空间的损耗。因为光子在自由空间的损耗主要来自光斑的发散，大气对光子的吸收和散射远小于光纤。其二，受到地面条件的限制，很多地方无法铺设量子通信的专用光纤。因此，想建设覆盖全球的量子通信网络，必须依赖多颗量子通信卫星。"墨子号"的发射使中国在国际上率先实现高速星地量子通信，连接地面光纤并初步构建了量子通信网络。2016 年底，京沪干线投入使用，京沪干线旨在构建千公里级高可信、可扩展、军民融合的广域光纤量子通信网络，建成大尺度量子通信技术验证、应用研究和应用示范平台，为后续中国量子通信技术的全球化推广奠定基础。

相比传统的数据链通信机制，量子通信技术具有安全性和保密性极高、时效性强、传输速度快、抗干扰性能强、传输能力强的突出优势。在国防、金融、政务、重要基础设施（电网、核电站等）、能源（中石油、中石化、中海油等）方面都具有重大的应用价值。目前量子通信有量子密钥分配与量子隐形传态两种方式，其中量子密钥分配离大规模商业化已经不远，而量子隐形传态还需更多的理论支持。

正是抓住了国家大力发展量子通信技术的时机，凯乐科技正在不断向量子通信产业进行转型。2015 年 2 月 1 日，凯乐科技携手大股东荆州科达商贸投资有限公司，引进硅谷天堂和中融信托成立两只 5 亿级产业并购基金——晨光基金和元樽基金。晨光基金定位于通信产业链上下游优质企业的投资、并购，元樽基金定位于上市公司内部资产并购、剥离、重组。一方面为进军量子通信产业奠定基础，另一方面整合公司内部资源，推动公司剥离非信息产业。

2016 年 4 月 29 日，公司与北京中创为量子通信技术有限公司（以下简称中创为）签署了《关于成立量子技术数据链应用研究中心合作协议》。该项

目拟投资新建一个生产中心及研发中心，用于量子通信技术数据链产品的研发及生产。公司和中创为共同组成技术联盟战队，开展量子通信数据链产品的技术研发，项目技术团队在量子通信方面具有雄厚的专业实力和丰富的项目经验，中创为依托科大国盾量子技术股份有限公司（以下简称科大国盾量子）的相关技术和产品，作为量子系统服务供应商，面向科大国盾量子授权的行业市场提供定制化量子产品及方案。目前，已共同研发出多种基于量子保密通信技术的数据链产品实验室原型机。项目计划开始于 2016 年 7 月，初始筹建期为 3 个月，2016 年 10 月开始产品研发第一阶段。2017 年 5 月 31 日前完成第一期量子数据链产品研制及市场投放，预计完成后年均净利润约为 1.48 亿元。

2016 年 5 月 4 日，凯乐科技发布定增预案，向包括控股股东荆州市科达商贸投资有限公司（以下简称科达商贸）在内的不超过十名特定对象定增募资不超过 17.5 亿元，发行价格为不低于定价基准日前 20 个交易日均价的 90%。其中，公司控股股东承诺认购金额不低于公司此次拟募资总额的 20% 且不高于 40%。在募投项目中，公司拟用 6.18 亿元投向量子通信技术数据链产品产业化项目，进军高端通信设备制造领域。

2016 年 7 月 27 日，凯乐科技发布公告称，根据《公司非公开发行 A 股股票预案》和《公司非公开发行 A 股股票募集资金使用的可行性分析报告》，为了加快募投项目实施进度，凯乐科技设立武汉凯乐应用技术研究院，加速量子通信技术数据链产业化。武汉凯乐应用技术研究院注册资本 3000 万元，由凯乐科技以现金出资。研究院性质为企业法人，采用有限责任公司制。凯乐应用技术研究院主要研究量子通信技术数据链产业化应用，并围绕中高端通信设备制造、信息安全、大数据、云计算应用技术进行相关研究和产业孵化，进一步增强公司研发实力，为公司转型高端通信设备制造商提供技术支持，也为公司中长期发展提供动力。同时也表明公司的数据链量子通信产业化项目在稳步推进，预计数据链量子通信加密产品有望在 2016 年底前推出。

**三、凯乐科技的"大通信"平台布局**

近年来，凯乐科技不断拓展产业链的上下游，通过多种方式完善了产业链。公司拥有光纤、光缆、射频电缆、线缆等通信光电缆产业链各种产品的生产能力。公司拥有国内领先的技术研发平台，在光纤方面具有国内领先的技术、规模化的光纤光缆生产能力，成为公司在同行业的竞争优势。公司通过收购，深入拓展移动互联应用领域业务，形成了传统光电缆制造和新兴移动互联网通信业务，为公司业绩增长提供有力支撑。

在保障传统光电缆业务稳步增长的基础上，公司转型大通信领域，开拓智能终端、智能穿戴、网络安全、大数据、计算机总线集成等大移动通信市场，继收购上海凡卓后，控股湖南斯耐浦科技有限公司、湖南长信畅中科技股份有限公司、北京大地信合信息技术有限公司、长沙好房购科技有限公司等高成长性、高协同性的互联网企业。产业从原有的应用于基础网络的光纤光缆、通信硅管逐步进入通信网络应用层面，产品线扩展到专网通信、特种通信、智能终端、大数据分析和应用等领域。公司的大通信闭环能充分发挥渠道优势，整合资源，而借助于"互联网+"，能充分培养未来业绩的增长点。在如今军民融合的浪潮下，凯乐科技不断深化"大通信"平台布局，在军用民用通信、量子通信、网络安全等领域迎接新发展机遇，在业绩高增长的同时借助军用技术实现高端通信设备制造商转型。

在军用民用通信方面，上海凡卓打通民用警用军工市场，智能指控终端启动利润新增长：智能指控终端是一款具有同步录音录像功能并同步传输至指控平台的便携式指控终端设备，支持3G/4G网络，可以实时传输现场状况到指控平台并由指控中心调度指挥，实现远程指控。上海凡卓将智能手机方面积累的雄厚实力注入智能指控终端，利用软硬件系统多个相似点迅速打造可产业化的终端产品，预计2017年6月产品将投放市场，迅速打通和占领民用警用和军工市场。

在量子通信方面，量子通信战略地位明确，瞄准未来数据链应用及技术产业化：着手搭建信息安全大平台，从量子通信到自主可控计算平台，战略地位凸显，国家需求明确。目前，量子通信技术处于从初步走向产业化的关键阶段，凯乐科技投资公司北京中创为已经研制出多种实验室原型机并通过了各项原理性实验，同时本项目得到科大国盾量子在行业市场的技术支撑。募投项目建设了一流的产业化平台及先进的实验室，新设立的量子技术数据链应用研究中心将发力突破技术产业化。

在信息安全方面，夯实自主可控计算平台产业化：这次的自主可控计算平台主要基于 VPX 和 CPCI 平台进行研发、推广和销售。项目主要由上海凡卓之前收购的北京大地信合技术有限公司进行研究和产业化，大地信合此前在自主可控方面积累了基于 VPX 和 CPCIe 平台的软硬件自主知识产权相关技术，形成了从板机到整机和系统的标准化、通用化、系列化的技术、产品和标准规范体系。未来搭建出的产业化自主可控计算平台应用空间广阔，将填补多个领域的应用空白。

凯乐科技预测，未来两年军用通信专网市场规模超过千亿元，而数据链量子通信产品需求超过百亿元。凯乐科技目前主要贡献利润的业务板块为光纤光缆及电缆、子公司上海凡卓的智能终端业务、子公司长信畅中医疗信息化业务。由于未来光通信和医疗信息化业务都保持较高的景气度，公司传统业务将维持高增长。同时公司通过并购军工通信技术公司大地信合、军用非标准仪器设备和测试测量系统供应商江机民科，继续拓展军工渠道。借助大地信合、江机民科在航空航天、船舶、中电、兵器以及中科院等国防军工的良好客户关系，公司未来有望持续获得军工订单。未来不排除公司民参军资本运作加速，在军工领域持续并购，完善布局。"十三五"民参军已经渐入高潮，公司逐步步入业绩高增长期。

**四、结论与启示**

毋庸置疑，量子通信在军事、国防、金融等信息安全领域有着相对于其他技术巨大的安全优势，也因此有着重要的应用价值和广阔的应用前景。同时，量子通信技术还可用于涉及秘密数据、政府的票据、电信、证券、保险、银行、工商、地税、财政等领域和部门，军民两用的特性将更加促进其飞速发展，并保障其未来广阔的市场空间。"十三五"期间，量子通信被划定为未来五年国家重点战略项目，而2016年8月量子通信卫星的成功发射更将量子通信技术推向了一个高处，未来量子加密通信网络在特定行业的需求极为广阔。随着凯乐科技军民融合"大通信"平台布局不断深化，将逐步进入业绩高增长期。

资料来源：作者根据多方资料整理而成。

|| 第四章 |

# 众 筹 模 式

"众筹"不仅是筹集资金，更是筹集资源。表面上是在"筹资"，其实是在"筹人"，要找到一批有共同价值观、共同愿景、比较靠谱的人。未来是一个"众筹、众治、众享"的社会。共享模式下的众筹是自由人的自由联合。

## 【开章案例】　　　　　　欧浦智网的商业模式

欧浦智网是一家集实体物流和电子商务于一体的大型第三方钢铁物流企业。按照"地网"、"天网"、"金网"三网合一的战略规划进行布局，欧浦智网以"地网"建设为基础，积极采用物联网技术提升仓库管理水平，打造智能物流运行平台，稳步推进线下业务的异地扩张，巩固仓储和加工业务的竞争优势；重点打造"天网"电商平台两翼，运用互联网思维不断开拓业务领域，构建平台型企业；不断发掘和创新供应链金融服务产品，充分发挥"金网"供应链金融配套服务的协同作用，巩固供应链管理的优势，提升公司的综合盈利能力。同时积极运用互联网思维，探索互联网经济下新的商业模式，努力实现公司价值最大化和股东利益最大化。

### 一、欧浦智网的概况

欧浦智网创办于 2005 年，于 2014 年 1 月在深交所上市。旗下拥有多家全资子公司，业务范围包括钢材、塑料、家具、冷链等大宗商品的综合物流服务。欧浦智网是国内最早从事钢铁现货交易的网站，是一个以真实库存为基础，以欧浦公司六大实体，即"大型仓储、剪切加工、运输调度、高效配

送、金融质押、物业租赁"为配套的一站式钢铁交易服务平台。截至2016年3月的数据，欧浦智网的资产总额已达288983万元。

作为国内首家钢铁现货交易网站，欧浦智网拥有欧浦商城、钢材超市现货平台、钢材物料采购平台和钢铁资讯服务等网络服务平台。欧浦商城是欧浦智网重力打造的钢铁线上销售平台。欧浦商城通过与各大钢厂合作，为客户提供优质、实惠的钢材现货资源，客户只需登录欧浦商城即可自主选择所需货物，在线支付货款完成现货交收，实现钢贸行业线上线下的结合。钢材超市现货平台是在充分整合公司线下庞大的仓储、加工、物流资源的基础上，推出的基于第三代B2B电子商务模式的现货交易平台，是与实体仓库结合以真实现货为基础搭建的开放式钢材大卖场，将静态的仓储提升为动态的交易市场，同时有效解决了网上交易信息虚假性问题。钢材物料采购平台通过集中采购、集中拼单加工、集中拼单运输创值，减少浪费，降低终端用户采购成本。钢铁资讯服务平台高度汇聚国内外钢铁信息，实现全球资源共享，已成为国内重要的钢铁资讯网站。欧浦智网现有注册会员近10万家，网站日均点击量高达20万余次。凭借强大的行业背景和一流的技术团队，欧浦智网致力于利用互联网降低客户交易成本，创造更为广阔的钢铁互联网应用前景，推动钢铁产业发展。

**二、欧浦智网"三网合一"的商业模式**

欧浦智网以钢铁物流加工配送为基础，拥有从事电子商务多年的行业经验，积极向互联网方向靠拢，公司秉持"地网"、"天网"、"金网"三网合一的战略规划进行各方布局。图4-1为欧浦模式。

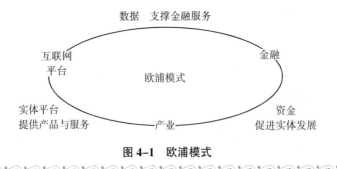

图4-1 欧浦模式

**1. 以产品和用户为中心,稳步提升智能物流服务**

打造物联网智能仓库。公司不断加大研发投入,攻克物联网技术的应用难点,完成仓储云调度系统、自助办单服务终端等重点项目的研发,以完善物联网智能仓库系统,实现仓库信息实时传输、智能化管理和精准的数据统计分析。同时,公司还稳步提升智能仓库覆盖率,提高仓库的智能化和信息化管理水平,向"数字仓库"发展。

强化精细化加工体系。公司推广加工作业系统的使用,全面实施"手持作业系统",并对微信自助平台进行升级改版。狠抓加工过程中的精细化管理,进一步提高加工生产效率,降低运营成本,巩固竞争优势。

横向整合并购。2015年10月,公司收购新余市新启贸易有限公司持有的烨辉钢铁60%的股权。双方以"资源整合,融合发展"为新的理念,开展线下实体服务、线上电商平台及金融服务等多途径、多模式的合作。公司与烨辉钢铁的强强联手,进一步扩大了公司实体仓储规模,提升了公司盈利能力,有利于公司强化精细化加工体系,拓展市场空间,为更多线下客户提供电子商务、供应链金融等增值服务,巩固了公司在钢铁服务行业的竞争优势。

**2. 加快推进多元化的"天网",布局新业务成长空间**

为了解决钢铁网上交易的诚信问题,欧浦智网推出了钢材超市服务模式,欧浦钢铁作为第三方平台,对网上交易的钢材进行价格评定、交割监管等一站式服务。以真实现货库存为基础搭建一个开放式钢材大卖场,采购商如同在超市一样进行自由采购。钢材超市的卖家、买家无须缴纳任何会员费即可进行信息发布、线上交易等活动。欧浦智网将作为第三方平台,对供应商上架的钢材在入库时就进行外观品质审核,并为采购商提供验货、监管、支付担保、实物交收等全程服务,让采购商可以放心、快捷地采购所需钢材。此外,公司还着力培育服务中小型终端客户的钢材物料采购平台,普通客户也能通过钢材物料平台采购钢铁,而且还能得到一个十分优惠的价格。通过打造综合性的电商平台,持续推进产业转型升级,为"天网"注入新动力。

**3. 加快供应链金融建设,为"金网"布局注入新血液**

欧浦智网不仅推出了"钢付宝"、"商品重量偏差协商机制"、"银行资金监

管"等第三方支付和监管手段，还推出了由其制定的准确的第三方信息。钢付宝是欧浦智网为钢材行业推出的适合企业间交易的大额在线支付工具，账户里的资金由第三方银行监管，实现了资金流与发票的统一、支付与交收的一体化，并具有短信提醒、即时到账、自主控制出入金、随时进行贷款支付或收款确认、不受时间限制等特点，彻底解决了用户的发票报税、退税问题。其实现的方法是：买卖双方在银行建立一种特殊账户，资金直接在一个银行系统内流动，欧浦智网和银行共同对资金进行监管。这为欧浦智网开展供应链融资提供了条件。欧浦智网利用电子商务网络等工具大力发展期货、担保等金融服务，加强与银信部门建立战略合作关系。此外，公司为支持欧浦小贷互联网特色创新，促进公司供应链金融的发展，对欧浦小贷增资 1 亿元，扩大欧浦小贷的放贷规模，进一步实施"物流+平台+金融"的战略。同时，公司与平安银行、民生电商等建立长期、稳定、互惠、互利的合作关系，在供应链金融方面展开战略合作，以巩固和扩大双方在各自领域中的优势。平安银行将根据公司的需求，在一切可能的领域为公司提供优质高效的金融服务。民生电商将与公司共同成立全在线供应链融资平台。通过不断创新金融产品，公司为客户提供了更多、更优的金融支持，满足客户的融资需求，提升客户黏性，促进产业链发展，增强了公司在产业链金融服务领域的核心竞争力。

欧浦智网的众筹主要体现在"地网"产业区块，欧浦智网设立了一系列的产业发展基金，对优质的物联网仓储物流项目、大宗电商平台及供应链融资项目进行重点投资，悉数揽入自己怀中，占据行业先机，全面整合行业优质资源，用资金和行业经验加速传统产业转型升级。

### 三、结论与启示

欧浦智网在为客户提供大型仓储、剪切加工、金融质押监管、综合物流服务、转货、运输、商务配套等"一站式"钢铁物流服务的基础上，充分利用电子商务平台，为客户提供钢铁现货交易、钢铁资讯服务等创新钢铁物流增值服务，将仓库打造成为向市场开放的钢材超市，将静态的仓储提升为动态的交易市场，以"智能物流+电商平台+供应链金融"的经营模式诠释了现代钢铁物流。公司提供综合物流服务，是在现有"一站式"智能化物流和电子商务的基础上，定位于"钢铁物流方案提供商"，为客户提供几乎涵盖钢铁物流所有环节的服务，并参与到客户的供应链管理，实现钢铁物流的专业化外包和全方位增值服务。

资料来源：作者根据多方资料整理而成。

2012 年 4 月 5 日，时任美国总统奥巴马签订了一份文件——《促进创业企业融资方案》，该方案将众筹这一新兴的网络融资模式正式纳入合法范畴，从此众筹摆脱了一度被人嘲笑的尴尬局面，众筹发展势力瞬间蔓延。另外，在美国《乔布斯法案》的激励之下，第一次允许初创企业向普通的投资人融资，第一次允许普通投资人投资初创企业，给众筹企业一个豁免，可以不去证监会备案，这是众筹这么火的主要原因。

# 一、众筹时代到来

众筹是一个新名词，但这个概念不是新的。其实原来做私募的都是玩众筹的，随着互联网金融的发展，众筹自然会火，而且未来会更火。可以说，我们已经步入了众筹时代。

## 1. 众筹在我国的发展

2014 年 5 月以来，国务院先后强调"大众创业，万众创新"、降低中小企业融资成本、开拓融资新渠道等理念，同时各类相关机构还通过了《私募股权筹融资管理办法（试行）》等政策文件，使得众筹得到了快速的发展，受到了市场的追捧。

2011 年 7 月，"点名时间"的成立标志着我国第一家众筹网站的建立，短短几年间，众筹网站如雨后春笋般出现在公众的眼前。据网贷之家发布的《2016 年全国众筹行业半年报》显示，截至 2016 年 6 月 30 日，全国正常运营的众筹平台已达 370 家，与 2015 年底的 283 家相比，涨幅达 30.74%，是 2014 年全年正常运营平台数量的 2.6 倍。而在筹资金额上，2016 年上半年，全国众筹行业共成功筹资 79.41 亿元，已达到 2015 年全年成功筹资额的近七成，是 2014 年全年全国

众筹行业成功筹资金额的近 3.7 倍。众筹平台和交易额的增加一方面表明我国众筹行业发展迅猛，另一方面也体现出我国众筹行业整体规模较小、市场竞争比较激烈、各家发展水平参差不齐的状态。

### 2. 众筹时代，共享资源

共享经济的发展蔓延到了社会领域的各个角落，金融作为现代经济的核心，也在这一风尚中逐渐共享化，这就是为大众所熟知的"共享金融"，而众筹正是其典型形式之一。众筹发展的一个重要原因就是资源配置的不均。我国经济增长的长期问题与周期波动的短期问题相互纠缠，产能过剩与有效供给不足的现状并存，同时金融资源的供求也有不均衡的现象。因此，互联网众筹模式为解决这些产品资源与资金资源的"错配"难题提供了一条重要的途径。

作为现代金融创新下的一种衍生品，众筹通过大数据支持下的技术手段融合了产品创新、资金运作以及服务创新，实现了资源共享、技术共享、人才共享、资金利益共享，最大化地实现了产品资源、资金资源更加有效、公平的配置。

# 二、众　筹

说起众筹，自然让我们联想起集腋成裘、聚沙成塔之类的成语，即有钱的出钱，有力的出力。例如，一个有钱人想做一些投资让自己的钱越滚越多，同时，一些有梦想和技术的人想研发一款产品或者创办一个企业，却苦于没有资金。于是在机缘巧合之下，这些人正好联络上，并吸引了更多人参与这个项目。这就是众筹的真谛，即筹集项目需要的资源，包括资金、人员等。

众筹一词翻译自国外 Crowd Funding 一词，即大众筹资或群众筹资。众筹是大众通过互联网的相互沟通关系，汇集资金支持由其他组织和个人发起的活动的一种集体行为。其通过搭建网络平台面对公众筹资，让有创造力的人可能获得他们所需要的资金，以便使他们的梦想有可能实现。这种模式的兴起打破了传统的融资模式，每一位普通人都可以通过众筹模式获得从事某项创作或活动的资金，使得融资的来源者不再局限于风投等机构，而可以来源于大众。2005 年，美国 Kiva 的出现见证了第一家众筹网站的诞生；2009 年，众筹网站 Kickstarter 走入大众视野；2012 年，美国颁布的《促进创业企业融资法案》使众筹得以合法化。众筹的出现，对互联网金融以及投融资模式的创新发展产生了重大的推进作用，一度成为社会重要话题。图 4-2 为 2009~2015 年全球众筹融资交易规模。

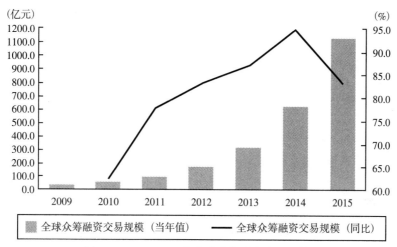

图 4-2　2009~2015 年全球众筹融资交易规模
资料来源：前瞻网。

作为一种筹资方式，众筹虽然出现较晚，但是发展尤为迅猛。一般来说，众筹具有门槛低、多样化、草根性、创新性和广告性等特点，如图 4-3 所示。

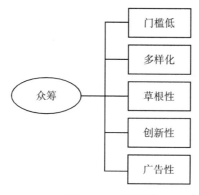

图 4-3　众筹的特点

第一，门槛低。从项目的发起来看，相比其他融资渠道，众筹基本没有或者只有很低的要求，只要是有想法、有创造能力的项目都可以通过众筹发起筹资。

第二，多样化。众筹的方向具有多样性，其项目类别包括设计、科技、音乐、影视、食品、漫画、出版、游戏、摄影等。

第三，草根性。众筹项目的发起者可以是任何一个拥有想法和创意的人，项目的支持者也通常是普通的民众，而非专业的公司或风险投资人。

第四，创新性。众筹的参与者发起的众筹项目大多非常有活力而且有很强的创新性。众筹的本质就在于项目获得大家的认可，得到大家的支持，这样才能从支持者那里筹集到所需资金。而获得更多人的支持，往往要求项目必须有创新性、有活力、有可执行性。

第五，广告性。一个众筹项目从发起到实现，会经历一段不短的时间。在这段时间里，众筹项目会持续受到投资人的关注。如果项目有足够的吸引力，投资者还会自发地去宣传众筹项目，这在一定程度上增加了众筹的广告性。

随着众筹越来越普遍，很多人将众筹与P2P做比较。众筹与P2P的区别在于回报方式不同，众筹主要以产品和媒体内容为主，而P2P以利息收益为主。在未来，众筹与P2P可能会有很大的深度合作空间。众筹模式对应的商品和内容类回报，或者进阶的股权类收益回报，与P2P对应的债权收益回报，都可以很好地成为一个立体的投资组合，让投资用户群体做不同类型和不同风险等级的投资资产配置，从而在风险相对可控的情况下达到收益最大化。这一切都可以通过互联网来完成，在效率及成本上有天然优势，也能够给两端用户带来更好、更极致的用户体验，让更多的用户参与进来，从而使整个行业的发展更加蓬勃迅速。

众筹的直接意义在于汇集大家的资金，可以分散风险，使资金更有保障。众筹模式下，普通的消费者摇身一变成为投资人，并且投资金额不会很大，因此即便最终项目失败，也不会对任何一方带来致命性的打击。同时众筹的过程也会带来一个巨大的隐形价值：企业可以让消费者先掏腰包，再去制造产品。如果项目融资成功，那么实际的研发与生产过程就会相对更容易，并且相当于在产品前期就已经投放了一次广告，这在很大程度上降低了创业成本与风险。而如果项目融资不成功，可能反映出的实际情况是项目的不成熟，这正好为项目发起者提供了一个改进的机会。

### 专栏4-1　　恒星计划携手恒富在线打造互联网金融生态圈

2016年3月7日，年初刚刚上线的影视众筹平台恒星计划首个众筹项目《亡牌女主播》网络大电影，在短短2小时内募集成功，获得31位投资人"秒杀"认购。如此成功的影视众筹项目近年来屡见不鲜，在惊叹投资人对影视投资的热捧之余，更可窥见影视和众筹行业强劲的发展势头以及良好的前景。

## 一、恒星计划的概况

恒星计划（www.star999.com）隶属于深圳恒星计划互联网金融服务有限公司，是一家专注于影视众筹的新生态年轻化、娱乐化互联网金融平台。公司围绕"明星股东、明星效应、明星产品"战略，利用多种众筹方式立足影视产业上下游。恒星计划倡导用户秉承"I like it and I make it"的情怀，全方位、多角度参与众筹项目。平台以创新信息发布机制和交流机制实现资金、人才、资源的优化配置，最终打造一个人人都能实现影视梦的平台。恒星计划不仅与被誉为"中国电影人才的摇篮"的北京电影学院建立战略合作，还与国内院线巨头星美控股、中国内地首家登陆美国纳斯达克的影视集团博纳影业集团等建立了长期稳固的战略合作关系。同时，恒星计划有着一支经验丰富的创始团队，创始人龙艺佳有着华尔街金融背景，并成功创建了互联网金融网贷平台恒富在线；同时她操盘过多个成功的影视项目，在金融、影视、互联网行业均有强大资源，是资深的互联网金融行业和影视行业的跨界达人。其他团队成员来自国内知名 VC、影视行业、互联网金融行业的知名企业的各类高端人才，无论是在互联网整合营销，还是独立系统开发、产品设计研发、项目投资管理等方面都有着丰富的实战经验。另外，严苛的项目筛选标准、流程化的投后管理、领投模式保障风险也是恒星计划的优势所在。图 4-4 为参投恒星项目的流程。

**图 4-4　参投恒星项目的流程**

## 二、恒星计划打造互联网金融生态圈

2016 年 3 月 1 日，影视众筹新锐恒星计划与知名上市系互联网金融平台恒富在线签订战略合作协议。恒星计划将借助恒富在线已有的 12 万实名注册投资用户迅速打开市场，恒富在线也将引进恒星计划的影视项目，为投资者丰富投资新产品及提升投资体验。双方将发挥自身专业能力和优势，共享用户资源和大数据，并联手推进互联网金融领域向更深入层面发展，共同打造互联网金融生态圈。

恒富在线是上市系互联网金融平台，在发展之路上深受投资者和业内人士的好评。恒富在线自 2014 年上线以来发展迅猛，凭借小额分散的业务模式、普惠金融的发展方向、严格的风控体系以及独特的品牌定位深受投资人和资本市场的青睐。截至目前，平台投资人已逾 12 万，累积投资额近 7 亿元，为投资人赚取了 2500 多万元的收益，并成功拿到新三板上市公司中瀛鑫千万级 A 轮投资。恒星计划与恒富在线达成战略合作伙伴关系，通过双赢的合作，不仅能为用户提供更便捷、丰富的投资理财新产品，也将进一步加强双方的竞争优势。合作之后，将有利于其实现空白业务补充，从而服务并激活更多注册会员，同时双方将携手共建互联网金融生态圈，生态圈的共融和共兴才是双方共同的目的。

恒星计划与恒富在线分别代表互联网金融当前最热门的两个细分领域，在达成战略合作后双方将在产品层面进行更深层次的探索和合作，为双方的用户提供更加完善的互联网应用和体验，实现用户、恒星计划和恒富在线三方共同受益的局面。双方认为，通过本次战略合作能够帮助双方进一步提升整体运营效率，降低运营成本，加强双方的竞争优势，实现双方未来的市场扩张策略并获得市场份额，为共建互联网金融生态圈迈出坚实的一步。目前，双方合作已进入实质性阶段，由恒星计划出品，《一路向西》女主角王李丹妮主演的第一步网络大电影《亡牌女主播》已进入宣发阶段（见图 4-5）。

**图 4-5　恒星出品的《亡牌女主播》**
资料来源：作者根据多方资料整理而成。

# 三、众筹融资：侧翼颠覆

众筹作为一种普惠金融，使得人人都有机会成为天使投资人。互联网金融的发展又为众筹模式的发展奠定了良好的基础，而作为一种新兴的融资渠道和融资业务形态，众筹成功地捕获了资金饥渴的中小企业的眼球。于是，众筹模式自然而然就成为现代创新创业企业和中小企业非常热衷的一种筹融资模式。

## 1. 众筹颠覆了传统融资模式

众筹是如何颠覆传统融资模式的呢？我们先从传统融资模式说起。传统融资模式主要包括直接融资和间接融资两种。直接融资又包括各类的股权投资，如天使基金、风险投资基金、各级股票交易市场等；间接融资主要指的是银行信贷。传统融资模式经过多年发展，建立了严格的资金募集和借贷筹资规则，包括信用体系、风险评估体系、资产抵押方式、上市业绩规模和利润规定、信息披露和监管体系，使得融资成本高、门槛高成为一种常态。在金融机构追求低风险、高收益的情况下，中小微企业和新兴领域创新创业企业的融资问题成为全球性的瓶颈。

传统融资模式由于技术和时代的局限性，在资金需求方面，主要依靠营业网

点等有形节点搜寻潜在的借款者；在资金供给方面，则通过吸收存款和同业拆借等渠道融通资金；而在风险控制方面，传统融资模式利用硬信息和抵押担保控制风险。毫无疑问，传统融资模式在我国经济发展中起到了一定的作用，但是由于政府、国有金融机构或财团垄断金融货币资源，导致社会融资渠道资金更加紧缺，中小企业和创新创业企业融资雪上加霜。再加上资金的分布不均使得经济萎缩，导致政府和私人部门资产负债表恶化，主债务增加，市场违约担忧情绪上涨，进一步推动融资成本上升。

## 2. 众筹的侧翼颠覆

有着成熟的互联网支付技术、搜索、移动应用和社交网络等互联网金融业务的发展土壤，有着新兴中小财富主体对投资品种的渴望和小微企业对资金的渴望，市场寄予众筹模式厚望成为必然。

众筹融资的颠覆机会首先来自于市场，小微企业和新兴的产业服务业是融资市场上最有活力的企业，而众筹恰恰满足了这部分企业的资金需求。在美国，人们甚至觉得众筹是"挽救美国经济的最佳创新工具"，认为众筹给人们带来了新的动力，原因就在于众筹允许任何人为任何的商业创新、生意机会甚至公益事业提供资金，让每个人都感受到"天生我材必有用"。与之相对应的是，众筹为各个社会阶层的各类企业提供了一个可筹措资金的新渠道。

其次来自于体验。众筹彻底地改变了过去消费者和投资者之间的关系，是一种革命性的融资和投资体验，过去的活动参与者或商品购买者也能通过众筹摇身一变成为投资者，打破了以往消费者和投资者之间的界限，这种商业关系的改变带来了长远的影响，其影响的深度在目前还难以看出。

而对信用方式的颠覆是众筹对传统融资最大的颠覆。曾经一谈及金融机构，大家都耳熟能详的非华尔街莫属，其令人难以望其项背的低成本信用象征为其廉价地获取巨额资本提供了一个绝佳的机会。而对于小企业主、信用卡消费贷款用户，信用成本却极其高昂，许多小企业主都因为这一问题被挡在了门外。传统融资渠道为中小企业和个人创新者设置的这些信用体系，恰恰是对源自底层的商业机会和社会创新与发展的阻碍。众筹正好攻破了这一层阻力，用众筹的信用替代垄断的信用，形成颠覆。

众筹融资业已成功帮助来自社会最底层的创新创业者者实现自己在资本市场

上夺得一席之位的梦想，当一个个看似不可能的项目通过众筹获得成功时，我们会由衷地发出赞叹，对众筹嘉奖几分，众筹的成功颠覆也已经出现在了大众的视野。新的法律法规的制定、新的监督监管体系的诞生、新的众筹平台的涌出，都是我们今天已经看得到的突出颠覆，它们使新一代的风险资本熠熠生辉。

### 3. 解读众筹商业模式

近年来，众筹迅速兴起和蓬勃发展，正成为国内炙手可热的一种互联网金融模式。可以说，众筹融资是一种颠覆时代的商业模式。众筹商业模式的基本框架如图 4-6 所示。

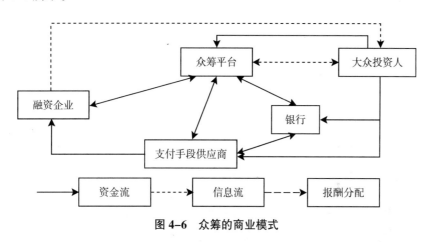

**图 4-6　众筹的商业模式**

众筹模式中的众筹平台是众筹项目发起执行的平台，也是众筹模式中的核心，它连接了大众投资人和筹资人。大众通过众筹平台了解筹资的信息和金额，并通过平台与筹资人进行沟通。当确定投资项目时，会与众筹平台和筹资人签订协定，通过银行或者支付机构支付资金，银行或支付机构先保管投资人资金作为保证金，如果筹资人的筹资项目达到预期额度，再决定转移多少资金给筹资人，如果筹资人的筹资额度没有达到预期目标，则将资金悉数退还。对于成功筹资的项目，众筹平台会在项目启动后保持监督。当期限到达后，筹资人会直接给项目投资者以相应的回报，并将情况反馈给众筹平台。

## 专栏4-2　　　　　e融所的互联网金融平台模式

自公司成立以来，e融所一直致力于成为一个投资者值得信赖的互联网金融理财平台。e融所进行了互联网金融平台模式创新，推出了票e贷、车e贷、房e贷，使借贷业务更加多元化，并成为传统金融的有益补充。e融所的互联网金融平台致力于打造成为投资人的投资理财平台，这为个人投资者开辟了理财渠道，提升了个人理财能力。

**一、e融所的概况**

深圳汇海易融互联网金融服务有限公司（以下简称e融所）于2015年10月14日在深圳前海自贸区注册成立，注册资金为1亿元。11月20日，公司平台（www.myerong.com）上线公测。11月30日，开通微信和微博。12月30日，举办开业庆典。2016年5月1日，e融所注册人数过万，累计成交额破亿元。

**二、e融所互联网金融平台模式**

e融所平台上的借款项目来自于线下，项目均通过银行级别的严格风险控制审核。e融所为借款人精心设计多种融资渠道，包括上市公司及大型企业的商业票据承兑、抵押贷、车贷、赎楼贷、消费贷、经营借贷等。借款到期后，借款人通过平台向投资人还款，e融所提供项目逾期风险准备金垫付保障。

具体业务流程如下：第一，与各种渠道签约准入，审核借款人资质；第二，评估抵押物（车辆、房屋等），审批通过后办理抵押登记；第三，平台发布借款项目；第四，投资人在平台筛选借款项目，并委托第三方托管资金；第五，借款人获得融资，并按时放款；第六，借款人还款，投资人获益。

**三、e融所互联网金融平台模式创新**

e融所专注于上市公司中小供应商平台的供应链金融和消费金融，深耕细分市场，致力于成为一个投资者值得信赖的互联网金融理财平台。在战略定位上，e融所致力于做一个投资者值得信赖的互联网金融理财平台；在盈利模式上，实行稳健的投资理财模式；在营销模式上，重视用户线上线下的体验营销；在资源整合上，打造"上市公司+银行高管"的P2P平台；在价值创造上，通过"多元化产品+体验服务"，为借款人和投资人创造价值。只有这五个方面都做到位，e融所才能构建创新的互联网金融平台模式（见图4-7）。

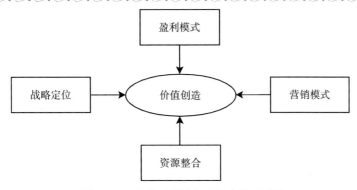

**图 4-7　e 融所互联网金融平台模式创新**

　　第一，在战略定位上，e 融所的愿景是站在风口上，顺势而为，用 3~4 年时间成为一家具备上市条件的公司，成为中国互联网金融服务的领导品牌。e 融所旨在打造一个投资者值得信赖的互联网金融理财平台，为核心企业的中小供应商提供高效的融资解决方案。e 融所要在线上线下坚持做出借人和借款人的中间运营商。

　　第二，e 融所有三大盈利模式。其一，居间服务费。其二，各种管理费用。其三，利息。e 融所对接资金供求双方，提供居间服务，在平台发布借款人融资项目，融资金额从 5 万元至 50 万元不等，借款人承担每年 19% 左右的费用，投资人可获得每年 12% 左右的理财收益，e 融所从中赚取利息差。

　　第三，在营销模式上，e 融所非常重视用户的线上线下体验营销。一方面，在线上推出网站公测，开通了微信、微博；另一方面，开展新用户的百万体验金活动。可见，在微营销时代，e 融所还采取了与用户线上线下互动、增强用户体验的营销模式。

　　第四，在资源整合上，e 融所充分利用互联网大平台，整合一切可以利用的内外部资源，包括拥有多家上市公司作为公司股东，还有多名具有 15 年以上从业经验的银行高管，同时与双乾支付进行资金托管合作，以及横向纵向的资源整合等。

　　第五，在价值创造方面，e 融所主要表现为提供多元化产品，注重用户体验服务等，进而为借款人和投资人实现价值创造。第一，为借款人提供更多元、更低成本、更便捷的融资渠道；第二，为投资人提供更高收益、更安

全、更专业的投资理财渠道。

通过互联网金融平台模式创新，e融所的发展比较稳健，且一步一步地做大做强，发展目标也从100强到50强再到20强，再到行业第一。同时，我们可以相信的是，有那么多上市股东公司的支持，未来的e融所势必走向上市的阳光大道。

资料来源：作者根据多方资料整理而成。

# 四、众筹模式的种类

近年来，众筹模式越来越火，各种众筹平台层出不穷。众筹模式其实是互联网开放、合作、透明精神的集中体现，众筹筹的不仅是钱，而且筹的是人，还有各种资源，这些都是比钱更重要的东西。根据众筹的不同形式，可将众筹分为人员众筹、资源众筹、资金众筹、产品众筹、服务众筹和管理众筹等。

## 1. 人员众筹

人员众筹即网罗不同类型、不同领域、不同社会层面的人力，将每个人的力量汇聚起来众筹项目。人员众筹的一个优点就是能筹集到五种人，即制造者、设计者、传播者、销售者、消费者，这些人恰恰是企业生存发展过程中最需要的。众筹也是筹人，人员众筹可以帮助发起者及时收集用户反馈，这不仅体现在消费者这一层次上，也能在传播者中找出依据，即项目传播得越广泛，表明项目越被人接受。通过人员众筹，产品实现了先有用户，先有传播，再有市场反应、推广以及一批可成为陪审团的用户这样的过程，减少了一般项目所面临的风险。

第一，确定目标。大多数人的众筹目的可能都是为了实现财务增值，将众筹当作一般理财产品看待，可实际上，这种投资在国内现在并不成熟，且有一定的法律局限性，稍有不慎就可能演变成非法集资。因此，确定投资目的就显得尤为重要。获利是大多数投资者的终极目标，即希望在发起人的项目完美运行之后，能够给自己带来更多财富。当然也有些众筹是为了获得管理或奖励或仅仅是公益。投资者的目标不同，选择的众筹产品就会有所差别，承担的风险大小与种类也会有所不同。因此，对于众筹的发起者而言，正确地确定自己的众筹目标才能汇集自己所希望得到的人员的合力，成功实现自己的众筹项目。

第二，人才优势互补。人员众筹的主要目标就是为了人才优势互补。大企业可以雇用非常好的职业经理人，而小企业只能通过团队精神在人力资源上超过大企业。所以，寻找到好的优势互补的合作伙伴，是企业成功的保证。由于社会分工越来越细，最专业的事交给最专业的人去做，胜算才会更大；也只有优势互补的团队才能充分发挥其组合潜能，优于个人创业的单打独斗。在一个创业团队中，成员的知识结构越合理，创业的成功性越大。纯粹的技术人员组成的公司容易形成技术为王、产品为导向的情况，从而使产品的研发与市场脱节；全部是市场和销售人员组成的创业团队缺乏对技术的领悟力和敏感性，也容易迷失方向。因此，人员的知识结构对企业的发展会产生重要的影响。此外，一个优势互补团队所掌握的可控社会资源以及潜在可用资源会更有利于企业的发展。企业在不同的阶段对社会资源有不同的要求：对于种子期的项目，团队往往以技术人员为主；对于发展扩张期的项目，技术和市场开拓并重；而对于成熟期、规模较大的企业，管理人才的权重必须加强。众筹企业应充分考虑到自己的实际情况，确定项目所处阶段，众筹不同类型的人员，以更好地达到自己的目标。

第三，建立合理分工机制。人员众筹筹集了一批具有各种才华的人，他们都等待着被分配去做自己擅长的事。这就要求众筹发起者能建立一套合理的分工机制，合理的分工机制是非常重要的。合理分工的目的是为了让每个成员都可以有良好的工作感觉，并发挥每个人的工作特长，最高效地完成工作任务，体现团队的整体价值。合理的分工机制可以让每个人定位自己的工作性质，详细规划工作轻重程度以及完成时间，列出详细的工作进度表，并清楚工作完成的整个流程。关键的一点是，要清楚这项工作是急需完成的还是锦上添花的，从而根据实际情况安排工作进展。合理的分工机制有助于领导者了解团队个人的具体情况。团队领导者只有弄清楚团队每个人的优势和劣势是什么、适合什么样的工作、具备什么样的资源可以利用，才能有针对性地进行工作安排，从而有利于工作的顺利开展。

第四，分享机制。众筹的最终目的是企业的获利，人员众筹使企业的获利人员增多，如果没有合理的分享机制，势必会导致利益分配不均，不能使众筹人员满意。分享必定和责、权、利相关，缺一不可。分享机制就是定岗、定责、定权、定职、定利的机制，要求界限清晰、赏罚分明。这是分享机制的原则，否则就是扯皮和混乱。在具体的每一个项目上，应具体细节具体安排，总之不可违反上述原则。

2015年2月6日，淘宝上发布了一个由淘宝众筹、三亚玫瑰谷、周大生共同组织的"爱情地标"众筹项目。2月6日至3月12日，网友可自发在淘宝上认购该项目，当众筹金额达到300万元后，这座刻有情侣姓名的爱情地标将在3月14日白色情人节当天落户浪漫的三亚玫瑰岛。玫瑰岛地标以"玫瑰花"作为造型，由师承中国建筑学家吴良镛院士的中国知名建筑设计师王珏亲自参与设计。"爱情地标"项目设置了花样百出的表白方式，网友可以选择1元、13.14元、99元、520元、1314元、5200元、9999元价格不等的爱情表白信物（包括爱情电子证书、玫瑰岛门票、三亚机票酒店、钻戒、吊坠等）参与众筹。项目在淘宝众筹上线后立刻受到网友的热捧，众筹当日参与人数多达3万人次，筹集金额突破30万元。3月12日项目结束时，项目实现远超300万元的众筹目标，参与人数也超过27万人，创下单个众筹项目参与人数最多的世界纪录。在参与众筹的人员中，九成用户选择了花1元购买爱情电子证书送给心爱之人。而这其中女性更为主动，用户群体男女比例为4∶6。00后、90后年轻群体占了六成，成为此次人员众筹的主力，其中16~25岁的90后用户群体占到41.03%。

白色情人节当天，承载了全国27万多人情感的"爱墙"在三亚亚龙湾玫瑰谷举行了奠基仪式。周大生则联合全国十家都市类媒体选出来自北京、杭州、南京、武汉等10个城市的10对情侣见证"爱墙"奠基，这起创世界纪录的人员众筹活动也圆满画上了句号（见图4-8）。

图4-8　10对情侣见证"爱墙"奠基

**专栏 4-3　　　1898 咖啡馆——自由人的自由联合**

1898 咖啡馆被定义为众筹咖啡馆，围绕创业、创新主题，汇聚全方位资源，形成创业创新的生态圈，为企业家、创业者、投资人提供聚会、学习、交流、合作的天地，打造全球最大的创业者和投资人社交平台。

**一、1898 咖啡馆的概况**

2013 年，杨勇等在北京大学创立了 1898 咖啡馆。与传统的咖啡馆不同，1898 咖啡馆是以众筹的方式融资成立的，第一批每人 3 万元，第二批每人 5 万元。1898 咖啡馆成立之初就有着明确的主题定位——"北大校友创业之家"。也即其众筹模式的一个核心特征就是熟人圈众筹，这一模式让1898 咖啡馆成功地摆脱了中国文化和法律环境下面向陌生人众筹所面临的法律、道德、信任度低、互动合作差的风险。

**二、1898 咖啡馆的众筹模式**

作为国内首家以"校友创业"为主题的众筹咖啡馆，1898 咖啡馆成立的初衷是为北大校友创业联合会提供活动场地和运营经费。在此基础上，通过整合优秀的创业校友资源，为企业家、创业者和投资人提供高效的交流合作平台，进而形成良性的创业生态系统。在 1898 咖啡馆内，你能发现新东方俞敏洪老师在微型三角地上留言的小纸条，也能看到当当网老总李国庆的赠书。如果有好的想法，这里也有专门的会议室为大家提供展示的舞台。只要这种展示与演讲于股东而言是有价值的，只要有小伙伴们与你呼应，无论是咖啡馆的场地、投影仪还是大屏幕，这一切基本上都是免费的。

1898 咖啡馆成立之初就不用担心自己的消费者问题，原因就在于所有的股东都是消费者。"你出 3 万元，返你 3 万元消费卡。除了自己消费，还能转赠。只要这个咖啡馆生存没问题，你爱怎么折腾，就怎么折腾。"这是1898 咖啡馆在未成立时就已经计划好的经营策略。而开业当天由股东们介绍而来的北京大学的校领导，中关村管委会的领导，各个协会的会长、秘书长，各个校友会的秘书长等，为 1898 咖啡馆的正式经营开启了一个美好的开端。这是 1898 咖啡馆在人员众筹选择上的一个极大优势，以至于半个月后，全国各地 20 多个城市的校友，都知道了北大 1898 咖啡馆，并诚挚邀请发起人杨勇去开连锁店。

在众筹模式下，1898咖啡馆有自己独特的管理方法。在组织架构上，1898咖啡馆采用平台型组织去中心双层架构。作为平台，1898咖啡馆需要服务双重"客户"：200位股东和咖啡馆的消费者。为此，在组织管理上设置了简单而独特的双重架构。和传统企业一样，1898咖啡馆设有执委会、轮值主席、监事会和职业经理人团队。执委会相当于董事会，由有威望的股东兼职组成，是整个咖啡馆组织的最高权力机构。咖啡馆的日常经营管理和重大事务都由执委会决定。执委由股东推选产生，需要付出必要的时间和精力参与相关工作，愿意为大家服务，并定期轮换。轮值主席相当于董事长，由执委会选举产生。监事会也由股东兼职组成，负责整个咖啡馆事务的监督管理。职业经理人团队由专职人员构成，专注于咖啡馆的日常经营管理，对轮值主席和执委会负责。咖啡馆经营并不是股东关注的核心，主要由执委会的代表——轮值主席来对接职业经理人团队。和传统企业不一样的是，1898咖啡馆单独设立了秘书处。秘书处必须有专职人员负责，同时可有兼职人员参与，其核心职能就是为股东服务，帮助股东对接资源，促进股东之间的合作，协助股东开展活动，推动股东事业发展。这一股东服务平台清楚地明白，股东关注的核心是构建一个有明确定位的资源圈子，然后基于自身业务寻求合作和发展空间，而非通过筹资经营咖啡馆来赚钱。

在众多众筹咖啡馆陆续关闭的情况下，1898咖啡馆屹立不倒，得益于其人员众筹时对象把握得当，以及成立之后企业的管理机制与企业运行状况相适应。

资料来源：作者根据多方资料整理而成。

## 2. 资源众筹

2015年5月，中国首家资源众筹孵化器极客创业营在杭州梦想小镇启动。与传统众筹不同的是，极客创业营在已有经营主体的基础上划分部分股份吸引大量社会资源参与，共同构建创业服务资源平台，全力助推创业项目孵化，并首次提出了"资源众筹"的概念。

资源众筹是一个比较宽泛的话题，原因在于资源的宽泛。物业资源的众筹、新能源资源的众筹、电信资源的众筹、资金资源的众筹等都属于资源众筹的范畴。资源众筹的最主要目的就是聚拢资源，让相关的创业者、服务商、投资人以股东的方式形成强关联，让稀少的资源能被更多志同道合的人使用。另外，在共享经济盛行的当下，资源的分享已经成为一种社会常态，借助于共享，众筹有更大的发展势头。资源众筹路径的最大目的即为非明星创业者提供成长机会。

目前，社会上存在大量的闲置资源。资源众筹秉承"不求所有，但求所用"的原则，能够激活沉淀的社会资源，提高资源的配置效率，大大减少资源浪费。

资源众筹有三大关键点：参与者标准、信任关系和价值保障体系，如图 4-9 所示。

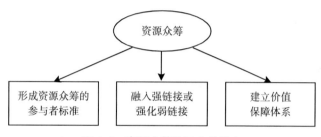

**图 4-9　资源众筹的三大关键点**

第一，形成资源众筹的参与者标准。资源众筹保留着众筹的一般性特点——门槛低，但是门槛低并不意味着没有门槛、没有要求。一个没有参与者标准的资源众筹平台很可能因为吸纳了不符合群体主流价值认同的乌合之众，将整个团体弄得混乱不堪。资源众筹的过程只有有了一定的标准，才能形成过滤效应，产生稀缺价值，让更多志趣相投的人加入进来。

第二，融入强链接或强化弱链接。信任是众筹的基础，为了解决信任难题，保障资源众筹的推进，强链接的引入非常必要，即通过引入信任关系提升众筹参与群体的信任基础。当然，导入强链接需要召集人有一定的人脉影响力，或者项目本身具备人脉引爆力。如果不具备这样的条件，就要建立相应的机制，强化弱链接，即建立信任体制。此时，你的承诺是什么，让参与者看得见摸得着的法则是什么，有没有信任背书，这些都有助于强化欠缺信任基础的弱链接。

第三，建立价值保障体系。众筹模式在于发动公众的力量，涓涓细流汇聚成海，众人拾柴火焰高。但要吸引众人的参与并乐意把钱委托给招募者，一定需要发起人建立价值保障体系。这种价值保障并不一定是金钱，也可以是独特的价值服务、尊享的荣誉、特别的体验机会等非物质增值激励。这些价值承诺必须白纸

黑字写下来，并要持续坚守承诺。如果有信任基础或机制，你的承诺建立在你以往信誉的基础上，这种承诺本身就有号召力。如果缺乏相应的信任基础，你还要约法三章为你的价值承诺保驾护航。

通过依托标准、建立信任、提供保障，众筹模式才算是搭建了基本雏形。否则，在当前中国这个土壤上，没有游戏规则玩众筹，那基本上是过眼云烟，玩一把潇洒而已。

资源众筹作为众筹领域一个比较新的话题，其发展模式尚处于摸索阶段。作为资源众筹的平台，如各种孵化基地，必须注意一些最基本的事项：

第一，风险提示和信息披露。资源众筹平台有义务在网站上详细介绍项目的运作流程，特别是在显要位置向支持者（出资方）提示可能存在的法律风险，明确各方的法律责任和义务以及可能发生争议时的处理方式。

第二，退出机制的建立。资源众筹的过程中免不了鱼龙混杂，给部分插科打诨的人提供了机会。长此以往，不仅会损害其他资源众筹者的利益，也会影响资源众筹平台的发展。但是如果资源众筹平台能建立一套完整的退出机制，在发现害群之马时及时将其清理出去，就能充分保障自身和其他资源众筹者的利益。

第三，与政府部门积极沟通。资源众筹平台作为全新的商业模式，尽管可能存在一定的沟通难度，但积极与主管部门沟通，取得相应的指导或进行项目备案，将大大化解在法律模糊地带摸索的法律风险。

---

**专栏 4-4　　　　　酷立方——智能企业创造器**

2015 年 3 月，鼎韬联合飞马旅、云华时代、亿达、CITSA 等多家机构发起了专注于智能产业的创新型 O2O 创业创新孵化空间——酷立方。

**一、酷立方的概况**

不同于一般孵化器专注于小概率的创业项目及企业的孵化模式，酷立方是以"产业链孵化"为核心的落地和经营模式，通过在线平台和落地载体打造 O2O 的资源众筹平台，打造区域智能产业的转型和升级发展路径。目前，酷立方已经在北京、大连、西安、南京和天津等城市落地。

**二、酷立方服务体系**

酷立方的服务体系主要体现在三个方面：

（1）公共基础服务解决方案。在酷立方孵化器中，企业可以享受到国际水准的全流程办公服务，包括开放式工位及独立办公室、多功能会议室、公共前台及行政后勤、咖啡简餐、产品展览、人力资源、技术支持、法务财务、宣传推广及代理电商、项目申报及政策落地等。孵化器的门禁、e卡通、节能系统、电话管理系统以及智能行政云平台等多方位智能化管理为企业精益管理、资源优化分配及信息安全提供无忧保障。企业可以根据自身需求定制服务套餐，创业及小微企业还可以享受到创业套餐、小微企业套餐、会员企业套餐等专属优惠价格。

（2）公共加速服务解决方案。创业企业可以享受到酷立方独有的3Z增值服务——咨询、资本、资源。5000+来自全球领军企业及专业机构的创业导师及高级咨询师为企业提供从商业模型、发展战略到企业管理等的专业指导及咨询，并基于自身实践经验及行业资源帮助企业破解在经营过程中面临的各类难题和瓶颈；5000万元自有天使投资基金帮助创业企业轻松获得第一桶金，200+专业投资机构对接平台及专业融资服务为企业从天使、A轮、B轮、C轮到上市打造专属资本之翼；5000+来自各行各业的VP及职业经理人资源是创业企业快速进入目标市场的引路人及最佳渠道。

（3）公共技术服务解决方案。酷立方的智能实验室及智能加工车间邀请了来自全球的500+具有丰富的一线加工经验的工程师及技师为创业企业的智能产品从研发设计、功能优化、成本控制到风险评估等提供专业技术指导与咨询交流；车间配备高精度的模具部件及相关器材设备，为企业提供零距离样机制作及测试服务；200+酷立方签约智能配套加工工厂及公司为企业提供快速量产服务。同时酷立方云集平台还为企业提供上百种正版软件租赁服务。

### 三、鼎韬的酷立方企业创造器

鼎韬作为一家科技产业咨询公司，一直关注世界科技的发展，从服务外包到科技产业，一直借助自己的行业影响力帮助中国企业发展与创新，帮助中小企业寻找市场与资源，同时也一直在寻找与投资一些极具潜力的项目。酷立方对创新企业的扶持也是鼎韬对中国科技企业支持的延续。鼎韬研究的核心包括产业研究，在科技发展趋势、潜在风险等研究领域为酷立方的创业企业提供商业模式、市场定位、发展战略等项目方向上的把控与判断，修订

和优化企业发展战略。同时，鼎韬作为中国科技服务领域尤其是服务外包领域内最大的媒体平台，聚集了全国 60 多个城市、400 多个园区、6000 多家科技服务企业及 40 万 ICT 企业的数据库资源。鼎韬的优势资源将根据职能企业孵化的需要，注入酷立方的服务智能企业中。酷立方企业创造器的酷天使服务，便是由鼎韬知行会的优秀企业家与投资者演变而来。酷天使的成员们愿意分享自己的经历与经验，投资并支持酷立方入孵企业的成长和发展。同时，他们对行业及细分市场有着深度理解，拥有行业资源，紧跟时代且具备很强的操作能力和经验，对于创业团队在创业项目商业模式的研判及修订、产业资源的对接等方面都能产生巨大的价值。

酷立方这一资源众筹平台为极客创业者们提供了一个极佳的机会，目前我国类似于此类的产业孵化器、孵化基地正逐渐兴起。资源众筹平台作为"大众创业、万众创新"时代的一个衍生品，正面临着一个绝佳的市场机会。

资料来源：作者根据多方资料整理而成。

### 3. 资金众筹

资金众筹即发起人为了筹资而发起的众筹活动，目前，我国大多数众筹都属于资金众筹。按照出资人回报的不同，资金众筹可以分为债权众筹、股权众筹、回报众筹和捐赠众筹四种。

第一，债权众筹。债权众筹（Lending-Based Crowd-Funding）是指多位投资者通过众筹平台对项目或公司进行投资，获得其一定比例的债权，未来获取利息收益并收回本金。所以，债权众筹并不同于 P2P，P2P 是一种个人对个人的理财交易模式，面向的对象是有资金需求和理财需求的个人，融资人通过网贷平台发布项目来吸引投资者投资的一种方式，P2P 也可以说是一种特殊形式的债权众筹。

在债权众筹平台中，通过登录网站成为注册用户后，只要项目通过了相关验证，便可以发布贷款信息。投资者可以根据自己的经验和兴趣，自行将钱投资在平台的各类项目上，而平台通过制定交易规则来保障交易双方的利益，同时还会提供一系列服务性质的工作，以帮助借贷双方更好地完成交易。债权众筹平台作为中介机构，负责对项目及借款方的经济效益、经营管理水平、发展前景等情况进行详细的考察，并收取账户管理费和服务费等收入。债权众筹的盈利模式如图 4-10 所示。

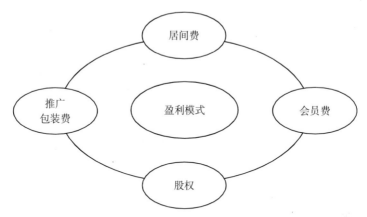

图 4-10 债权众筹的盈利模式

居间费指的是债权众筹网站收取的一定比例的成交费，这个数字通常是成交额的 3%~10%，包括项目前期的审核、考察、包装及第三方支付平台的费用。推广包装费指的是众筹网站向筹资人提供额外收费的高价服务，这类服务包括获得网站的咨询服务、材料评估、视频制作软件或专题位置。会员费并不常见，但部分众筹网站提供了"会员"或"认购服务"。如每月只要支付若干美元，就可以创建任意多的项目，且这笔费用是固定的，即便项目非常成功，众筹平台也不会从项目中抽取资金。股权在债权众筹中更少，只是个别众筹网站提出不仅要成交费，还要业务或公司的实际股权，这就意味着债权众筹网站期待的是公司未来的期权收益。

债权众筹模式依托于互联网便捷高效的力量，降低了贷款审查、评定等流程的成本，积极地促进了民间小额贷款行业的发展。平台不参与借贷交易，一般只充当提供用户信息、支持工具等的中介服务者身份。同时，债权众筹模式提高了社会闲散资金的利用率，可以更好地满足企业的资金需求，有效地平衡资金市场的供需所求，有力地促进社会经济的健康发展。

专栏 4-5 　　乐钱——为财务自由而生的债权众筹平台

乐钱是为个人、中小微企业提供融资服务的平台。乐钱创始人兼 CEO

王炜认为，乐钱是一家在线众筹的公司，可以把它视为一个做大中型P2P的公司，或者是做P2B的公司。

**一、乐钱的概况**

北京乐钱金融信息服务有限公司（以下简称乐钱）是一家由和讯网原总编辑王炜和他的团队在2013年下半年开始筹备的投融资平台。2014年初，他们正式创建了乐钱。2014年4月18日，乐钱正式上线运营。乐钱是一家债权众筹平台，公司为用户提供"P2C"借款项目等融资理财服务。此外，公司独创OFC（在线理财咨询师）模式，从国内各类金融机构谮选精英人才作为外部团队，为广大投融资客户提供7×24小时的专业客户服务，此项服务对乐钱注册用户来说是免费的。

**二、乐钱在众筹领域的创新**

1. 首创"1元起投"，打破P2C众筹的投资高门槛

考虑到大多数投资人"分散投资、分散风险"的心理，同时本着"普惠金融、普惠大众"的理念，乐钱在每个投融资项目上线时，都会安排一定比例的"1元起投"投资份额，从而将"P2C"投资门槛一降到底，让用户1元钱也可以进行高收益理财，真正贴合国内广大普通投资者的投资需求。乐钱网首批上线的均为"P2C"借款项目，其项目借款方为"有良好实体经营"、"能提供核心资产抵押"的中小微企业。同时，这些项目又不同于信托项目1~3年的固定期限，乐钱的投资项目期限灵活，一般不超过1年；即便出现借款企业违约或逾期等情况，融资性担保公司也可最快在T+10日内本息全额代为赔付。

当借款企业向乐钱提出借款申请后，乐钱的专业风控团队将对企业进行严格的初审和复审；通过审核的借款企业将由"持有融资性担保机构经营许可证"的融资性担保公司提供全额本息担保，随后项目才能上线募集。而借款企业的经营状况、行业特点、盈利能力、抵押品信息，以及乐钱风控团队现场尽职调查的相关实景照片，也将同步在乐钱平台上公布，投资者将体验看得见、摸得着的安全投资过程。

项目募集完成后，乐钱的"融后管理"团队还将定期审核企业的财报、跟踪借贷资金的用途、监控借款企业的经营情况，并定期对借款企业的经营

状况进行跟踪审查，保证项目按时还本付息。

**2. 首创众筹领域的领投机制**

领投及领投人、领投机构的概念，是乐钱从风险投资领域借鉴，并独创性地"嫁接"到众筹领域的。

领投人一般为具有一定社会知名度、在某些专业领域具有相当地位的专业人士。领投机构一般为专业投资机构，或在行业内具有领先地位的优秀企业。领投人、领投机构领投某个乐钱众筹项目，是基于对乐钱平台的整体信任，以及对该众筹项目的深入了解而做出的投资行为。领投人、领投机构必须持有客观中立的立场，在对领投项目进行投资时，需与该项目的借款企业及其经营者无任何利益关系，并签署"无利益关系声明"。

领头机制为更多的普通群众进行投资降低了风险，也为项目筹资的成功增加了筹码。

**3. 债权的转让和认购**

乐钱的投资者在急需用钱的时候，可以通过转让债权，全部或部分回笼资金。这一功能大大提高了投资者在乐钱投资的流动性。投资人在自己的账户中提交转让债权后，只需等待乐钱的其他投资人受让你的债权。若需要具体查看转让情况，还可以登录乐钱界面（见图4-11）查看已转让列表及详细信息。债权全部转让成功后还能收到短信提醒，然后就可以登录乐钱申请提现。如果投资者想撤回已经挂牌的"债权转让"，只需要在乐钱内点击"债权撤单"，即可取消转让，但是如果转让期已经结束，转让窗口就会关闭，尚未完成转让的债权也会被自动撤单。

**图4-11 乐钱APP主界面**

认购债权和普通投资一样,"1元起投",认购债权按日计息、按月付息、到期还本。但与原有项目不同的是,投资债权转让项目是当日开始计息,这也意味着转让债权的原债权人,其债权收益截至转让的前一日,原债权人与投资人进行当期收益分割。认购人在认购某一项目后,如果觉得不满意,可以再次将该债权转让。

尽管乐钱目前在市场上的褒贬不一,但是乐钱的创新点还是引起了互联网金融业的兴趣。乐钱的"1元起投"也正是众筹概念的本意。

资料来源:作者根据多方资料整理而成。

第二,股权众筹。股权众筹是指公司面向普通投资者出让一定比例的股份,投资者通过出资直接或间接(成立专项投资该公司的有限合伙企业)入股公司,分享未来收益。这种基于互联网渠道而进行融资的模式被称作股权众筹。股权众筹分为三种运营模式:

第一种:凭证式众筹。凭证式众筹主要是指在互联网通过卖凭证和股权捆绑的形式来进行募资,出资人付出资金取得相关凭证,该凭证又直接与创业企业或项目的股权挂钩,但投资者不成为股东。

第二种:会籍式众筹。会籍式众筹主要是指在互联网上通过熟人介绍,出资人付出资金,直接成为被投资企业的股东。

第三种:天使式众筹。与凭证式众筹、会籍式众筹不同,天使式众筹更接近天使投资或 VC 的模式,出资人通过互联网寻找投资企业或项目,付出资金,直接或间接成为该公司的股东,同时出资人往往伴有明确的财务回报要求。股权众筹的盈利模式主要分为三部分,如图 4-12 所示。

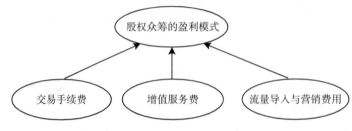

图 4-12　股权众筹的盈利模式

目前，中国的股权众筹网站还比较少，主要有两个原因：一是此类网站对人才要求比较高。股权众筹网站需要有广阔的人脉，可以把天使投资人/风险投资家聚集到其平台上；股权众筹网站还需要对项目做初步的尽职调查，这要求其有自己的分析师团队；还需要有深谙风险投资相关法律的法务团队，协助投资者成立合伙企业及进行投后管理。二是此类网站存在马太效应，即强者越强、弱者越弱之现象。投资者喜欢聚集到同一个地方寻找适合的投资目标，当网站汇集了一批优秀的投资人后，融资者也自然趋之若鹜。于是原先就火的网站越来越火，流量平平的网站则举步维艰。

**专栏4-6　　　　　　天使汇——股权众筹领头羊**

天使汇一直以来的目标就是让创业者凭借靠谱的项目找到靠谱的钱。2015年6月18日举办的天使汇北京第16期"闪投"上，8个股权融资项目创造了近1亿元的融资纪录。随后在6月30日，天使汇"闪投"首次进军外埠，在深圳同样用8小时帮助7个项目达成投资意向共计3480万元。

**一、天使汇的概况**

为了解决中小微企业的融资难问题，让投资和融资能够无缝对接，2009年，天使汇创始人兰宁羽把周围做投资的朋友和项目聚集起来，创办了一个跟投合投的天使投资平台。2010年，兰宁羽、周日和以及其他几个创始人成立了天使汇。2011年11月11日，天使汇正式上线运营。天使汇的定位是以互联网为手段，为中小企业提供全生命周期的金融服务，从天使轮到A轮的在线众筹股权融资，再到B轮到C轮的股权+债权融资服务，最后到C轮到Pre-IPO的股权转让服务和IPO的转板服务。

**二、天使汇股权众筹的基本流程**

（1）用户通过天使汇官网注册，并提交资料申请成为融资者或投资者，等待审核，完成实名认证。

（2）天使汇对用户提交的资料进行资格审核。

（3）审核通过后，融资者可以发起融资项目，并提交项目资料等待审核，投资者则可以直接选择项目进行投资。

（4）天使汇对融资者发起的融资项目进行审核，审核通过之后进入项目库，并在网站上发布。

（5）天使汇定期组织各种线上和线下的活动，为融资者和投资者提供交流的机会，促进项目匹配。

（6）投融资双方通过约谈达成投资意向，并签订投资协议。

（7）融资项目资金募集期限为6个月，到期之后未成功的可以延期6个月，若延期之后仍未成功达到融资目标，则融资项目会被撤下。若资金募集达到目标，签订协议的投资者将投资资金转入项目公司基本账户，完成投资。

### 三、天使汇模式

天使汇平台主要关注的项目和企业有三类：TMT（以互联网为主）；尖端技术背景的项目和企业；传统产业转型升级过程中具有技术创新和商业模式创新的企业。现在平台上大多是高科技背景的中小企业和项目。例如，以问答方式为切入点的语音分享社区——声声（后获得徐小平投资）、以女性月经问题为切入点的私密社交工具——大姨吗（A轮获得蔡文胜投资）、软硬件设备结合互联网的环境音乐电台——LavaRadio、基于地理位置的包打听社区——面包圈、更符合中国市场需要的Windows Phone中文应用商店——WP应用汇、为医生开发最专业的移动医学应用——杏树林等。

在盈利模式上，天使汇的总体思路是：基本服务免费，增值服务收费。主要体现为：

（1）为企业提供融资服务，融资成功后收取财务顾问费用，大约为融资额的5%。

（2）提供信息化软件服务，如公司治理软件等，收取较低的服务费用。

（3）提供增值服务和高级服务，联合第三方机构为企业提供更多服务，如法律服务、财务服务等。

借鉴国外成功经验，天使汇引入了"领投+跟投"模式。"领投+跟投"模式是指由众筹平台指定一名具备专业性和影响力、经验丰富且有很强风险承受能力的人充当领投人，其他投资者追随投资。

图4-13为天使汇"领投+跟投"模式流程。

对于专业的投资者来说，由于自身经验丰富，在"领投+跟投"模式下，领投人能为自己带来两大好处：一是可以撬动众多跟投人的资金；二是可以额外获得投资项目收益的分成。根据《天使汇"领投+跟投"规则》，在

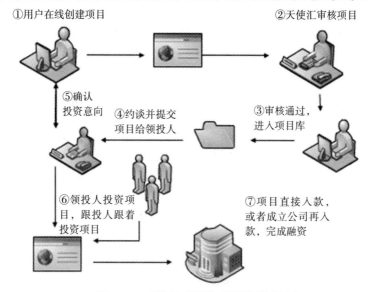

①用户在线创建项目　　②天使汇审核项目

⑤确认投资意向　④约谈并提交项目给领投人　③审核通过，进入项目库

⑥领投人投资项目，跟投人跟着投资项目　⑦项目直接入款，或者成立公司再入款，完成融资

**图4-13　天使汇"领投+跟投"模式流程**

天使汇，领投人通过"领投+跟投"模式可以撬动10倍资金，并且获得1%的股权激励和5%~20%的项目收益。

对于普通群众来说，由于缺乏投资经验和项目管理经验，投资时一般重点关注收益，在参与股权众筹时很有可能因信息不对称而忽视风险。在"领投+跟投"模式下，普通群众能够参与领投人推荐的项目，在每个投资项目中只需要投资一小笔资金，就能充分利用领投人在挑选项目和投资管理上的丰富经验来分散投资风险。

尽管天使汇目前发展势头不错，处于国内股权众筹的领头羊位置，但是也面临着一些问题。如对项目发起人缺少实质性审核，增加了信用风险；未建立第三方资金监管机制，融资者无法确保资金及时到位，投资者又有资金被挪用的风险。因此，天使汇在发展过程中也应该逐渐完善这方面的问题，充分保障项目发起人和投资者的权益。

资料来源：作者根据多方资料整理而成。

第三，回报众筹。回报众筹也称为奖励众筹，是指项目发起人在筹集款项时，投资人可能获得非金融性奖励作为回报。这种回报仅是一种象征，也可能是由某投资人提供如VIP资格、印有标志的T恤等回报。回报众筹通常应用于创新

项目的产品融资，尤其是对电影、音乐以及设备产品的融资。回报众筹也用于预先销售，指销售者在线发布新产品或服务信息，对该产品或服务有兴趣的投资者可以事先订购或支付，从而完成众筹融资。该模式在一定程度上可以替代传统的市场调研和进行有效的市场需求分析。同时，投资者参与事前销售的动机除了希望产品或服务被生产出来外，在产品真实销售时获得折扣也是其中的原因之一。

团购也包括在回报众筹的范畴内，但团购并不是回报众筹的全部。团购和回报众筹的主要区别在于募集资金的产品/服务发展的阶段。如图 4-14 所示，团购一般指的是已经进入销售阶段的产品或服务的销售；而回报众筹指的是仍处于研发设计或生产阶段的产品或服务的预售，因此回报众筹面临着产品或服务不能如期交货的风险。此外，回报众筹与团购的目的不尽相同：回报众筹主要是为了募集运营资金或是满足测试需求，而团购主要是为了提高销售业绩。

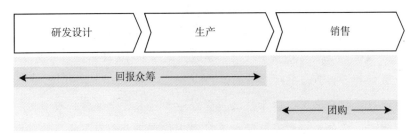

**图 4-14　回报众筹和传统团购的区别**

回报众筹的流程和一般众筹的流程相似，由项目发起人先发起投资项目，设定一定的筹资目标，寻找合适的众筹平台为项目进行筹资。若项目如期获得筹资额，则达到融资目标，项目开始实行，到期发起人给投资人给予承诺的项目回报。若项目未达到融资目标，则投资人的资金被全部退回。其具体流程如图 4-15所示。

第四，捐赠众筹。捐赠众筹指在众筹的过程中形成了没有任何实质奖励的捐赠合约。捐赠众筹中，投资者是赠予人，筹资者是受赠人。投资者向筹资者提供资金后并不求任何回报，筹资者也无须向投资者提供任何回报，因此捐赠众筹具有无偿性。在众筹中介上发布的慈善项目，本质上是筹资者向投资者发出的要约，只要投资者以某种方式承诺，双方即达成意思一致，也即筹资者接受赠予。投资者做出承诺的具体形式应当是其在众筹中介上向筹资者筹资账户打款的行为。也即只要投资者的打款行为完成，那么这一赠予合同即告成立。合同成立

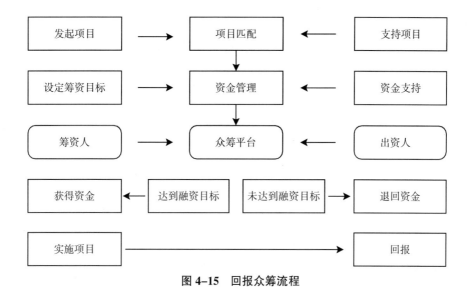

图 4-15 回报众筹流程

后，投资者和筹资者依照赠予合同的规则取得相应的权利和义务。捐赠众筹中，筹资者必须将投资者赠予的财产用于特定项目以促成特定目的的实现。如果筹资者的行为不符合约定的特定目的行为，投资者并无法律依据诉请其履行，而只能主张缔约目的不能实现，依照不当得利原则请求筹资者返还赠予财产。

捐赠众筹主要用于公益事业领域，许多非政府组织都采用捐赠模式为特定项目吸引募捐。捐赠众筹所涉及的项目主要是金额相对较小的募集，包括教育、社团、宗教、健康、环境、社会等。捐赠众筹模式下支持者对某个项目的出资支持更多表现的是重在参与的属性或精神层面的收获，支持者几乎不会在乎自己的出资最终能得到多少回报，他们的出资行为带有明显的捐赠和帮助的公益性质。捐赠众筹的流程如图 4-16 所示。

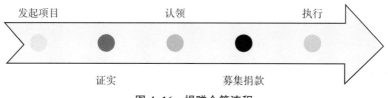

图 4-16 捐赠众筹流程

## 4. 产品众筹

早在 18 世纪的时候，很多的文艺作品都依靠一种叫作"订购"的方式来完

成。音乐家们去寻找订购者，这些订购者给他们提供资金，当作品完成时，订购者会获得一本写有他们名字的书或是协奏曲的乐谱副本，或是可以成为音乐会的首批观众。其实这就是早期产品众筹的表现。

产品众筹指的是投资人将资金投给筹款人用以开发某种产品（或服务），待该产品（或服务）开始对外销售或已经具备对外销售的条件时，筹款人按照约定将产品或服务如期回报给投资人的融资方式。

产品众筹的商业逻辑有效地建立起了以顾客为中心的服务性思维，并将传统的价值链颠倒了过来，客户成为第一个环节，后面的各个环节均以客户需要来驱动。该商业逻辑的起点是顾客，首先是征求顾客的意见，了解顾客的需求，然后转向完全针对顾客的需求来设计产品，关注客户的需求和所关心的问题，发现可能的产品设计方案，力争用这些方案来最大限度地满足目标客户的需求。很多企业把产品众筹作为产品（或服务）上市前的一种宣传手段，其目的并非获得资金，而是希望通过产品众筹平台向网友展示创意，争取大家的关注和支持，同时用预购的形式向网友们募集新产品的生产资金。

对于创业者来说，产品众筹提供了从客户端到商务端的信息反馈，创业者可以通过这种方式直接了解到目标顾客的真实需求，通过与目标顾客的多次信息交流和往来，逐步把握目标顾客还不能清晰阐述的潜在需求，有针对性地逐步修改新产品设计，一直到客户完全接受这些还处在纸面上的产品，并在产品生产前愿意为这些仅仅还在图纸上的新产品预先支付购买的款项。

而对于发起人来说，产品众筹的出现解决了他们四处找风投的困难，只要设计一份产品介绍放到众筹平台上就可以了，只要产品做得有价值，自然会有人来投资。而投资者也可以通过众筹平台挑选自己认为合适的项目进行投资。其中还有一个重要的地方是项目发起人可以在量产前测试他们的产品是不是真正被大众接受，一个项目如果不能如期获得众筹，正好表明市场的质疑，发起人也不必再为一款不被市场接受的产品浪费更多的时间和金钱。

产品众筹可以分为两类：一类是约定作为回报的实物或者服务已经成型，此时的众筹基本上和团购的性质类似；另一类是作为回报的实物或服务还没有成型，筹资人在融资成功后才会开始生产，比较常见的有影视作品的众筹和网络游戏开发的众筹。团购和产品众筹的主要区别就在于：团购是指来自不同方面的消费者联合起来，加大与商家的谈判能力，以求得最优价格的一种团体购物方式。

而产品众筹则是针对性地满足潜在顾客的特殊需求，利用互联网的广泛联系，将特殊需求的长尾集中起来，达到可经营规模。

**专栏4-7 中国小飞机俱乐部的"众筹+共享+分享"模式**

2016年10月16日，国内首架由意大利引进的上单翼四座单发固定翼飞机"泰克南P2010"（Tecnam P2010）购机签约仪式在中国小飞机俱乐部隆重举行。中国小飞机俱乐部创始人、蓝飞通航董事长马林忠先生通过"众筹+共享+分享"的模式，首创私人飞机新玩法。

**一、中国小飞机俱乐部的概况**

中国小飞机俱乐部是中国小飞机俱乐部有限公司和北京蓝天飞行文化发展有限公司、北京蓝天飞行通用航空科技有限公司（上市公司）、北京飞行蓝天通用航空投资管理有限公司倾心打造的，是集私人飞机销售、飞机租赁、驾照培训、飞机托管、机场建设、飞行体验、空中观光、应急救援于一体的高端综合性通航服务机构。俱乐部引进国际顶级服务运营模式，精选国际顶尖的私人飞行器，拥有国内一流的飞行专业团队，采用会员制形式为热爱飞行的成功人士打造全新的私人飞行平台。每个会员在充分独享安全、尊贵、自由飞行体验的同时，将获得参与顶级社交的机会，开拓一条快速通往上层社会的成功之路。

**二、中国小飞机俱乐部的"众筹+共享+分享"模式**

中国小飞机俱乐部创始人、蓝飞通航董事长马林忠先生通过"众筹+共享+分享"的模式，首创私人飞机新玩法。所谓的"众筹+共享+分享"即众筹私人飞机产权，共享私人飞机飞行时间，分享私人飞机所带来的利润分红以及与朋友一同翱翔蓝天的快乐与惬意。中国小飞机俱乐部通过实践证实此种模式的先进性，并于短短四天便筹集到首架私人飞机（见图4-17）。其中众筹者均来自于俱乐部会员（会员构成主要以社会上流人士为主），当中不乏身家过亿的企业家、某大型银行行长、资深飞行爱好者等。由于对此次众筹飞机感兴趣的人群极广，俱乐部经过慎重挑选与考察，终于和首期24位会员正式签订众筹合同。快速众筹成功的项目已实属少见，而对于众筹一架价值380万元的私人飞机来讲，已经是前无古人、后无来者了。

图 4-17 中国小飞机俱乐部第一架私人飞机众筹成功

### 三、中国小飞机俱乐部购买意大利进口飞机

2016 年 10 月 16 日，国内首架由意大利引进的上单翼四座单发固定翼飞机"泰克南 P2010"（Tecnam P2010）购机签约仪式在中国小飞机俱乐部隆重举行（见图 4-18）。泰克南 P2010 飞机采用莱康明 IO-360-M1A 型发动机，额定功率为 180 马力。该型发动机一个很大的优势就是不仅能够使用 100LL 低铅航空汽油，也可以使用达标的普通车用汽油。目前，该机已被全球多家飞行培训机构选用，仅中国小飞机俱乐部和蓝飞通航已共计订购 50 余架，优良的飞行性能深受广大飞行爱好者的喜爱。

图 4-18 中国小飞机俱乐部"泰克南 P2010（Tecnam P2010）"购机签约仪式

泰克南 P2010 成功进驻中国，落户中国小飞机俱乐部，标志着中国通用航空大家庭中又增加了新成员，也迎来了中国通航业内用于固定翼商照与私照培训的最经济豪华新机型，更为广大飞行爱好者学习、体验飞行增添了全新的选择空间，同时为国内通航产业的全面发展奠定了更加坚实的基础。

马林忠先生认为，通过众筹的方式可以让更多的人有机会实现飞行梦想，并参与到这个新兴行业和产业中来。在新的环境下，中国小飞机俱乐部将打造成以内容为王，继长安俱乐部、泰山会、华夏同学、正和岛之后的最具有商业价值的社交平台。把蓝飞通航打造成中国通航界的阿里巴巴，是马林忠所奋斗的目标。随着私人飞机的慢慢渗入，它将和房车、游艇一样逐渐进入大众的生活中去，成为一种崭新的生活方式。马林忠先生将带领他的团队始终奋斗在通用航空产业里，为每一个人的飞行梦想时刻准备着。

资料来源：作者根据多方资料整理而成。

## 5. 服务众筹

服务众筹指的是企业在服务模块的众筹。通常情况下，企业为了提升自己的服务质量，为客户更好地服务，会在服务层面进行一些创新活动，以此来达到自己的目的。

微信收银台系统是一款有别于其他收银台的系统，其功能模块除了网页端、手机端，还包括：第一，开发了网页打印技术。只要是有线连着电脑的打印机就可以用，而这种普通打印机的价格是 100 元左右；而无线打印机的成本大概是400~600 元。第二，开发了 APP（安卓版）。由于手机微信端需要绑定收银员的微信，如果收钱用收银员自己的手机，会让消费者觉得不正规，而换用统一的机器，又得在机器上登录收银员的微信。为了解决这一矛盾，微信收银台有自己的APP，使统一机器收银脱离了微信端，同时调用了手机原生的功能，使用户体验得到提升。第三，开发了电脑软件端。软件可以直接通过截取原收银系统的收银金额来实现收款。

有了新增的模块，该系统能够支持更多的功能：微信收款和支付收款，而且两者的收款都是基于当面付功能；消费返卡券，红包，抽奖（大转盘）；APP 移动端，跳出了微信端的限制；有小票打印，直接使用商家原有的打印机（只要是

有线连接电脑的打印机就行）；有软件，软件采用浮动窗口设计，可以直接获取到商家原有收银系统的收银金额；对接大观网微信平台的积分，消费后，通过扫描收款小票的二维码获得；卡券核销功能——扫描客户的卡券，直接返回卡券信息，不用再去看客户的优惠券信息，系统返回什么就给什么，简单方便；具有打印功能，让每次的使用都是有依据的；文章营销——分享文章，获得卡券；对接微信系统会员——可设置会员折扣，或者会员活动；营销活动设置，除了可以按时间段外，还有每天指定时间，指定会员级别，指定关注时长等条件；支持微信支付服务商；统一更新维护，更新完成后商家在电脑端、手机端直接使用，免去打电话叫技术人员到店的麻烦。该系统是针对企业的服务模块做出的一次创新，目前系统还未正式上市，处于众筹阶段，一方面借助众筹推广产品，另一方面也为产品的上市铺垫资金。

## 6. 管理众筹

当债权众筹、股权众筹、产品众筹等逐渐风靡，管理众筹也走进了公众的视野。所谓管理众筹，即集合管理人员的智慧，为企业、组织的健康发展贡献力量。浙江台州的"党建众筹"，无疑是管理众筹的一个实践。

台州"散、弱、小"两新党组织较多，部分组织负责人党建意识薄弱，党务工作者配备不齐，个别甚至还有"党建工作会加重负担、党建工作可有可无"的想法。为了加强党员队伍的政治意识、大局意识、核心意识和看齐意识，2016年初，公元集团党委针对这一情况，发起"红领"集结号众筹项目，向黄岩区众筹党性强、懂经营、善管理、敢担当的优秀党务工作者组建"党课讲师团"，通过定期分批到企业讲党课，开展"一对一"结对指导帮扶和"两学一做"学习教育专题党课，从而促进和引导两新组织负责人重视党建、支持党建，帮助解决党务工作者面对党建工作时存在的"本领恐慌"等问题。路桥区采取两新工委书记带队蹲点、党建指导员具体指导、组成帮扶小组等方式，通过众筹选聘专家、优秀两新党务工作者到企业。这批通过众筹选聘的两新党建工作顾问，活跃在当地上千家企业中，为企业党员做指导工作。

# 五、众筹模式应用

作为一种创新的互联网投融资模式，众筹开放、大众、小额的特征成为了互联网精神的集中体现。融资的低门槛与便捷性，让众筹模式成为了越来越多创业者与小微企业首选的融资模式。那么，究竟众筹模式在哪些行业得到了应用呢？我们主要还是从科技众筹、电影众筹、音乐众筹、游戏众筹、房地产众筹、农业众筹、公益众筹、跨界众筹等说起。

## 1. 科技众筹

2012 年 4 月，Experiment 科学实验众筹平台成功上线运营，引起了学术界对这一众筹形式——科技众筹的关注。虽然起步相对较晚，但科技众筹还是发挥了其重要作用。

首先，科技众筹在一定程度上改变了科研工作者的基金申请模式，传统的经费申请模式让很多研究者因经费制约而止步于研究工作，科技众筹让他们成功地从公众手中获得一笔资金，继续在研究的道路上前进。其次，对于科技型中小企业来讲，科技众筹为他们提供了一个重要的融资渠道，解决了其在融资道路上的"最后一公里"问题。

例如，科技公司 PowerUp 于 2013 年 11 月在 Kickstarter（一个专门为具有创意方案的企业筹资的众筹网站平台）上发布了一个项目——将纸飞机变成智能遥控飞机，并设置了 5 万美元的预期筹资金额，其项目内容是：设计一套包含螺旋桨、方向舵、远程控制器和电池的装置，将这个装置安装在纸飞机上可以让纸飞机在空中飞行 10 分钟，并且还能通过苹果手机控制纸飞机的飞行方向。这款设备的全名为 PowerUp 3.0 智能模组，为碳纤维材质，单次充电可维持 10 分钟的飞行时间、180 英尺的里程。它内含一块微型马达，用以推动纸飞机的前进。最终，该项目吸引了 21412 位支持者，共筹集资金 1232612 美元，其筹资金额远远大于预期的 5 万美元。

## 2. 电影众筹

电影众筹是众筹在电影业的应用。电影项目筹资发起人在众筹平台发起项目，在预设的时间内达到或超过目标金额即为成功。没有达到目标的项目，支持款项将全额退还给所有支持者。电影众筹项目完成后，投资人会得到发起人预先承诺的回报，或是电影票，或是作品刻碟等。

电影众筹改变了行业运作模式，制作、营销、发行都发生了变化。同时也带给了大众参与的机会，将生产者、投资者、消费者、传播者融为一体，帮助项目发起人预估最终的票房效果。中国电影众筹概念伴随着《西游记之大圣归来》一起火了起来，该片共有 89 名投资者参与，其中既有企业法人，也有以孩子名义参与的普通人。借助众筹，《大圣归来》在上映前就筹集了一定的人气和口碑。但一定程度上来说，由于该电影只是在出品人的朋友圈中发行众筹，所以和大众意义上的众筹还是有一定区别。

## 3. 音乐众筹

音乐众筹以购买先行、达到目标人数再实行项目的模式为最大特征，解决了音乐人成长的烦恼。音乐众筹打破了以往唱片出版中制作人、艺术家和发行方的界限，让消费者第一次对唱片有了直接的话语权。音乐众筹让越来越多的人了解到某个音乐作品的制作过程，让聆听者更早、更多地参与到音乐的诞生过程中来，而创作者通过与消费者直接接触的方式，更真实地了解到自身创作的实际价值，更有自信地去诠释音乐的精髓。

## 4. 游戏众筹

游戏众筹指的是游戏开发商通过众筹平台向游戏玩家展开资金筹集的活动。不同于其他形式的众筹，游戏众筹需要项目发起者部分透露自己的创意，而这一点正是开发者最为担心的地方。因此，游戏众筹在我国的发展并没有展现出很大的成绩，这不仅仅体现在众筹项目成功的数量上、众筹的金额上，还体现在其营销效果上。虽然近两年手游市场呈爆发式增长，但游戏众筹并没有顺利借得东风。此外，国内游戏开发以开发商为主导、以道具付费模式为主流的传统模式使得很大一部分游戏玩家尚未转变消费模式，不愿意花大成本去体验需要耗时等待的新游戏，而发行商将众筹变成市场宣传的手段与培育忠实的"种子"玩家的做法，也是导致国内游戏众筹发展缓慢的重要原因。表 4-1 为国内游戏众筹常用平台。

表 4-1　国内游戏众筹常用平台

| | |
|---|---|
| 淘宝众筹 | 综合性众筹网站，在游戏方面覆盖的范围主要是单个游戏项目 |
| 众筹网 | 综合性众筹网站，项目数量、筹资额度及整体质量均增长较快 |
| 京东众筹 | 综合性众筹网站，《仙剑6》曾在该网站众筹成功，集资 150 万元人民币 |
| 青橘众筹 | 综合性众筹网站，在游戏方面覆盖的范围包括单个游戏项目、游戏媒体 |
| 摩点网 | 专门的游戏动漫众筹平台，《鲤》、《冒险与挖矿》等产品的众筹在该网站进行 |
| 筹趣网 | 专门的游戏众筹网站，覆盖的范围包括单个游戏项目、游戏外设、动漫周边 |

虽然目前国内众筹平台总体数量比较大，但是专业的游戏众筹平台较少，游戏众筹的成功率也仅在 50% 左右甚至更低。游戏项目几乎都采用回报型，回报物以游戏虚拟礼品或部分周边产品为主。

## 5. 房地产众筹

2012 年 12 月 8 日，美国网站 Fundrise 率先将众筹的概念植入房地产中，"房地产众筹"模式由此诞生。2014 年，万达与搜房网共同推出我国首例房地产众筹项目，虽然其在本质上偏离了众筹的概念，但其成为国内首次将众筹模式引入房地产领域的事件。

当前，中国市场上的房产众筹多由房地产企业牵头，这也是房地产泛金融化发展的一个必然现象。众所周知，房地产是一个开发链条长、资金占用大、回收周期长的项目，而房地产众筹正好攻破了这一局面。房地产众筹让房价下降成为了现实，同时还改变了传统的"先融资、再开发、最后销售"的模式。房地产众筹让销售回款环节走在了最前端，房地产商可以提前锁定客源及其开发周期，减少额外的融资成本。而借力互联网，又使商户降低了交易成本；客户能够更好地实现个性化需求。目前，我国房地产众筹主要有三种模式：众筹拍卖、集体定制、众筹投资。

众筹拍卖是被谈论最多的模式，万科、远洋、中国平安等企业纷纷试水。万科曾以苏州万科城的一套住房为标的，市场价约 90 万元，目标金额设为 54 万元，发起人通过众筹获得 54 万元后，正式进入拍卖流程，所有交过 1000 元意向

金的客户都可以开始拍房子。拍卖结束后，成交价超过 54 万元的部分将被当作投资收益按比例返还给缴纳意向金的客户。从整个项目设计来看，是将一套房产的底价拆分为若干等份供众筹参加者认购，进行网上拍卖。在此过程中，最终竞拍成功的人，若竞拍价低于该房产的市场价，等于赚到一笔差价。而没有竞拍成功的，也不必担心意向金付诸东流，由于开发商的让利，所以这部分参与者也能获得较高的收益回报。

集体定制，一般由房地产企业和金融机构合作，推出一个地产项目，向特定对象发布认筹，进行项目融资。融资完成后项目开工，在开发建设过程中，投资者以微开发商的身份参与项目的设计、社区配套等过程，一定程度上实现了产品"定制化"。国内最早推行此模式的是万通集团，公司董事长冯仑曾将该模式誉为"人人都是开发商"模式。

众筹投资是股权众筹的一种衍生模式——通过股权众筹成立一家合伙制企业（物业持有公司），并通过它持有房地产。平安集团退出的"海外众筹"即属于这一模式，投资标的物是美国南卡罗来纳州 Chandler Oaks 公寓等海外的房地产。收益分两份：一是租金收益（年化大概 4%~5%）；二是出售房子时房价升值带来的涨幅（大概收益 20%）。

## 专栏 4-8　　　　　　　　地产众筹平台一米好地

2016 年 8 月 16 日，新型空间众筹平台一米好地宣布获得来自中南资本约 1 亿元人民币的 A 轮融资，本轮融资主要为完成一米好地在新型空间收益权金融和共享空间社区的进一步布局。此前，这家公司曾获得了凯洲资本和行早创投的千万级投资。

### 一、一米好地的概况

一米好地成立于 2014 年末，是专注于"共享空间，共享生活"的新型空间收益权金融平台。一米好地直属上海米地信息科技有限公司，是专注于房产众筹的网络平台。一米好地主要为轻资产运营项目提供众筹融资平台服务、金融和法律服务以及附加的宣传推广、整合运营服务。过去一年时间里，一米好地共发布了 100 多个项目，涉及旧房改造、公寓、精品酒店、体验式商业等相关领域，如亚朵酒店、YOU+、魔方公寓、美豪酒店、窝趣、乐活家、青年汇等新锐空间品牌。

## 二、一米好地的众筹模式

一米好地目前有"租约贴现众筹"和"收益权众筹"两种众筹模式。两者在本质上基本相同，都是由投资人投资改造项目，然后在项目改造完成后获取项目收益，差异在于获取收益的方式有所不同。

租约贴现众筹是通过一米好地众筹平台为运营方募集资金，将已有的租约提前折现，将项目租约期限内应收账款的88%~96%一次性支付给运营方。投资人将按照购买期限获得定期资金回报（通常为3~12个月的短期投资）。

收益权众筹是通过一米好地众筹平台以转让项目未来部分的收益权来募集资金，运营方将一次性获得未来5个月至8年的部分租金收益（租差）。投资人将按照购买期限获得季度分红作为收益回报（通常为3~6年的长期投资）。

## 三、一米好地布局生态圈

一米好地在近期完成了约1亿元人民币的A轮融资，投资方来自中南控股集团旗下的中南资本。本轮融资主要用于新型空间收益权金融的继续完善和共享空间社区的进一步布局。

一米好地之前主打青年群体的商业房产众筹，目前已经完成新型空间收益权金融平台的拓展。除了租住的公寓、酒店生活空间，一米好地逐渐拓展到联合办公领域——"米域"，基于共享经济的跨业态新型联合办公空间，完成金融和线下业态的生态圈布局。

酒店和公寓的资产证券化本身，作为互联网金融新的理财方式，也正成为趋势。在公寓和酒店众筹平台上，用户对平台上的众筹项目进行投资，获得项目相对使用权和收益权。目前，平台上的项目已经覆盖旧房改造、公寓、精品酒店、体验式商业等多个品类。相比其他理财项目，资产证券化的准入门槛低，风险相对较小，收益上也能够获得多种回报。而一米好地的项目选择在设计和选址上都相对具有不同的设计感和历史人文特色，投资用户基于对项目本身的共鸣感进行投资，可以获得相对长尾的收益权。

这种具有一米好地独有风格的资产证券化的好处是，用户面对清晰的具有特色的资产形成较强的认同感，因此征信和获客的成本大大降低，项目本身的推广成本也相对降低，从而形成了一个良好的循环。而在资产端，通过

更高的匹配效率，完成小型酒店和公寓品牌等从 B 端到 C 端的资产证券化过程。

一米好地汇集了大量高质量的资产，为众筹投资人提供了高收益的投资标的。首创"收益权众筹"模式，以清晰、安全、规范的结构保障众筹参与者的资金安全。同时，一米好地集结项目方、设计师、投资人以及更多对新生活空间、生活方式感兴趣的年轻人，在新型空间、O2O 社区、城市更新等领域不断探索，并通过"众筹"这一核心方式，集各人之所长，最终实现大众共创、共有、共享属于自己的未来生活空间。

资料来源：作者根据多方资料整理而成。

## 6. 农业众筹

农业众筹是众筹在农业领域的应用，农业众筹起源于美国，比较有名的 Agfunder 就是一个致力于提供项目和投资者对接的平台，仅限于农业相关项目。

国内农业众筹起源于 2014 年。当年 1 月，众筹网与本来生活网签约，联合开设"本来鲜筹"农产品众筹品类，主打限量尝鲜。3 月，深圳一禾家庭农场投资控股上线"尝鲜众筹"网站，成立了国内首个专业农业众筹平台。4 月，国内第一家垂直专业农业众筹"大家种"网站正式上线。该平台提供用户直接向农场预购农产品的服务，强调农业生产过程的透明性。此外，"大家种"还首创了 F2F（Family to Farm）的概念，为农场和家庭建立了直接联系的桥梁，除了保证生产环节的简单透明，还能控制价格，组织家庭周末到农场体验。

农业众筹的商业模式主要有三种：消费型、平台型、权益型。消费型农业众筹目前是我国主要的农业众筹模式，以相关农产品作为回报，资金门槛不高且操作方便，因而发展得更快，"大家种""尝鲜众筹"等都属于这种模式。平台型农业众筹主要侧重于平台建设，依靠自身优势提供产品规划、项目开发等服务并创造投融资机会。权益型农业众筹是将投资者手中的散钱集聚，依托互联网思维，发挥电商生产要素的聚合效应来扩大效益。投资者不仅可获得农场一年四季无公害蔬菜，还可获得当地旅游的免费住宿和门票，该模式以"耕地宝"为典型。目前，农产品众筹主要采取产品回报的方式，用户可以通过众筹的方式来预订所需商品，众筹完成后，农场才开始种植。用户收货的周期会比一般的众筹项目长，但是在作物生长的过程中，投资者可以亲自去考察它的产地和种植方式，同时也可以获得更好、更新鲜的产品。

### 7. 公益众筹

公益众筹指的是公益机构或个人在众筹平台上发起的公益筹款项目，出资者对项目进行资金支持。和公益活动不同的是，公益众筹面向的群体是愿意为创新买单的年青一代，其在产品设计、产品展示、产品包装上更多地应用了商业思维。

2011 年 9 月，追梦网上线，成为国内首家支持公益类项目的众筹网站。2013 年，创意鼓作为国内首家专业公益众筹平台上线，公益众筹得到了进一步发展。在发展过程中，公益众筹一方面降低了公众参与公益的门槛，激活了公益行业；另一方面推动公益进行能力提升，更好地服务社会。但由于公益众筹发起门槛降低，对发起人的资格认定较宽松，使项目存在一定的违约风险。

### 8. 跨界众筹

跨界众筹是跨领域的众筹，我国的跨界众筹更多地体现在公益项目的跨界上，通过公益和科技、设计、艺术等相结合，对资源进行整合。

冰桶挑战是跨界众筹的一个典型项目。活动要求参与者在网络上发布自己被冰水浇遍全身的视频内容，然后该参与者便可以要求其他人来参与这一活动。活动规定，被邀请者要么在 24 小时内接受挑战，要么选择为对抗"肌肉萎缩性侧索硬化症"捐出 100 美元，或两者都做，完成后另外指名三名挑战者。该活动的跨界主要体现在参与者的跨界，包括科技界的比尔·盖茨、拉里佩奇、贝索斯、扎克伯格、李彦宏、雷军等，体育界的 C 罗、科比等，演艺界的贾斯汀·汀布莱克，泰勒·斯威夫特、刘德华、周杰伦等。

赋予科技产品公益色彩的典型代表是在 Kickstarter 上发布的 Solepower 鞋垫项目，该鞋垫可以把走路时产生的能量收集起来，储存到一块电池上，当其他电子设备没电时，该电池可充当移动电源。此外，该电源还具有防水功能，可以承受 1 亿步以上的路程，走路 2.5~5 英里就可以充满，其电量可供一台 iPhone 充电。该众筹项目的跨界就是将公益和科技很好地结合在一起，其公益性不仅仅体现在产品的环保性上，还包括其部分回报选项是向发展中国家捐赠这种鞋垫。因此，该项目获得了很大的关注。

# 六、如何做好众筹模式

虽然众筹目前已经得到了一定程度的发展，但是一次成功的众筹显然没有那么容易实现，因此掌握一些能够促进众筹成功的要素就显得很重要了。

第一，用创意夺人眼球。产品是众筹项目的核心，各类众筹平台上各式各样的众筹项目早已使投资者见怪不怪，如何在琳琅满目的众筹项目中脱颖而出成为项目发起者成功的第一步，尤其是一些小众发起者，由于没有形成一定的人气和号召力，只能依靠自身产品的创造性和创意来吸引大众目光。3D 画笔项目的发起人就是一个普通人，该产品的工作原理是对 ABS 或 PLA 材料进行加热使其塑形，画画的时候这些材料会从笔尖"挤出"且瞬间冷却，形成立体结构。正是这一产品特性使该项目成功众筹了 230 万美元，并获得了产品进入亚马逊和其他大型卖场的权利。

第二，让项目计划书锦上添花。项目计划书是投资者认识项目的主要途径，在项目计划书中投资人可以看到众筹项目的可行性，项目计划书如何宣传产品和创意将直接成为投资人是否投资项目的重要考量，从而加大众筹项目成功的可能性。一方面，项目计划书是投资人充分认识产品的渠道；另一方面，也是投资人对项目发起人销售能力的考察。因此，项目计划书对发起人、投资人的重要性可见一斑。

第三，双赢是保障。众筹项目将发起人和投资人联系在了一起，发起人只有切实考虑投资人的利益，让投资者觉得物有所值、物超所值，才能最大限度地保证项目成功筹资，甚至超过本来预期。这就对发起人在项目回报方面提出了更高的要求，应该适当平衡投资者的权益和发起人自身的利益。

第四，充分利用粉丝经济。众筹的一个特征就是其具有营销性。在移动互联网时代，个体间的传播速度无疑成 N 倍增长。众筹项目要想更好地实现其营销性，应该紧紧抓住粉丝经济的力量，让自己的项目面向更多的投资群体。这不仅可以帮助完成项目筹资，还对项目产品面世之后的销售有极大的推动作用。

## 【章末案例】　腾邦国际的"旅游×互联网×金融"模式

过去的 18 年，腾邦国际以机票业务起家，将"商旅+金融"的模式发挥到极致，成为全国最大的机票代理商，并成功 A 股上市。2015 年初，腾邦国际提出"旅游×互联网×金融"战略，不到两年时间，腾邦国际以大交通优势作为跳板，以前瞻性的眼光洞悉行业趋势，厚积薄发，通过并购投资的方式，在 2016 年接连出击，打出"连环拳"，完成旅游板块的布局。

### 一、腾邦国际的概况

深圳市腾邦国际商业服务股份有限公司（以下简称腾邦国际）成立于 1998 年，于 2011 年上市，是中国商业服务第一股，是国家商务部首批"商贸服务典型企业"，国家科技部"现代服务业创新发展示范企业"，国家级高新技术企业。腾邦国际在商旅市场和电子商务行业深耕细作，积淀了深厚的行业经验和领先优势，一直在产品技术上不断开拓，专注于核心能力建设，快速响应业务要求，先后开发了 OTA 在线预订网站腾邦飞人网、移动在线平台腾邦旅行、B2B 超级分销工具 GSS 系统（全球销售系统）、差旅管理业务 B2G 系统、商旅产品枢纽腾邦云产品平台等，成为行业创新的领先者。公司通过遍布全球的服务网络，为客户提供专业的商业服务解决方案，业务涵盖机票平台、旅游平台、差旅管理(TMC)、互联网金融服务四大板块（见图 4-19）。腾邦国际以世界商业服务巨头为目标，打造名副其实的高端商业服务民族品牌。2015 年，公司实现营业收入92820.32 万元，比 2014 年同期增长 100.14%。

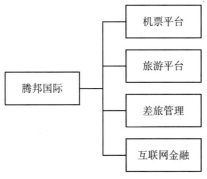

**图 4-19　腾邦国际四大业务**

## 二、腾邦国际实施"旅游×互联网×金融"战略

自 2014 年底把公司战略升级为"旅游×互联网×金融"之后，腾邦国际经过一年多的实践，公司业务实现持续快速增长。腾邦国际搭建的"旅游×互联网×金融"生态圈，开创了业内创新商业模式的先河，充分发挥了自身机票业务优势，并带动旅游、金融相关延展业务做强做大，通过旅游与金融业务的深度结合，有效增强了公司原本单一业务的抗风险能力，同时，在互联网平台的乘数效应下，为公司业绩增长及可持续发展提供有力保障。

公司的机票业务以 B2B 分销为核心商业模式。借助行业整合机遇加快收购兼并的步伐，公司积极推动平台升级转型，实施多元化经营策略，将线上平台和线下渠道相结合，构建起稳固的营销网络，实现了机票市场份额的快速提升。腾邦国际飞人网（feiren.com）是国内知名的在线旅行一站式预订服务平台，已实现全流程在线服务功能，产品线涵盖机票、酒店、门票、租车、保险、彩票等。

腾邦国际旗下八千翼（www.8000yi.com）是中国最智能的 B2B、BSP 电子客票竞价结算交易平台，服务于各类供应商、代理商、集团终端客户，并致力于打造全国最好的第三方同业竞价交易服务网，使各地代理人通过八千翼平台系统自动优选异地政策，实现收益最大化。

旅游业务方面，公司以与机票业务合作最为紧密的客户资源为核心，结合互联网金融和旅游产业链概念，向大旅游行业进行拓展。旅游 B2C 平台系统"欣欣旅游"（www.cncn.com）、旅游 B2B 平台系统"欣旅通"（www.cncn.net）两大平台打通了旅游供应链，构建了国内唯一一家集网上商铺、在线收客、同业采购分销于一体的 B2B2C 平台。喜游国际则形成了较为成熟的集吃、住、行、游、购、娱于一体的全产业链运营模式，并在产品端进入了泰国、越南、日本、韩国、巴厘岛等国家和地区市场。通过欣欣旅游及喜游国际的并购为公司注入旅游互联网基因，使得公司继续向旅游用户消费的纵向产业链延伸，形成了从资源端到消费端，从组团到用户最终体验的立体化产业布局，已经形成腾邦大旅游生态圈雏形。

此外，欣欣旅游紧跟时代潮流，在海沧建立腾邦欣欣产业旅游园，运营"厦门海峡两岸旅游要素交易中心"，该交易中心的实质就是一个资源众筹的平台，它以产业集群模式聚拢旅游行业资源，重点打造"互联网＋旅游"的O2O项目。至2016年7月底，欣欣旅游产业园已有76个创业团队入驻园区办公，其中包括33家大中型旅行社，30个观光工厂品牌，还有1家台湾旅行社。旅行社之间经常"团购"或"包车"，以此来降低住宿、交通、门票的采购成本。并且，这些同行们还经常坐在一起喝茶聊业务，从而形成一种"天天有尾单，周周有众筹，月月有推介会"的状况。仅在2016年3月的"2016旅游同业春季采购节"活动上，欣欣产业园就吸引了出境游、国内游、省内游等50多家优质供应商参展，超过400家旅行社前往采购，700多名资深同行齐现，现场的意向成交额达1亿元。

公司互联网金融业务主要有两大定位：①作为与旅游板块并行的另一大业务板块，成为助推公司业绩高速成长的另一大引擎；②与旅游业务深度结合，立足整个旅游产业的价值链，发挥最大的协同效能。公司不仅拥有第三方支付、小额贷款、P2P、保险经纪、保险兼业代理等牌照，还设立征信公司，战略投资参股设立前海再保险公司和信美相互人寿保险公司。此外，公司还成立了金融风险管理委员会和风险管理部，建立信贷审批会制度和规范的项目运作及审批流程，构筑起有效的金融风险防范、监测、责任约束机制。

公司第三方支付品牌腾付通创立于2011年，结合腾邦国际自身其他金融业务得到的经验和技术积淀，腾付通不断拓展外延，推出了针对互联网金融行业的资金管理平台产品。腾付通资金管理平台是一款融合账户实名鉴权、资金代扣、资金代付和清算对账等核心功能的产品，主要服务于基金、直销银行、信托、P2P、投资平台等金融类企业。通过为用户的充值、提现、消费、投资理财等提供便捷服务，解决并满足商户对资金安全和支付便捷的核心需求，从而使商户得以快速回笼和周转资金，最终帮助商户达到资金归集和财务管理的目的。腾付通资金管理平台有以下几点产品价值：

第一，在账户管理方面，腾付通资金管理平台支持合作商户自建账户体系，也可选用腾付通账户体系，账户体系具备银行账户的余额查询、转账、生息、贷款等基本功能。

第二，在资金归集方面，代扣实现资金快速回笼，代付有助资金灵活周转，资金进出流通快捷安全，系统对账便于财务管理。

第三,便捷的支付渠道+多样的应用场景助推商户业务升级或转型。

第四,在用户体验方面,渠道丰富,支持银行数量全面,内部路由可灵活配置,业务操作在商户平台完成,无须跳转。

此外,公司的金融支付工具MPOS及智能POS系统顺利投入线下旅行社门店使用,公司小额贷业务针对旅游产业链开发的商旅循环贷、票款理财宝、线上短融通、融资通道宝,以及适应互联网环境开发的线上个人及公司商旅贷,既极大地丰富了贷款产品线,也有力地支持了机票B2B互联网平台八千翼、欣欣旅游的业务拓展。

随着金融与旅游业务的深度结合,大旅游生态圈已初步实现交易闭环及资金归集,公司全产业链的金融布局为旅游产业链提供了全方位的旅游金融解决方案。

### 三、腾邦国际全力构建生态圈

2016年10月12日,腾邦国际对外发布集旅游、行业金融、投资管理等六大业务于一体的"腾邦生态圈",这是腾邦首次对外宣布2016年发展战略。腾邦生态圈是围绕大旅游、资产运营、行业金融、投资管理、全球商品贸易以及全球价值链六大平台进行构建的平台经济战略。腾邦国际目前旗下拥有腾邦国际集团、腾邦资产集团、腾邦金控集团、腾邦投资集团、腾邦商贸集团、腾邦物流集团六大产业集团。

腾邦生态圈是传统流通领域的升级,也是在供给侧改革背景下的实践,适应了需求的变化。从长远来看,多平台丰富的资源将构建一个伴生、共存、分享、共赢的生态体系,在这一体系中,不仅能够提供基于消费场景的金融服务,实现产品创新和风险控制,还能获得信息服务,通过数据的传递指导制造商和库存,提供开放平台的增值服务,实现海内外资源共享、业务协同与生态整合。

### 四、结论与启示

自上市以来,腾邦国际凭借对行业的认识及领先的战略布局,从传统的批发供销模式创新出"商旅衍生金融,金融驱动商旅"的商业模式,以"内涵+外延"的增长方式整合行业资源,立足长远,逐年实施一系列关键战略举措,追随共享经济时代下的众筹模式,并以此形成良性循环,为公司战略跨越式升级奠定了坚实基础。公司不断深化"大旅游"版图布局，持续完善生态圈平台及系统功能，提升金融板块的创新及综合解决方案能力，实现了营业额的连年增长。

站在时代巨变的路口，腾邦国际登上了互联网这艘巨轮，并以互联网金融为帆，衔接自己的商旅服务，不断融合与创新。

资料来源：作者根据多方资料整理而成。

# 第五章

# 价值创造

传统的企业大多停留在竞争思维的层次上，所以很多时候，都会从竞争优势以及核心能力的打造上花费心思，投放资源。然而，共享时代企业必须以价值共享替代竞争。互联网企业的免费模式就是最好的证明。

## 【开章案例】　　温氏股份共享经济的价值创造

作为一个以畜禽养殖为主业的企业，温氏集团采用共享经济的理念，运用物联网和大数据技术，构建了一个包含饲料、兽药、养殖和加工全产业链的产业生态圈，在齐创共享的核心价值观的引领下，保证产品品质，增加合作家庭农场的收益，提高整个生态圈的效率，为农场、员工和企业创造了让人羡慕的社会价值和经济价值。

### 一、公司概况

1983年，七户农民集资8000元成立广东温氏食品集团股份有限公司（以下简称温氏股份），现已拥有170多家一体化公司，合作家庭农场5.6万户、员工4万多人。2015年，温氏集团销售商品肉鸡7.44亿只，商品肉猪1535万头，营业收入482.37亿元。2015年11月2日，温氏股份成功在深交所挂牌上市，当日收盘价55.31元/股，总市值达2004亿元。温氏集团在成长过程中，按照共享经济的理念，实现了农业产业价值的成功创造。

### 二、温氏提出齐创共享的核心价值观

与员工、合作伙伴、客户之间的"齐创共享"是温氏从创立时期开始并

长期坚持的理念。对核心价值观做到了理念上持之以恒地坚守和实践过程中的贯彻落实，知行合一。"齐创"与"共享"互为驱动，互为结果，这种理念帮助温氏及其合作方度过了一次又一次危机。

在企业与合作客户和家庭农场方面，温氏与合作家庭农场不离不弃，尽其所能，同甘共苦。例如，2004~2005年，禽流感H7N9导致养鸡户损失惨重，为此，温氏拿出44亿元利润中的36亿元来支持养鸡农户渡过难关。

另外，员工、合作的家庭农场、合作客户在企业面临危机的时候也能与企业同舟共济。员工在企业低谷期间不抛售股权，主动要求减薪和缓发工资，支持企业的发展；合作的家庭农场、合作客户在危机中相互帮助，甚至主动筹集资金帮助集团渡过难关。图5-1为温氏集团产业链。

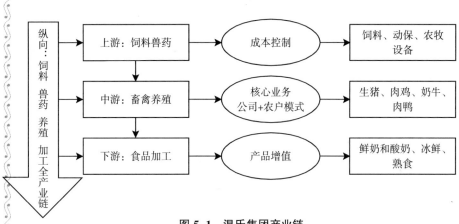

图5-1　温氏集团产业链

### 三、温氏实施共享的成功基因

第一，重视知识资本价值和研发投入。很早以前，温氏就认识到创新、知识与人才的作用，体现为对人才的尊重及对研发的投入。在人才方面，20世纪90年代初，温氏以"高薪＋股权"引进大学生，并开始了合伙式的全员持股。现在，温氏近7000名的股东中，温氏家族仅有11人，且其所持股为上市公司的16.71%，其中，董事长持股比例仅占4.16%，在股权结构上真正实现了重视知识资本价值，形成了利益和事业共同体。

在研发投入方面，作为一个传统产业的企业，温氏每年研发投入3%以上，对外与科研院所建立产学研合作，实现开放式创新，对内企业实施自上

而下和自下而上双向的自主创新机制，原创了大量的配方和良种，为企业成功奠定了坚实的技术知识储备。例如，在种猪育种方面，在国内种猪育种水平还是欧美国家十几年前的水平时，温氏集团研发出了自己的温系种猪，形成核心竞争力。在饲料配方方面，通过调整高粱在饲料之中的配比，既保证了饲料安全性和营养价值，同时也通过替代玉米降低了成本，每年为企业节约几亿元的饲料采购成本。在鸡种方面，温氏不断更新换代，在提高鸡的抗病毒能力的同时加快了其生长速度，比4号竹丝鸡节省17天左右的饲养时间，大大降低了养鸡成本。

第二，信息化与大数据应用。为保证5万多家合作农场的产品生产过程和品质的一致性，温氏以信息化和大数据解决方案来搭建运营系统，实现了透明化的精益管理系统和标准化的养殖系统。企业建立的信息化平台能够实时记录整个供应链上每个细节，为每个家庭农场都配置了物联网运营系统、自动喂料系统、自动抓屎系统、温控系统等自动化控制系统和固液分离机、沼气存储池、生物塘等环保设施。在移动互联网应用方面，企业可以通过手机对猪舍等的动态实现远程管理控制，实现场内入职、生产动态和饲养管理的全天候监控。

目前，温氏的5.6万个家庭农场，全部实现了可视化和物联网化，真正实现了农场物联网信息一体化的管控现场模式。在任何一个地方，管理者都可以通过手机看到每一个家庭农场的状况，实时监控农场的温度、湿度、喂食、采光、通风、喷雾等。在此基础上，公司管理层可以对各家庭农场的数据进行大数据分析和比对，掌握和比对不同农场的饲料使用、药物使用和鸡猪健康情况，为后续的产品创新和改进提供决策支持。

第三，闭环生态圈，分布式的规模生产与自主经营体。温氏构建的产业生态圈实现了闭环与开放、中心化与去中心化的平衡。其中，集团的生产基地不采用中心化管理，而是采取分散化、分布化、微小化，具有开放式扩展特征的企业结构，形成了分布式的规模生产，温氏5.6万个农场都是分布式模式，而且每个农场都是独立核算的自主经营体，企业具有开发式、快速增长的空间。与此同时，温氏通过统一的管理平台、统一的研发系统、统一的服务标准、严格的管控体系，为分布式规模化生产保驾护航。

**四、温氏共享带来的价值创造**

第一，创新成果的共享创造价值。温氏在种猪、种鸡、饲料等方面的研究成果形成温氏集团的核心竞争力，在此基础上，温氏与5万多户家庭农场共享核心产品的成果，实现产品品质的一致性，让参与农户共享了创新成果的经济收益，也为温氏企业的快速成长、平台化战略的实现奠定了基石。

第二，智能化水平提升共享创造的效率价值。通过信息化、物联网和移动互联网系统的构建，企业实现了5万多家分布式家庭农场产品生产过程的信息透明化，提升了效率，降低了成本和资源消耗，并实现了更有效的管理，提高了企业整体运营效率，与此同时，使人的工作更为简单，在提高生产效率的同时降低了工作量。

第三，齐创共享理念营造的共赢氛围。在齐创共享理念引领下，温氏集团回答了企业针对外界存在哪些利益方、他们能为我们做什么、我们能为他们做什么、我们能否搭建一个彼此共存的生态圈等一系列问题，并构建了"公司＋农户"、"公司＋家庭农场"的模式，以及配套服务体系，构建了公司与利益相关者共生、互生的产业生态圈，实现了多方利益相关者的有效激励。

资料来源：作者根据多方资料整理而成。

伴随着共享经济理念的逐步流行、消费者主导时代的到来、移动互联网及物联网的成熟，企业的价值创造源泉、价值创造方式和价值创造空间都悄然发生了变化。价值创造模式从以企业为中心转移到以消费者为中心，价值创造源泉从有形资源拓宽到信息、知识等无形资源，价值创造方式从实体经营拓展到了虚拟运营，价值创造空间从企业内部延伸到了产业生态网。企业在消费者需求挖掘、内部效率提升和外部产业生态网络构建的三重驱动下实现了价值创造模式的改变。

# 一、价值创造模式的变迁

共享经济和互联网带来的最大变化是信息的流动、信息的分析和信息的共享。信息流动速度极大提高，而信息流动的加速首先打破了信息不对称的壁垒，改变了原有依托信息不对称性形成的商业价值链上下游关系。而价值链结构的改

变导致企业经营行为和产品思路发生改变，进而改变企业内部结构。信息流动方式的改变影响了消费者行为，消费者从被动的信息和产品接受者转变为主动的参与者，影响了企业产品生产模式和营销策略。数据量快速增长和数据分析技术的完善，使得对信息的分析能力突飞猛进地提升，大数据技术对事物间相关性的解读创造出原有价值链所不能提供的全新价值。数据和信息的共享为企业形成协同效应奠定了基础。就价值创造要素来说，这种改变主要表现在四个方面（见图 5-2）。

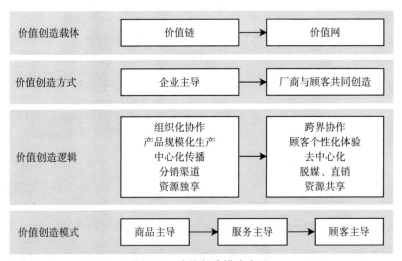

图 5-2 价值创造模式变迁

## 1. 互联网改变价值创造载体

工业经济时代，价值创造的载体是美国战略管理大师波特在 1980 年提出的"价值链"，而互联网和共享经济时代则转变为价值生态模式。价值生态模式考虑动态的网络经济活动，通过联结顾客、合作伙伴来促进企业与顾客的价值互动，为顾客创造价值。此外，价值链一般都是以企业拥有的资源或经验来实施价值创造，而共享价值生态系统更强调要从企业和消费者社群两个维度的资源共享来考虑价值创造。例如，苹果和诺基亚都是手机厂商，但诺基亚一直专注于电信业的价值链，认为用户使用手机的目的是通话，而苹果则构建了面向运营商的捆绑销售策略、面向开发者和手机用户的平台策略，利用互联网和共享经济思想搭建了价值网络。

## 2. 互联网颠覆了价值创造方式

工业经济时代企业组织是在价值链内部通过后勤、生产作业、市场和销售、服务等基本活动和采购、技术开发、人力资源管理等辅助活动完成价值创造的。而互联网和共享经济时代，在技术因素和市场要素基础上，企业更注重价值创造和消费者的价值主张，企业可以通过消费者社群互动来获得消费者需求，同时，消费者可以感受和参与创新与设计过程。因此，互联网时代，价值是由企业与顾客共同创造的，企业与消费者交互过程成为价值创造和价值捕获的场所，在顾客参与价值共同创造的过程中，无形的消费者环境、社群变得更加重要。

## 3. 互联网导致了价值创造逻辑的变化

第一，在协作方面，互联网将传统企业通过"组织化"协作产生效能转变为跨界产生效能，与传统产业链的横向一体化或纵向一体化不同，跨界通过虚拟整合跨越传统的产业边界，使原本不同行业间的合作关系可能演变成竞争关系。例如，早期的腾讯与电信移动之间的关系主要是合作关系，但微信等平台的推出，在短信、通话等方面，电信和移动与微信成为了竞争关系。

第二，在产品生产方面，互联网将传统企业通过规模生产产生效能转变为通过顾客体验产生效能，还原消费者丰富的情感需求，而不是传统企业生产产品中暗含的消费者单一化物质需求。例如，著名的 Beats Solo HD 耳机，虽然其售价是成本的十几倍，但其代表自由和个性化的生活方式，为用户带来的体验价值远远超出其成本，成为青年用户群体的文化标志。

第三，在传播方面，传统企业通过中心化实现信息传播，成本高昂，为了树立品牌，公司需要不断投入资金来推动。在互联网时代，传播方式实现去中心化和碎片化，传播呈两极发展：一是传统媒体弱化，中心化传播效率下降；二是社群、平台、自媒体崛起，引发全民参与，每个人既是传播受众也是传播者。例如，最近 Facebook 与《纽约时报》的合作行为表明，《纽约时报》这样的传统媒体巨头都需要将自己的广告收入分出一部分给 Facebook，也说明互联网平台去中心化传播的威力。

第四，在渠道方面，传统企业通过分销渠道产生效能，分销渠道及分销商都扮演了极其重要的角色。在互联网时代，企业通过"脱媒"产生效能，物流平台

的重新搭建正在逐步抛弃传统分销渠道，直销成为产品的主要销售方式。

第五，在资源方面，传统经济关注"使用中的资源"所产生的效能，允许"闲置资源"的存在，更强调资源拥有权，但在共享经济时代，企业之间可以实现资源使用权和拥有权的分离。例如，猪八戒网等服务外包平台通过连接企业设计任务和有剩余时间的设计师，实现企业设计任务外包，从而实现了大规模设计资源的共享。

---

**专栏 5-1　　　　　容联云通讯的价值创造**

随着 4G 网络和无线网的大面积覆盖，手机、iPad 等移动端已经逐渐替代 PC 端，成为最主要的通信载体。PC 互联网时代 IM 通信的 XMPP 协议不能适应移动互联网的发展，而即时通信、实时传讯、在线呼叫中心、在线视频会议等通信 3.0 应用成为移动互联网时代增值电信服务的重点。

**一、容联易通的概况**

北京容联易通信息技术有限公司成立于 2009 年，依托互联网，以云计算的方式为企业客户提供通信平台服务（PaaS）和通信软件服务（SaaS），为企业和开发者提供便捷、专业、稳定的通信服务。2013 年获得红杉资本 A 轮投资，2015 年 1 月获得挚信资本 1500 万美元 B 轮融资，2016 年 7 月，又拿到了 7000 万美元的 C 轮融资。

**二、容联云通讯**

容联云通讯致力于让通信成为互联网的基础服务，是一个为企业及开发者提供通信能力的云计算 PaaS 平台。面向应用开发商开放通信能力的 API（应用程序接口），为软件贡献基础的通信能力，最后开发商将通信能力集成到其软件产品中再提供给用户，从而大幅降低开发者开发通信服务应用的门槛，让 APP、Web 端等各种系统可以轻松实现语音通话、呼叫中心、智能交互式语言应答、语音会议、视频会议等专业通信能力，提升开发效率，快速实现智能呼叫、通话、呼叫中心、移动即时通信、会议五大功能。图 5-3 为云通讯平台架构。

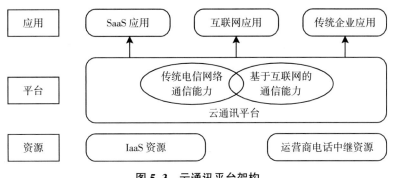

图 5-3 云通讯平台架构

通过在运营商资源上叠加服务，再卖给企业，实现了运营商闲置资源变现。通过面向开发者，依托互联网提供自助式的服务，实现服务企业的爆炸式增长。目前，容联已聚集了 5 万多家企业客户和 20 万名开发者。滴滴打车、阿里巴巴、腾讯、京东、百度、360、小米、饿了么、春雨医生、百合网、中兴等知名互联网企业，O2O、在线教育、互联网医疗、金融、运营商、企业 IT 系统、物流等众多领域与行业都在使用容联的通信服务。

### 三、容联云通讯的价值创造

第一，为合作伙伴降低技术和资金成本，提高效率，解决软件开发商的通信成本和效率痛点。不同于传统呼叫中心的"一次性投入"搭建模式，容联云通讯采用随需取用的搭建模式，使企业有了更灵活的通信建设模式。在收费模式上，容联云通讯采用"按需付费、按月付费、按流量付费"的方式为客户提供服务。对于初创企业来说，每月 500 元的呼叫中心服务功能大大降低了企业创业成本。例如，饿了么平台在成长过程中，一开始不需要建设完整的通信平台，但随着用户爆发式的增长，平台商户和用户之间需要开通电话、短信、呼叫中心的自助语音应答服务等，容联云通讯可以实现这种便利、可扩充的建设模式。

第二，提供最互联网化的工具，实现服务创新。例如，公司推出的"嘿嘿流量"营销推广工具，可以方便地为互联网企业实现高转化率。用户企业借助"嘿嘿流量"可以通过手机应用、电商网站、O2O 平台、手游等多种渠道直接面向用户开展购物送流量、签到送流量、会员充值送流量等推广活动，从而为客户带来流量入口。此外，在 SaaS（软件即服务）端，容联云通

讯将推出融合通信、在线客服、多渠道联络中心等方面的服务产品，解决企业内部、企业与客户、企业与消费者沟通的问题，提高服务效率。

移动互联网时代，不仅需要商业模式的创新，更需要工具的创新。容联云通讯在"互联网+"时代对于"互联网+企业通信服务"的创新，解决了诸多移动互联创业企业的痛点，满足了企业客户对通信服务"便捷、高效、高性价比"的需求，容联云通讯以平台为核心，从分享通信资源到分享通信技术再到分享企业级入口，实现了资源共享、技术共享与入口共享。

资料来源：作者根据多方资料整理而成。

## 4. 互联网转变了价值创造模式

随着经济的发展，知识、技能等无形资源逐渐成为企业获取竞争优势的核心资源，企业价值创造模式也逐渐从商品主导逻辑转向服务主导逻辑。其中，商品主导逻辑与服务主导逻辑的比较如表 5-1 所示。

表 5-1　商品主导逻辑与服务主导逻辑的属性对比

| 属性 | 商品主导逻辑 | 服务主导逻辑 |
| --- | --- | --- |
| 顾客价值驱动 | 交换价值 | 使用价值 |
| 价值创造方式 | 单独创造 | 共同创造 |
| 价值创造者 | 企业和价值链上的其他伙伴 | 企业和顾客（主要），企业员工、合作者及利益相关者（次要） |
| 所用资源 | 产品、技术等对象性资源 | 知识、技能、经验等操作性资源 |
| 价值创造情景 | 企业的生产过程 | 顾客的自我消费过程 |
| 价值创造过程 | 企业生产产品，并将价值嵌入产品中 | 企业提供价值主张，顾客使用资源和企业共同创造价值 |
| 产品的作用 | 顾客价值的载体 | 既是向顾客提供服务的载体，又是顾客价值传递的媒介 |
| 企业的角色、作用 | 价值创造者 | 价值促进和价值合作创造者 |
| 顾客的角色、作用 | 价值毁灭者 | 价值创造者和合作生产者 |
| 企业和顾客的关系 | 顾客在交易过程中被动接受企业的产品和企业创造的价值 | 企业和顾客共同合作进行资源生产和价值创造 |

商品主导逻辑植根于新古典经济学，是通过向顾客提供产品来满足顾客需求，并创造顾客价值的逻辑，其核心内容是经济交换和交换价值。在这个过程中，商品是有形的，是顾客价值的载体，位于顾客价值创造的中心位置，而具有

无形性、异质性、不可分离性和非持久性特征的服务则被看作是剩余产出，是商品的附属品或者补充。企业是价值的创造者，顾客是价值的毁灭者。

进入新经济时代后，越来越多的客户购买产品或服务的目的是通过这种产品和服务提供的效用获取价值，而不是获得这个产品本身。企业从原来单纯提供产品转变为通过解决方案，提供"产品—服务"系统为客户带来价值，从而实现自己的价值。这样，出现服务主导逻辑的价值创造。

在移动互联网时代，"产品+服务+体验"产业和"企业—客户"互动创新模式成为价值创造的主导模式，由服务和客户体验主导创新与价值创造。在移动服务领域，产业重心从提供单一技术产品转换为提供内容和服务组合。创造体验成为各大系统平台和移动运营商争夺市场的关键。不仅如此，客户通过使用产品和体验服务，参与创新过程，共同创造价值，用户和企业的边界也逐渐模糊，所有参与者都积极地为自己和他人创造价值。例如，小米的成功是移动互联网时代"产品+服务+体验"以及"企业—客户"互动创新模式的典型代表。

2013年，Gronroos和Voima提出顾客主导逻辑的价值创造，认为顾客可以将企业提供的产品与其他资源结合，在生活过程中生产创造自己期望的产品，成为产品与服务创造过程的主导者和价值创造者，而且认为，以企业为主导的服务主导逻辑已无法适应消费实践的发展，而应该由顾客主导逻辑来取代。

在顾客主导逻辑下，生产过程和消费过程相互融合，如当顾客进行生产的目的是体验生产过程本身时，顾客生产过程与消费过程重合，消费过程随生产过程的结束而结束。因此，与服务主导逻辑下共创价值发生于企业生产过程不同，顾客主导逻辑下顾客独创价值及顾客与企业共创价值均发生于顾客消费过程。

顾客独创价值与共创价值存在本质区别。共创价值过程中企业主要关注企业管理结构、顾客与企业互动、顾客与企业各自投入的资源、顾客与企业共同生产的过程、顾客价值认知五个方面，其关注点离不开企业与顾客间的互动。而顾客独创价值的关注点是购买产品后的消费过程，顾客与企业并无互动产生。

服务主导逻辑与顾客主导逻辑的区别如表5-2所示。

表 5-2 服务主导逻辑与顾客主导逻辑的区别

| 属性 | 服务主导逻辑 | 顾客主导逻辑 |
|------|------------|------------|
| 特征维度 | 共创价值 | 独创价值 |
| 研究范式 | 服务主导或顾客主导 | 顾客主导 |
| 主导者 | 企业或顾客 | 顾客 |
| 参与者 | 企业和顾客 | 顾客 |
| 发生阶段 | 企业生产过程或顾客消费过程 | 顾客消费过程 |
| 创造过程 | 合作设计、合作生产、合作传递等 | 顾客设计、顾客生产、顾客分享 |
| 价值内容 | 功能价值或享乐价值 | 享乐价值或功能价值 |
| 价值重点 | 功能价值或享乐价值 | 享乐价值 |
| 企业角色 | 主要创造者或协助创造者 | 操作对象生产者 |
| 顾客角色 | 协助创造者或主要创造者 | 创造者 |
| 研究重点 | 顾客生活与企业生产的交叉部分 | 顾客生活 |

---

**专栏 5-2　　　　茵曼的网红共享经济实践**

网红在 2015 年大放异彩,成为众多商家、个人网络传播的利器,如何利用好网红现象成为商家新的考量因素。茵曼通过对网红现象的深入分析,成立了以网红为主导的社群电商事业部,成功孵化了系列网红品牌。

**一、茵曼的概况**

茵曼(INMAN)是广州市汇美时尚集团股份有限公司旗下全资品牌,创立于 2008 年。以"让生活,慢下来"为品牌主张,以"素雅而简洁,个性而不张扬"为设计风格,以"拥抱·简单的幸福"为品牌精神诞生于互联网,专注于产品品质与消费者体验的打造。产品选用棉和麻作为面料,以江南水乡、国画、水墨、印花等中国文化为设计取材,倡导"慢生活"的品牌主张。

**二、茵曼的价值创造模式**

从早期的淘品牌到如今,茵曼经历了互联网品牌的裂变式成长,2013年淘宝"双十一"茵曼以日销 1.26 亿元的成绩拿下女装单品牌销售冠军。在业绩再创新高的 2015 年,茵曼打破渠道限制,拥抱开放的互联网渠道,并布局线下渠道,探索社群化营销。2016 年 7 月 1 日,汇美集团向证监会提交深圳创业板上市申请。其成长之路处处看到价值创造模式的变迁。

第一,利用网红经济实现价值定位、价值传递和建立网红激励系统。随着 90 后、95 后逐渐形成市场购买力,消费的小众化、社群化、个性化趋势日趋明显。同时，以自媒体为代表的意见领袖的兴起，圈起一群对他们生活态度、穿衣态度喜爱的追随者，这种追随行为从行为、爱好不断延伸到生活中穿的、用的，口碑传播效应超过大众媒体的推荐。由此可见，以网红为首的社群电商成为抓住90后、95后消费者的抓手。同时，时尚达人、意见领袖等网红的个性化时尚视角，与汇美集团的时尚生态圈相吻合，茵曼通过网红实现价值定位。汇美集团采取两种方式借力网红经济：首先，创始人的网红效应，通过直播拓宽公司的影响力、渠道，实现内容营销，最终反哺品牌和个人IP的建设。例如，创始人方建华的一次直播收获77.7万在线观看人数、61万花椒币打赏、超过100万人点赞。其次，对于具备美学和实用要求、快速更新速度、与粉丝互动三个维度能力的网红，公司努力将其培养成品牌创始人，通过建立项目小组，配套设计师团队、视觉、商品、新媒体等业务模块，从网红、产品、内容、运营以及社群五个维度挖掘网红经济，截至2016年7月，茵曼母公司已经成立社群电商事业部，孵化了12个网红品牌。

第二，与旅游平台跨界合作，获得流量引导，让网红直接引流到店。在春季时装营销中，公司以"寻找春天"为主题，将2016年首次品牌日活动命名为"时尚春天发布会"。与途牛网跨界合作，并通过网红推广来圈定更多精准的粉丝群体，尝试了"网红+跨界"的品牌营销活动。2016年2月，汇美旗下13个品牌的21家店铺在天猫、聚划算、途牛网等平台联袂上新。采用邀请网红在城市采风、线上线下联动等方式，引流用户到店，提升流量及销售量。

第三，渠道协同实现一体化价值传递。随着线上网店竞争日趋激烈，通过搜索引流的流量越来越少，而购买天猫关键字获得流量的成本不断上升，电商的流量红利逐步消失，而线下体验店与顾客有更多触点。因此，互联网品牌需要融合线上和线下资源，实现全渠道。茵曼决定全力布局O2O，实现战略转型，2015年，茵曼发布"茵曼+千城万店"的线下招商项目，计划五年在全国1000个城市开设10000个线下实体店铺。

其采取的策略主要为：一是砍掉代理环节，利用公共物流体系，直接从广州总仓每天快递给各地的门店，避免代理商的层层加价，线下门店实行低

定倍率,提高市场竞争力。二是后台软件系统实现适合对应地区销售款式的推荐以及优化陈列款式,实现门店库存零风险,降低成本压力。此外,茵曼的后台系统对门店的商品实时监控,加盟店缺什么能实现自动补货,提高效率。对于加盟店卖不动的库存,茵曼负责免费回收,再在线上打折卖掉。加盟店可节省高达 20% 的库存成本。三是打通线上线下会员体系,保障门店利益,避免品牌商与加盟商的博弈。在线下门店注册的会员如果在线上产生购买行为,线下门店也能分享收益,实现了线上和线下的利益一致性,使门店更积极地开发新会员。四是投资回报周期短,资金压力小。在投资方面,加盟店一般需要投资 20 万元左右,涵盖保证金和硬装修等费用,软装修由茵曼负责。在回报方面,茵曼的结算系统实现实时服务费结算,店主每天都能拿到属于自己的收入。五是在政策设计上充分考虑店主权益,规定一个县城只能有一家加盟店,在大一点的城市,五公里范围内只开一家,保护加盟店利益,鼓励店主积极开发社群,实现网红社群流量入口的开发。

在服装零售行业,工厂纷纷关门,零售业也遇到很大危机,人们看到了严峻挑战,但茵曼的案例说明,在好产品的基础上抓住网红流量红利,实现跨界营销,构建产业生态圈,利用高效率的软件系统来提高效率,企业就能获得蓬勃发展。

资料来源:作者根据多方资料整理而成。

# 二、共享经济的价值创造生态系统结构

共享经济就是在创造价值。共享价值并不是"分享"企业已经创造的价值,而是做大整个经济和社会价值的蛋糕。企业不仅创造共享价值,而且促成共享价值的良性循环,这是共享经济的价值创新之路。

## 1. 共享经济时代的价值创造活动

在共享经济时代,价值概念进一步拓展。传统价值创造理论的主要研究对象是能够用货币计量的交易价值,而研究视野很少拓展到人们的精神文化体验所蕴含的价值。在互联网时代，网络朋友圈、社交网站上用户的分享与互动等行为成为重要的精神文化活动，形成精神文化价值，价值创造机制需要包含精神文化价值。

在共享经济时代，互联网平台为个性化信息传播创造了条件，大数据技术为信息搜寻、分析和管理决策提供了支持，经过挖掘和分析的数据与信息可以参与价值创造活动，实现了传统价值创造过程不可能实现的目标。

在共享经济时代，除了服务业能够实现以顾客使用过程为导向的平台化发展外，制造业也可以以云计算、物联网、智能化和虚拟化等技术为支撑，构建制造云，而顾客可以通过制造云实现个性化需求，颠覆传统以设备、资源和订单为驱动的生产方式，实现顾客主导制造过程。

在共享经济时代，交易平台实现生态系统化。在传统经济时代，由于制造商与消费者的信息不对称性，商品或服务从制造过程到顾客使用过程存在大量交易成本。在共享经济时代，交易平台为顾客提供社交、点评、自我管理等信息共享服务，而且顾客的行为习惯、消费偏好等信息都蕴含着巨大价值。平台企业通过挖掘信息开发增值业务，降低信息不对称和交易成本，实现精准营销。平台企业能够通过大量的顾客信息资源创造更多增值服务并获取收益，反过来进一步强化平台的功能，平台与顾客之间形成互惠互利的共生关系。

## 2. 价值生态系统的构成

伴随着价值创造源泉和价值创造方式的改变，企业价值提升主要依靠三大新的资源：顾客资源、能力资源和企业价值生态系统的结构要素。消费者互动、虚拟价值链和知识价值链作为重要的价值创造要素纳入价值网中，企业的价值创造空间从实体空间拓展到虚拟空间。价值生态系统示意图如图 5-4 所示。

企业在消费者互动、知识的细化分工与价值整合作用下形成的价值生态系统主要包括产业创新平台和多边市场平台。在产业创新平台中，知识模块成为价值生态的节点要素，知识体系成为价值生态的结构要素，核心知识成为产业创新平台的枢纽，整个价值生态创新包括企业个体知识创新和网络协同知识进步，共同创造物资资源价值和信息资源价值。而在多边市场平台中，第三方参与者、消费者与平台的互动形成网络效应，并在互动中不断完善产品和服务，最终为企业和消费者创造社会化媒体价值和多边平台价值。在具体实践中，企业生态圈的建立

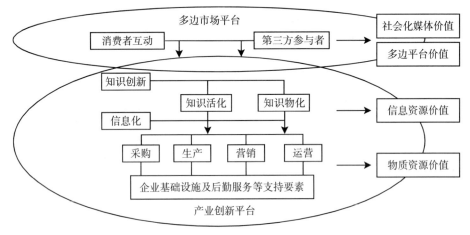

图 5-4　价值生态系统示意图

也具有生态圈的多样化特点，衍生出多种生态结构。

　　第一，控制型生态圈结构。苹果是这种类型生态圈的典型代表。首先，在这个生态圈中，主导企业自己把控产业创新平台运作，对供应商网络树立严格要求，并且不对外开放，苹果公司需连接世界无数个企业的参与和协同。其协同管理的具体措施包括：统一严格的标准，挑选具有相同价值观、对客户和技术品质有相同信仰、有人文关怀和同理心的专业化企业作为其生态圈成员，并将不同任务发布到全球。这个生态圈连接了多个国家的专业公司，协同创新，共享苹果的产业创新成果。苹果通过这种方式为消费者提供超出消费者想象的产品，创造消费者体验价值。但在这种生态圈结构下，各硬件提供商只能获得少量的收益，而且缺乏话语权，也缺乏与消费者直接互动的机会。其次，苹果对软件开发商、广告商有一定的开放度，软件开发商在 IOS 系统下开发各种类型的应用软件，从而丰富手机终端所提供的服务内容，实现服务价值创新，同时，消费者可以与软件开发商互动，为软件开发商提供价值提升的机会。图 5-5 为控制型生态圈系统。

　　第二，包容型生态圈结构。与第一种价值生态圈不同，包容型生态圈对平台上的各方面都是开放的，而且消费者与平台各方都能够通过平台互动，为各方实现价值创造。例如，音频平台喜马拉雅 FM 就是这种类型生态圈的典型代表。平台通过整合职业、专业和用户生产的丰富的音频内容，为消费者带来音频消费服务，在大量内容、内容提供者、消费者的基础上，进一步对软件和硬件生产商开放 API 接口，形成跨边网络效应，为消费者提供多场景、多内容、全方位的音频

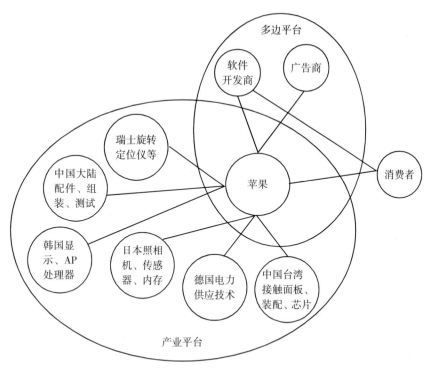

**图 5-5　控制型生态圈系统**

服务。与此同时，平台的内容服务商也可以实现社群、品牌的建立，而软件及硬件开发商则可以共享平台提供的内容。平台自身则在内容、用户行为方面沉淀大量的有价值数据，为后续的价值挖掘提供广阔的空间。图 5-6 为包容型生态圈系统。

　　第三，技术基础型生态圈结构。核心企业运用高技术构建护城河，在此基础上建立产业生态圈。例如，科大讯飞以智能语音技术领域的核心技术为基础，在语音合成、语音识别、口语评测等多项技术上打造国际领先成果，形成企业价值创造的基石。为将成果转化为解决消费者需求的产品，科大讯飞从多个角度构建产业生态圈，从电信、金融、教育、汽车等行业到企业和家庭用户，从 PC、手机到 MP3、MP4、玩具等，满足不同应用环境的多种产品，形成了一个以科大讯飞为核心、包含 1500 多家开发伙伴的中文语音产业生态圈。在这个产业生态圈中，科大讯飞与各合作伙伴优势互补，形成协同效应，共同为消费者提供完整的价值体验，实现"1+1>2"的效应。此外，消费者可以从多个渠道体验科大讯飞一致的语音识别技术，保证价值体验的一致性。科大讯飞也可以在这个过程中积

累大量的语音数据，构建超脑，为后续的大数据分析价值变现做准备。图 5-7 为技术基础型生态圈系统。

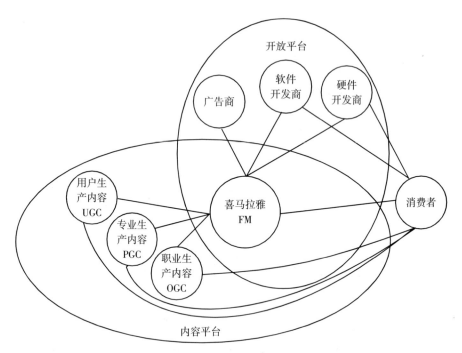

图 5-6　包容型生态圈系统

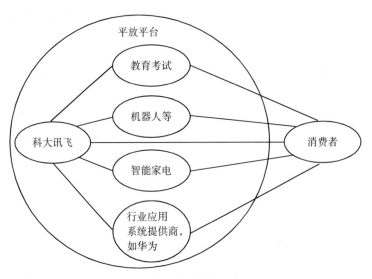

图 5-7　技术基础型生态圈系统

第四，协同共享型生态圈结构。平台通过提供企业间物流、金融、供应链等服务，实现企业间信息、资源共享，实现协同价值创造。例如，以上海钢联、找钢网为代表的钢铁电商平台，针对企业之间的信息、资源、资金的不对称问题，构建 B2B 共享平台，通过提供物流、金融、IT、供应链等个体企业难以单独实现的服务内容，实现企业之间信息的互联互通，降低企业之间交易、协同成本，实现价值创造。图 5-8 为协同共享型生态圈系统。

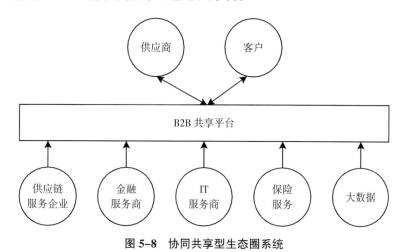

图 5-8 协同共享型生态圈系统

### 3. 价值生态系统的主要特征

在共享经济时代，顾客的使用过程上升为价值创造活动的核心环节，顾客的基本信息、行为习惯、消费偏好等信息都蕴含着巨大价值，聚集顾客成为价值创造过程的重要组成部分。由平台企业、平台整合的社会资源、消费者及其环境共同形成的价值生态系统具有以下特点：

第一，价值生态系统模糊了产业边界。在价值生态系统的作用下，各种看似不相关的产业可以有机融合在一起创造价值。价值链、战略联盟等产业组织的产业整合打破了传统的同产业整合，实现了不同产业在某一个组织内的跨产业整合，融入到价值生态系统中的产业失去了明确边界。

第二，价值生态系统没有企业边界。"开放"是价值生态系统的标签，在理论上价值生态系统可以容纳任意数量的栖息者。中枢企业与进驻系统的栖息者之间不是采用传统联盟中的权威或严格协议来维系合作关系，消费者可以自由选择栖息或离开价值生态系统。此外，各方共同认可的规则和价值观是价值生态系统运

行的基础。

第三，价值生态系统模糊了企业与顾客的界限。在传统组织中，核心企业组织一批互补的合作企业一起为消费者提供服务，企业和消费者之间有明确的界限。在价值生态系统中，企业与消费者都是生态系统的顾客，而且以平等的身份进驻价值生态系统，通过两者之间的交互实现共同创造价值，在一定情况下两者互为顾客。

第四，价值生态系统具有层级特征。价值生态系统的栖息者之间相互影响、相互作用、相互制约，形成具有多个生态位的价值种群，每个生态位上有数量不等的生态个体，并形成多种层次。如微博平台的用户可以分为铁粉、普通用户和僵尸粉等层次。不同层级的顾客对价值生态系统产生不同的贡献，平台企业需要对价值群落进行分层次管理。层级数量及高层级所占的比重，是衡量价值生态系统稳定性的重要指标之一。

第五，共同的价值主张是中枢企业与栖息的顾客之间的约束机制。刚性双边契约约束机制在价值生态系统中的作用降低，特别是当价值生态系统出现强劲竞争对手时，由于转换成本很低，顾客可以很快迁徙至竞争对手中，导致当前系统的崩溃。例如，传统电子书阅览器在 iPad 和智能手机的冲击下迅速被读者抛弃，而中枢企业却无法改变价值生态系统的命运。

### 4. 价值生态系统的主要创新

第一，交易创新。传统理论以节约交易成本为主要关注点，关注点主要发生在企业这一侧，但由于信息不对称造成的企业与顾客之间的交易成本没有得到有效降低。互联网平台的大数据技术可以为顾客提供信息传递和信息共享的平台，消除了"经济摩擦"，降低了交易中顾客搜寻供给者和供给者搜寻顾客的成本，很多价值创造活动因交易成本大幅降低而出现。传统的大生产、大零售、大渠道、大品牌、大物流企业难以满足"私人定制"式的个性化需求，产品如何满足具有相似特征的人群存在一定盲目性。在互联网经济时代，信息传播出现碎片化和社群化，价值生态系统依托大数据处理技术可以挖掘平台中包含的消费者信息数据，并反馈给产品生产企业，实现消费者信息的共享，使产品生产者对消费者信息不再处于盲目状态。

第二，流程创新。非线性化价值创造活动将替代传统产业组织的研发、生产、营销式的线性价值创造流程。线性流程的特点是：价值创造活动按照既定的逻辑顺序展开，核心企业决定产品研发、生产、营销流程，掌握价值创造关键环节，其他企业分担价值创造流程的特定环节。顾客是需求信息的提供者，而不是决定者。在共享经济时代，价值生态系统的栖息者互为顾客，具有同等地位，价值创造流程的各个环节逐渐分解。例如，宝洁曾是中国市场的神话，其代表了世界一流企业的卓越管理水平，甚至它的货架陈列、品牌命名、广告创意都是国内企业学习的经典案例。然而，在 2016 年第一季度，宝洁在全球销售大幅下滑12%，而在中国，没有一个核心品类在增加用户数，甚至大部分还在下跌。大量研究认为，其问题主要为失去高端、品牌模糊、多品牌失灵、大公司病、数字营销脚步缓慢、人才流失等。但从另一个角度看，由于现在从工业时代转向信息时代、数据时代，小而美的品牌可以借助网络渠道接触自己的受众，消费者有了无限多的选择，在这种背景下，如何转变传统流程，把大公司转变为"小而美"的公司成为公司流程创新的重要内容。

第三，服务创新。服务创新嵌入到顾客的使用过程中，具有无形性特点，传统的服务创新以企业为主体，顾客信息难以有效融合到服务创新过程中。在价值生态系统的组织下，服务创新成为人人都可参与的活动，顾客可以参与甚至主导服务创新过程。价值生态系统可以通过对顾客信息的管理不断发现和创造顾客的新需求，并寻求解决方案，实现服务创新。例如，《中国好声音》、《中国达人秀》等新型电视节目通过吸引具有文化需求的"粉丝"以及对企业进驻并栖息，形成了场内场外、线上线下多样化的共享型价值群落，企业也可以针对粉丝进行精准营销，其创造价值的能力远远超越了传统传媒。

**专栏 5-3　　　　阳光印网的价值创造**

营销物料采购存在的价格虚高、流程不透明、服务能力弱、供应商选择不专业等问题是很多企业面临的共同痛点，特别是覆盖全国多个城市的电子商务企业在做全国性的统一营销活动时，礼品、纸袋、胸牌、画册、T 恤、背板等各种营销物料的采购成为一个大难题，而且在做全国巡展时，还需要大量的运输费用。阳光印网通过提供一站式营销物料服务，为这些企业创造新的价值。

## 一、阳光印网概况

成立于 2011 年 5 月的阳光印网是中国最大的印刷和定制品电商平台，由复星集团、软银中国、集富亚洲等著名机构投资。阳光印网通过整合 4000 余家供应企业，为企业用户提供全方位的印刷品设计、印制服务，以及营销物料等定制采购服务，目前已拥有 20 多万家中小企业客户和 500 多家集团客户。2016 年，阳光印网以电商包装领域和餐饮耗材领域为重点，目前已经服务小南国、嘉和一品、棒约翰等大型餐饮连锁，许鲜、一米鲜、天天果园等生鲜电商，淘宝、天猫、1688、菜鸟等众多电商企业和数万家淘宝卖家。阳光印网已在全国范围建成完整的包材供应链。经过近几年的发展，阳光印网已经成为 B2B 共享经济领域的代表性企业之一。

## 二、阳光印网共享的价值创造

阳光印网成功的背后是对传统行业痛点的深度挖掘，并采取共享经济的模式实现价值创造。

第一，通过共享自动化印刷流程和传统印刷公司的过剩印刷资源解决行业痛点，创造价值。传统的印刷流程中前期的设计、编辑、收集、归结、拆解订单到检查订单都需要大量的成本，而且对于客户来说，印刷公司缺少品牌和质量保证，价格也没有统一标准。为此，阳光印网以这些痛点为核心，研发出互联网印刷流程，大幅提高了印刷效率。例如，在印制名片过程中，平台给用户提供样式模板，用户从尺寸、单面/双面、纸张品种、克数、正背颜色、制作工艺和送货日期七个方面选择名片特征，用户通过自助式服务完成名片设计和提交，从而实现了印刷行业的产品和服务标准化，有效降低了生产成本。为了保证产品印刷质量，阳光印网建立了一套供应商筛选和考核标准，对于服务质量、效率不到位的供应商采取淘汰制，使平台整合了一批高质量的中小印刷公司，保证优质的印刷服务。为了提升平台效率，平台建立了订单自动整合、分类、合并同类项、分发印刷系统，提高了平台效率，降低了人工成本，提升了平台利润空间，毛利率比传统印刷公司高 30%。在信息透明度方面，阳光印网的整个采购过程明码标价，杜绝采购人员暗箱操作、中饱私囊等行为，有效地降低了企业采购营销物料的复杂度，降低了采购成本。

第二，在营销策略方面，采取打通高层渠道的方式引流。例如，帮助创始人免费印名片直到其企业上市，或者通过赠送"老板杯"等活动让企业了解平台，形成品牌效应，为后续的服务打下基础，特别是赠送"老板杯"活动，阳光印网通过很小的成本获得了公司老板的信息。此外，在营销渠道方面，平台借助微信公众平台推出微信小店，开通掌上印刷厂，将常用印刷品多维度分类展示，提高信息传播速度和效率。

第三，在平台构建方面，激活过剩资源，提高资源利用率，构建企业级共享经济的商业模式。在传统服务模式中，印刷厂为了生存和多接订单，需要不断购置设备和生产线，容易出现机械设备的空载情况，同时工人也会处于闲置状态。而在阳光印网平台上，采购用户可以通过平台找到高质量、低成本的印刷品和服务，有利于提高存量资源的利用率。此外，为了稳定供应商，阳光印网采用订单组合管理，将某一单品集中到几家印刷厂来做，从而使印刷企业只需要对某一单品类设备进行维护和升级，提高其效率，减少人工和设备的过剩，也降低了供应商端的价格，进而降低了整个平台的成本和用户的价格。通过阳光印网的流程整合，整个印刷行业正在进行供应链优化和升级。

第四，在技术实现方面，打通与合作企业的信息通路，真正实现印务的信息共享。为了进一步提升平台效率，阳光印网通过技术手段，实现产品和服务的标准化。除了前文提到的平台内部流程优化外，平台进一步深入企业工作流程，与企业的 ERP 和 OA 系统对接，实现真正的全流程去人化，确保阳光。

资料来源：作者根据多方资料整理而成。

## 三、价值生态系统的价值创造内容

在共享经济时代，价值生态系统实现了价值创造活动由实体空间向虚拟空间的延伸，以及从企业向消费者的延伸，从多个维度实现了价值创造。第一，企业在实体空间中基于物质资源的增值活动所创造的价值。第二，节点企业间信息的

深入挖掘分析和广泛共享，有效推进跨组织的基于信息资源的价值创造。第三，基于双边或多边共享平台新颖性、锁定性、互补性和效率性的价值创造。第四，与消费者互动过程中，企业与消费者基于社会化媒体的共享价值创造。如图5-9所示。

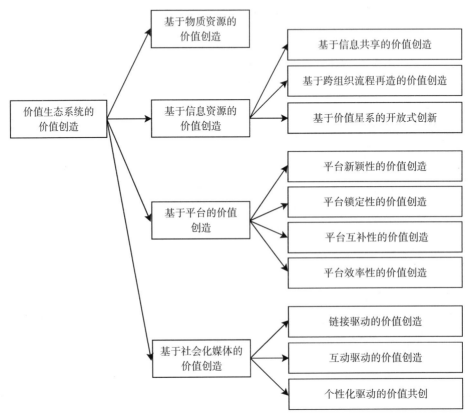

**图 5-9  价值生态系统的价值创造内容**

## 1. 在实体空间基于物质资源的价值创造

价值生态系统所创造的价值，首先是合作企业在价值网实体空间中基于物质资源的增值活动所创造的价值。这种价值创造活动包括物质资源经过一系列有联系的价值活动直到顾客手中的过程组合。实质上，基于物质资源的价值创造活动构成了实体价值链。在实体价值链上流动的不仅是物流，还包括资金流和信息流等。基于物资质源的价值创造体现为高质量的、能够解决消费者需求痛点的产品。

## 2. 基于信息资源的价值创造

产业生态系统中核心企业与合作伙伴以及与顾客之间在跨组织信息系统支持下实现信息共享、流程协作、知识整合与协同创新等活动。这些活动体现了合作各方的整合运作从信息层面，到业务流程层面，再到知识与创新层面的不断深化，为顾客创造新的价值，具体包括以下内容：

第一，基于信息共享的价值创造。合作企业间通过信息的收集、组织、选择、合成和分配，实现信息共享，能有效改善供应链运作绩效，降低供应链协作成本，减少库存和成本，改进客户服务。如合作企业间销售、库存、生产能力、生产计划等业务信息共享，能改善供应链信息的"能见度"，有利于消除"牛鞭效应"，缩短顾客响应时间，降低供应链运作成本，进而降低产品价格。此外，基于信息的深入挖掘与分析，能实现信息增值，为顾客创造新的价值。例如，零售企业在深入挖掘数据与分析海量客户交易信息的基础上，可获取有关客户分类、客户偏好、客户购买历史以及市场预测等大量新的信息，发现不同客户群体的差异化需求，或潜在的新的需求，从而指导企业营销策略的制定，提供个性化或差异化的产品或服务，有效增加"消费者剩余"。而制造商通过与零售商的虚拟整合，在共享上述信息的基础上，又能不断改进其产品设计，优化产品功能，降低制造成本，为顾客创造新的价值。

第二，基于跨组织流程再造的价值创造。流程整合是虚拟整合的重要内容，是合作企业在信息共享基础上更深层次的合作。流程整合实现跨组织业务流程的标准化与惯例化。跨组织流程再造，一方面解决了跨组织业务流程的接口衔接问题，并实现流程的标准化与效率化，降低交易成本；另一方面在跨组织信息系统支持下，通过重新定义成员企业的工作任务及其在流程中的角色，可实现在传统协调手段下所不能实现的跨组织合作。信息技术的支持使这些跨组织业务流程能有效去除流程中的非增值环节，在提高流程效率、增强供应链系统的敏捷性与柔性的同时，共享供应链信息，降低供应链的协作成本，使提供产品或服务所消耗的资源降到最少，从而为顾客创造价值。然而，跨组织流程再造并不容易，例如，企业内部信息系统可能来自不同供应商，数据格式、通信网络不一致，协同这一网络难度很大。

第三，基于价值星系的开放式创新为顾客创造新的价值。虚拟整合可形成一

个以核心企业为中心的，核心企业与供应商、模块生产企业、经销商、合作伙伴以及顾客一起共同创造价值的"价值星系"。借助互联网或跨组织信息系统的支持，合作企业可搭建起支持各方以及顾客之间知识交流、知识共享与协同创新的平台。这种合作组织间的开放式创新，能够使各方共享在产品开发与技术创新方面的创意、灵感与经验，是一种基于知识交流、知识启发与知识共享的信息增值活动，能够大大增强企业的创新能力，有助于改进产品的性能，降低产品价格，促进产品的更新换代，为顾客创造新的价值。

### 3. 基于平台的价值创造

第一，平台新颖性的价值创造。在企业实施平台战略过程中，为了实现多边平台的价值创造，平台型企业在平台构建过程中，提供新颖性服务内容，主要包括：提供新服务，如平台提供网络支付、网络担保服务；推出新运营方式，如创新性地推出"客户佣金"、"广告收入"、"线下盈利弥补线上"等各种模式；新资源推动，如平台上庞大的雇主、服务商数据流，平台企业能够通过优势资源汇聚提供新价值；新产业组织形态变革，组织形态变迁明显，市场形态向网络组织形态过渡。平台通过提供新服务，实现多盈利模式，产生"熊彼特租"。

第二，平台锁定性的价值创造。通过提高平台多边主体转换成本和服务商"黏性"，实现价值创造。锁定性价值创造内容主要包括增加资产专用，锁定客户关系，提高激励，通过固定或有限的资源形成关系租，从而提高用户转换成本，实现平台价值主张。

第三，平台互补性的价值创造。平台企业在构建过程中，通过耦合重要伙伴，增加投入资源，增加网络"资源池"的品类，增加互补性资产整合，实现核心企业新价值创造。

第四，平台效率性的价值创造。平台通过建立运营模式和规则，降低交易成本，提高平台交易效率。平台可以通过提高交易可信度、降低平台结构复杂度、智能匹配技术和自动推荐技术改善交易信息不对称，降低信息搜寻成本，减少协调成本和交易风险等。

### 4. 基于社会化媒体的价值创造

在互联网时代，社会化媒体拉近了企业与顾客的距离，改变了传统意义上的客户关系。通过互联网平台，企业可以通过实时、频繁的交流与互动，了解客户需求，洞察市场需求变化。社会化媒体衍生出了三种价值创造形态：链接驱动、互动驱动与个性化驱动的价值创造。

第一，链接驱动的价值创造。在社会化媒体平台上可以形成海量链接的社会化网络，而每一位消费者都是该网络中的一个节点，通过社会化网络链接实现与他人的信息分享与传播，进而实现价值创造。一般来说，网络中拥有联结数越多的个体，其可接入性也越强，在价值创造中发挥的效应越大，成功的机会也更大。因此，拥有更多活跃度的网络链接，成为社会化媒体网络中各方努力的方向。

第二，互动驱动的价值创造。社会化媒体中互动行为包含两个方面：一是消费者在社会化媒体中共享内容从而对平台做出贡献；二是个体消费者之间通过互动交流形成群体凝聚力的行为。这种形式的价值创造活动本质上是用户将焦点放在共同关注的产品、品牌、企业、兴趣、活动上，通过社区成员之间的虚拟社交活动创造共享的情感体验与幸福感等价值。

第三，个性化驱动的价值共创。随着社会化媒体的发展，消费者结构重构趋势日益明显，消费者在虚拟空间中不断形成新的社群，传统的按照人口学、社会学特征进行细分的市场营销策略不再适用，而按照消费符号和兴趣图谱进行细分的方式则符合了当下趋势。伴随着不断进行的重构，应不断激发消费者个性化需求和隐性需求，同时激励他们积极主动地参加产品和服务的设计、生产、售后等环节，将自己的智力融入产品和消费过程，以满足多样化的需求。在此过程中，产品成为消费者施展创意的对象。

**专栏 5-4　　　　土巴兔的价值创造**

在传统装修过程中，存在消费者对装修知识掌握不多、合同签订不清晰、对施工主材质量不了解、辅材和配送不及时、施工和监理不到位、交易安全难保证等痛点，需要有企业能够整合上游产业链、中游家装公司以及下游消费者。在这样的需求背景下，土巴兔应运而生。

**一、土巴兔的概况**

土巴兔装修网成立于 2009 年 6 月，2011 年、2014 年、2015 年分别获得 A 轮、B 轮、C 轮融资。2016 年 7 月，土巴兔在"第四届中国互联网与智能家居诚信建设大会"上荣获"2016 中国十大诚信家居电商品牌"，目前全

站日均 UV 约300万。

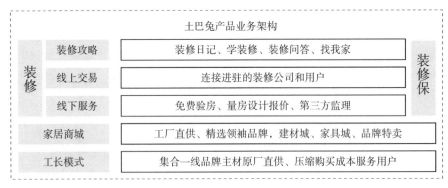

**图5-10 土巴兔业务架构**

## 二、土巴兔模式

第一，囊括设计、施工、监理、材料购买等全过程的业务范围。土巴兔平台打通设计、施工、监理、采购购买的家装全过程的所有环节，业主可以通过平台完成家装全过程管理。此外，土巴兔在线商城的"品牌特卖"频道通过引入家居品牌商，横向拓展平台服务内容，进一步完善家装生态圈。

第二，引入监理环节，解决家装痛点，赢得更多用户。针对家装质量难保障的问题，平台引入监理环节，推出"装修保"和"家装监理"服务，实现了互联网家装线下部分的落地，解决了家装质量难把控的难题，为用户数量快速增长奠定了基础。为此，土巴兔自建监理团队，在家装公司施工过程中，监理团队对装修工程的水电、泥木、油漆、竣工阶段进行验收，验收合格之后，业主才支付20%的装修款，否则要按要求整改至合格为止。在工程竣工30天后，土巴兔才将20%的托管尾款支付给装修公司。

第三，与乐视合作"虚拟现实+家装"应用。在传统的家装设计中，用户只能简单地看到设计图纸和电脑绘制效果图，随着 VR 技术的成熟，在装修前就可以看见装修后的家庭立体实景效果。自 2015 年起，土巴兔与乐视集团达成了"VR+互联网装修"的战略合作，在家装视频拍摄、在线家装 VR 展示平台方面展开合作，率先尝试"虚拟现实+家装"应用，完善消费者对整个装修产业链的体验，降低消费者的决策成本。

第四，推出"云工长"服务。工长是家装过程中的关键人物，为了更好地为业主服务，提供更多选择，土巴兔汇聚优秀装修公司、工长和工人等服务角色，建立家装生态圈。"云工长"省去了装修当中各种中间环节的费用，实现业主与工长的直接对话，提高了家装过程的信息透明化，规范了线下施工流程管控，保障了服务质量。

### 三、土巴兔的价值创造

作为国内家装 O2O 的典型代表，土巴兔打通家装上下游产业链，推出装修保、线下监理等创新性服务，为家装行业积累了宝贵的经验，也为业主和装修公司带来了切实的利益。

对业主来说，土巴兔的价值创造体现在三方面：首先，提供家装全流程服务，降低用户装修过程的决策成本、信息搜索成本和装修成本；其次，通过"装修保"和"家装监理"等保障机制，减少了业主对装修质量的担心，提高了用户信任度；最后，公司与乐视等合作，采用 VR 技术提前展示装修效果，创造了业主的体验价值，同时，也提前对装修的设计进行了测试和验证，减少了后期返工的成本。

对员工来说，土巴兔通过去中介化减少了装修各中间环节的费用，让业主直接面对工长，为提高装修员工的收入提供了保障。与此同时，通过土巴兔平台，工长能够展示自己的装修成果，便于高水平工长的宣传，有利于提高其知名度，进而提高其业务量。

对公司来说，土巴兔构建了一个集业主、材料供应商、工人、广告商于一体的装修产业生态圈，实现了装修公司、业主、工人技能和信息的共享，利用剩余资源，实现装修过程的众包。而公司也可以通过向装修公司收取信息费，借助流量来实现广告费等流量价值模式，并通过平台沉淀的大量装修案例挖掘新的盈利点。

资料来源：作者根据多方资料整理而成。

# 四、企业的价值创造能力

在共享经济背景下，企业或平台的价值创造能力主要包括对环境的感知能力、对价值生态整体的网络关系管理能力、自身作为价值生态成员的吸收能力和资源整合能力，以及与消费者之间的互动能力。如图 5-11 所示。

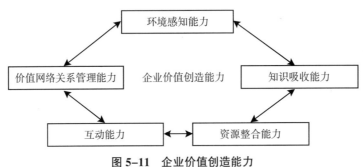

图 5-11　企业价值创造能力

## 1. 环境感知能力

市场导向是指企业对市场信息的取得、在组织中的散布等活动。市场导向使企业聚焦于收集顾客需求及竞争者能力信息，实现顾客需求信息和竞争者信息在企业生态圈内的共享，并且应用这些信息创造卓越的顾客价值。

市场导向的环境感知能力是企业感知环境变化、了解顾客需求的市场响应能力。这种能力包括机会辨识能力、资源再配置能力和适应能力。机会辨识能力就是德鲁克所说的"不断地搜寻变化，回应变化，把变化当作潜在的机会"的能力，其本质就是企业家对未被认识到的市场机会敏感机警。再配置能力是一种重新配置程序，是对企业原有的组织、文化、制度进行调整的能力。适应能力是企业对市场机会的鉴别与资本化的能力。

机会辨识能力、资源再配置能力和适应能力贯穿于市场导向的始终，它通过确认、传播与放大市场情报的杠杆作用来共享信息、发现机会、适应市场、促进资源再配置。

## 2. 学习吸收能力

组织学习知识的能力是企业获得持续竞争优势的关键因素，通过知识的沟通、分享与整合，企业得以学习和创新。组织学习的吸收能力主要体现在对知识和信息的获得、内化、转换与利用四个环节。获得知识是指知识的吸收；内化知识是指知识的积累和传递；转换知识是指产生新思想，推行头脑风暴法，进行实验，实现问题解决方法的革新和变化；利用知识是指追求主动性和明确新的问题解决方法。

组织学习的吸收能力可以打开产业生态系统各成员相互学习、相互分享的大门，有利于提升知识获得能力、知识内化能力、知识转换能力和知识利用能力。组织知识获得能力是指组织是否具备辨认与取得外部环境知识的能力；知识内化能力是对所取得的外部知识进行分析、解释与了解的能力；知识转换能力是指组织结合新旧知识的能力；知识利用能力是指组织将知识系统性地融入组织运作中，以修正、延伸、扩大现有竞争的能力。

## 3. 社会关系能力

社会交换理论认为，互换、互惠是引起并维持社会交换关系的基础。社会网络的关系能力是企业为适应高速环境的变化，利用资源机会，以获取资源、知识与技术来实现企业目标的一种关系能力。

在社会网络理论看来，社会网络的关系能力是企业家利用联结关系和嵌入关系获取资源与信息的能力。在高度动态市场下，产业结构处于动态性与复杂性混合的状态下，缺乏社会资本的关系将无法取得有效资源。因此，为适应高速环境变化的产业网络价值系统的演化，网络组织必须掌握网络关系能力，即建立与整合社会资本的能力、整合社会网络关系的能力、推动关系成员间互动的能力、企业社会嵌入的能力。

## 4. 沟通协调能力

有效地利用企业间的关系与互动，跨越知识边界实现社会网络创新性合作是当前企业建立竞争优势的重要来源。然而，伴随着知识的高度分化和越来越专业化，企业对自身所需要的知识已不再局限于自身的积累，相反地，通过各种方式

由外部取得所需的知识与技术，已经是产业竞争的一个必然趋势。通过跨越企业组织边界的沟通协调的整合能力来取得外部来源的知识和技术，更是近年来企业建立竞争优势的重要一环。企业组织除了要强化内部跨职能活动的协调之外，更需要加强组织间关系和跨组织间功能活动的分享、协调与管理，构建跨组织网络。

构成这个能力维度的关键因素之一是通过知识的沟通与整合，组织得以学习及创新。这种整合能力是一种多维度的再配置资源的能力，主要包括分享、协调与整合的能力，重组资源与社会资本的能力，保持战略弹性的能力，适应能力，知识整合的能力等。

### 5. 互动能力

企业的互动能力是企业如何通过与网络中其他主体互动来获取信息、捕捉共创价值的机会，并通过资源整合实现价值共创的能力。企业互动能力主要包括人际互动能力、技术互动能力、管理互动能力。其中，人际互动能力是企业员工与顾客之间以及与其他合作伙伴之间坦诚地交流和分享，从而了解顾客的需求和习惯，消除信息不对称性，帮助企业发现与顾客共创价值的机会。技术互动能力是指企业通过与顾客互动，拓宽对技术系统和技术创新发展的视野，获得新技术的开发、合作机会，并将自身的技术系统与顾客的技术系统相整合，发现和修正自身技术系统存在的问题。从新产品的开发和创新角度来说，企业与顾客的技术互动更有可能创造出成为行业标准的新产品和解决方案。管理互动能力关注的是企业与顾客之间以及与其他合作伙伴之间的结构、策略和关系的发展。

---

**专栏 5-5**        **上海钢联的价值创造**

从以资讯服务为主的资讯平台，到钢铁电商撮合交易平台和自营平台，并进一步实现供应链金融服务，上海钢联的价值创造过程经历了信息服务型创新到平台型创新的跃迁过程。

**一、上海钢联的概况**

上海钢联电子商务股份有限公司（以下简称上海钢联）于 2000 年成立于上海。公司上市之初，是以钢铁行业资讯服务为主的资讯平台，业务结构相对单一。公司 2011 年 8 月通过对钢银网增资 8500 万元，开始大举介入钢铁电商 B2B 业务。从 2013 年起，公司通过引入钢厂、创建诚信仓库平台和增资 ERP 软件公司等方式，加快推动整体业务向钢铁电商转型，并始终以构建生态闭环为目标。

## 二、上海钢联的五大业务

目前，上海钢联已开展包括交易撮合、仓储物流、金融服务、数据技术和开放生态在内的五类业务（见表 5-3）。

表 5-3　上海钢联的五大业务

| 业务类型 | 业务发展 | 时间 |
| --- | --- | --- |
| 交易撮合 | 钢银网 | 2011 年 8 月增资 |
| 仓储物流 | 诚信仓库平台钢联物联网 | 2014 年 3 月设立 |
| 金融服务 | 钢联金控 | 2015 年 1 月设立 |
| 数据技术 | 高达软件 | 2013 年 9 月增资 |
| 开放生态 | 诚融动产（与欧冶云网合作） | 2015 年 3 月设立 |

第一，在交易撮合方面，2008 年，上海钢联成立上海钢银电子商务股份有限公司，旨在打造集现货交易、在线融资、支付结算、仓储物流等配套服务于一体的无缝交易平台，为产业链提供全流程解决方案。12 月 21 日，钢银电商登陆新三板挂牌交易，2016 年 6 月 18 日，钢银电商（835092）进入全国中小企业股转系统第一批创新层企业名单，钢银电商 2015 年营业收入达 211.97 亿元，居创新层营收排行榜首位。图 5-12 为钢银交易模式。

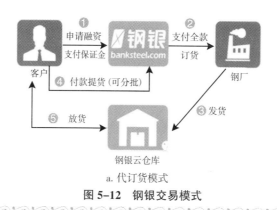

a. 代订货模式

图 5-12　钢银交易模式

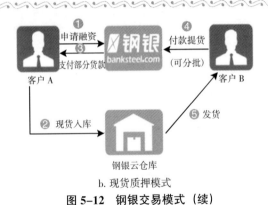

b. 现货质押模式

**图 5-12　钢银交易模式（续）**

第二，在仓储物流方面，2015 年 12 月，钢银电商与欧浦智网共同拓展物流仓储加工业务，进一步完善公司大宗商品交易平台的产业链，整合上海钢联平台的流量优势及欧浦智网的物流优势。

第三，在金融服务方面，2016 年 3 月，与万家共赢联手，携手打造"葫芦金融"互联网金融平台，布局"互联网+供应链金融"。目前，"葫芦金融"推出了系列供应链金融产品，其中"共赢链"服务于与上海钢联有长期合作关系的优质企业，企业通过在"葫芦金融"平台发布融资项目，将其足值货物进行质押担保，由钢联物联网仓储平台通过大数据云仓储系统对融资企业物流、信息流、资金链进行全程监管，并承诺其在质押物价值以及企业实际偿还的款项不足抵偿本息的极端情况下，无条件地就差额部分足额补偿投资人。

第四，在数据技术方面，2013 年 11 月 19 日，公司与国家统计局签署《大数据战略合作框架协议》。双方合作的内容包括：共同研究探讨建立大数据应用的统计标准，如指标定义、口径、范围、分类、计算方法、代码等；共同研究确定利用企业数据完善、补充政府统计数据的内容、形式及实施步骤，如数据采集、处理、分析、挖掘、发布等。同时，国家统计局将公司确立为"国家统计局大数据合作平台企业"（2013~2015 年）。

第五，在开放生态方面，为了构建大宗闭合生态圈，上海钢联目前的生态圈利益相关者包括交易中心、合作钢厂、交易用户、第四方物流平台、第三方仓储物联网平台、仓储平台。2014 年，上海钢联成立金融事业部，布局基于大数据的供应链金融产品、资产证券化、第三方支付、互联网金融、保理、票据等多项业务。

### 三、上海钢联的价值创造

上海钢联通过打造集信息交互、现货交易、支付结算、物流仓储、信用、供应链金融、大数据及其相关配套服务于一体的钢铁产业链电商体系，联合运营服务商、IT服务商、营销服务商、金融服务商等，构建钢铁全产业链电商生态体系，改造、优化传统钢铁产业，从而消除信息壁垒、缩短交易链条和科学引导生产创造价值。

在降低信息不对称方面，钢铁业的销售信息高度分散，每一个卖家每天要对外发布库存量、报价表，买家不仅不容易找到货，而且很难了解最优价格。上海钢联构建了钢铁产业链条上的信息孤岛，汇聚海量的数据和资源，实现信息的自由流动和资源共享，从而为企业交易拓宽了渠道，创造了信息价值。

在效率提升方面，传统钢材交易具有链条冗长、物流次数多、效率低下的特点，基于电子商务平台的大规模信息处理能力，平台实现了买卖双方的快速匹配，达到找货快、比价快、议价能力强的目的。同时，通过平台压缩交易环节，缩减交易次数和物流次数，提升供应链效率，减少资源闲置，优化资源配置，为供应链各方创造价值。

资料来源：作者根据多方资料整理而成。

# 五、价值创造过程

从前文的讨论我们知道，相对于传统商业模式理论以产品或服务本身为落脚点，并以赢得高于行业的利润为评价标准，在移动互联网时代，企业的定位要着眼于用户痛点，提出明确的价值主张。在价值主张这个支点的基础上，打破固有的价值创造体系，结合产业生态网，采用共享经济理念，从问题解决、价值传递维度实现价值创造，从利益相关者激励系统和盈利模式维度实现价值捕获。图5-13为价值创造过程。

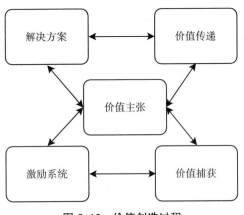

图 5-13　价值创造过程

## 1. 解决方案

在价值创造的解决方案实施阶段，企业从痛点大小的市场考量、现有解决方案的竞争考量和针对痛点制定解决方案三个部分展开，而且在解决方案探求过程中，需要持续地做迭代设计，不断地完善产品和延伸新的用户痛点。在具体操作过程中，根据马丁在《商业设计：通过设计思维构建公司持续竞争优势》中的观点，企业在探究解决方案的过程中，首先需要从复杂的现象中确立自己的价值主张，并确认用户痛点；其次，在此基础上发现解决方案；最后，从一般的经验法则形成固定的模式。在解决方案实施过程中，企业要在寻找痛点的基础上，通过用户对解决方案进行验证，并不断迭代和循环，不断积累消费者对解决方案的认知。例如，作为典型共享经济案例的优步，其在解决出行痛点的过程中就采用了提高时间准确度、提高供需匹配效率、实现价格动态机制、简法易用的用户界面、严格的司机管控机制，以及权力下放的创业团队建设机制等方式建立了完善的用户痛点解决方案。

## 2. 价值传递

在价值创造的价值传递环节，主要包括渠道和传播两个层面，即如何将基于价值主张设计的解决方案通过渠道和媒体传递到用户那里，也就是用户体验和品牌塑造过程。其中，渠道能力是检验 O2O 模式的试金石，企业能否将线上流量和线下流量无缝转换，是考验互联网商业模式的关键指标。对于互联网来说，制造流量是传播需要完成的任务，一般来说，产生流量的方式有三种：购买流量，依附 BAT 获得流量引导，以及自己制造流量。

在工业时代，产品和传播分而治之，信息存在于产品说明书和传统媒体的版面上，产品的价值由工厂的效率决定，而非用户决定。在移动互联网时代，产品本身成为承载信息、制造信息、传播信息的渠道。特别是随着共享思维的流行，出现了人人共享信息、产品的协同生活方式，社群成为产品和服务传播的新渠道。

**专栏 5-6　　　　海视智能的价值创造**

从传统道路检测应用和技术痛点出发，海视智能凭借在计算机视觉识别领域多年的技术沉淀，把握智慧交通大发展趋势，在核心算法基础上开发出系列智慧交通事件检测分析系统产品，基于视频识别技术的共享产业生态系统正在启航。

**一、海视智能的概况**

海视智能成立于 2006 年，公司从事高级人工智能、计算机视觉、图像分析技术的研发，提供基于视频的隧道、大桥、公路以及智慧城市等交通检测解决方案，从而赋予交通智慧之"眼"。2010 年，海视智能战胜全球行业巨头，承接了杭州湾跨海大桥智能事件检测和预警系统的研发和实施，实现全天候、全场景覆盖、全自动的智慧预警系统。近年来，大桥事故发生率减少了 45%，事故发现率由 75% 提升到 92.98%，并实现了智慧监测领域三个世界第一、九个全国首创。在金丽温隧道、沪杭甬高速公路等交通智能事件检测的 PK 测试中，均获得第一名的好成绩。在此基础上，象山港大桥、嘉绍大桥、甬台温高速等重大交通工程中均应用海视的预警系统，海视的全国市场正在快速发展中。

**二、海视智能的智能化产品及行业解决方案**

第一，智能交通系统。海视智能以人工智能、计算机视觉、图像分析技术为基础，采用自动学习、补偿等算法，过滤雨、雪、雾天气对画面质量的影响，以及高速夜晚强光、道路阴影、隧道内昏暗弱光、道路旁树叶遮挡、路面积水反应、摄像机抖动等对视频质量的影响，开发出了桥梁、隧道、互通专用、联勤预警等系列智慧交通事件检测分析系统产品，与国内外普通产品相比，其具有高准确性、低误报率、快速反应等优点。此外，针对国内公路检测系统智能化低等问题，公司开发了智能视频综合管控平台及智能监控

全系统解决方案,利用大数据技术分析道路流量,判断不同条件下的交通情况,为交通管理部门制定改制措施、为政府规划城市布局提供数据支撑,也可为各类地图等提供交通视觉分析信息。

第二,智能安防系统。除了智能交通系统外,基于计算机视觉识别技术,公司面向安全、军事、政府、电力、通信、能源、金融等众多行业,提供智能化系列产品及行业解决方案,主要包括智能安防视频分析系统、智慧城市智能监控系统、基于异常行为的定制化系统等。例如,针对监狱的智能安防系统包含重点区域检测、公共场合可疑遗留物检测、囚室监控、徘徊检测、限高检测、岗哨值班检测、快速奔跑检测、人群聚集检测功能,实现了监狱全方位监控,提高了监狱管理效率,同时也将很多潜在的问题预防在起步阶段。

### 三、海视智能正在构建视频监控生态圈

作为一个技术创新型企业,公司在近十年的时间里研发出了具有行业竞争力的核心技术,并且将技术成功用于智能交通、智慧城市等多个领域,实现了价值创造。公司目前正强化品牌运营以开拓市场,先实现"让每条道路都充满智慧",再实现"让每一个摄像头拥有卓越的智慧"的终极目标。

海视智能希望在互联网和共享经济时代,公司能够利用自身的核心技术,实施平台战略,吸纳智慧城市建设过程中的利益相关者,开放创新,创建共生、互生的视频监控生态圈,为城市的安全、高效运行保驾护航。

资料来源:作者根据多方资料整理而成。

## 3. 激励系统

激励系统是支撑公司价值主张的流程、技术能力和组织能力,包括人员、技术、设备、厂房、政府、供应商、用户、投资商等要素。在共享经济时代,激励系统并非建立在资源所有者模式之上,而是关注资源的使用权。企业通过构建激励系统,实现价值创造过程涉及的利益相关者的互惠和激励。企业在设计激励系统时需要解答以下问题:我们要做什么?外界存在哪些利益相关方?他们能为我们做什么?我们能为他们做什么?以及我们能否构建一个彼此共存的生态圈?此外,在组织内部激励、环境政策激励、供应商激励、公共部门激励和用户激励的

过程中，企业要遵循合力原则实现"1+1>2"，遵循利益原则使每一方获得的收益大于投入，遵循开放原则使企业能够吸纳更多的合作伙伴。

## 4. 价值捕获

当企业实现了价值创造和搭建了激励系统之后，接下来就是要实现价值捕获，否则，前期的价值创造也难以为企业带来投资回报。例如，在影碟租赁市场中，Netflix 灵活利用数字技术提供定制化推荐服务，且能保证用户及时租到热门影片，实现价值创造，但真正使 Netflix 击垮龙头 Blockbuster 的原因还在于其价值捕获策略，实体连锁店 Blockbuster 的收入高度依赖过期罚款，而 Netflix 开发的无到期日、无滞纳金，但会员在尚未还片之前无法继续租片的订阅模式就是利用用户的拖延习惯赚了更多钱，还不会有损用户体验。瑞士洛桑 IMD 商学院教授斯蒂凡·米歇尔指出，企业可以采取五种策略捕捉价值：

第一，改变定价机制。最常用的定价方法是价值定价法，该方法将定价的依据从以制造成本或竞争对手的价格比价为基础，转变为以产品给客户带来的价值为基础。例如，瑞士紧固件生产商 Bossard 发现客户企业的工人花在手工润滑零件上的时间比组装机器还长，且润滑效果极不稳定，于是与一家化学企业合作推出了均匀覆盖润滑涂层的零件产品，从而为客户节省了大量成本，令公司从中受益。

在具体定价模式上，可以根据客户购买意愿的变化实施弹性定价。典型的类型包括谷歌、eBay 的竞价模式。根据总需求变化采取需求导向的弹性定价模式，如航空公司、酒店和租车公司根据过往销售数据建立模型，预测需求的高点和低点来调整价格，实现利润最大化。在以旅行服务网站 Priceline 为代表的由客户出价模式中，用户可在指定时间内对旅费和住宿费进行出价，航空公司和酒店可以选择接受或拒绝。另外，还有一种由客户定价的极致做法，即卖家必须接受客户出价。

第二，改变支付方。理论上，消费者会按产品和服务的价值支付价格，但互联网双边市场模式的出现，企业可以通过补贴等方式实现用户吸引，并基于拥有的客户群资源，吸引第三方出价，从而改变传统盈利模式。

第三，改变价格载体。价格载体指交易中明确标价的产品、服务或体验。捆绑销售和拆分销售是最常见的价格载体创新方式。例如，雀巢旗下奈斯派索

(Nespresso) 咖啡胶囊和相关设备的发明堪称价值创造的成功案例，公司认为消费者具有方便快捷制作香浓咖啡的价值主张，而咖啡胶囊能够给顾客创造价值体验，顾客愿意支付高溢价。事实表明，在咖啡胶囊每公斤售价约 840 元人民币，而咖啡豆零售价一般仅为每公斤 117 元人民币的巨大价格差价下，咖啡胶囊迅速打开市场。

第四，改变交易周期。传统交易模式往往采取一次性买卖方式实现交易，为此，可以延长交易周期实现价值捕获，主要方法如吉列剃须刀+刀片的阶段定价法，以及特斯拉的远期合同交易。

第五，改变目标客户。上述价值捕捉方式均针对已有客户群，而改变目标客户则需要企业找到对产品或服务有需求但不愿或无力支付现有价格的潜在客户，并按潜在客户的支付能力和意愿设计产品组合和定价。定价方法包括成本企划法和客户自动区分法。成本企划法通过市场分析洞察客户需求，确定某一客户群认可的价格，然后从价格倒推出目标利润和目标成本，再据此设计产品。客户自动区分法是在客户细分的基础上建立区分机制，防止高购买意愿的客户购买低价产品。这种区分机制的经典例子是超市优惠券，为吸引顾客，商家并不会全场低价，而是发放特定产品限时特价的优惠券，以此区分价格敏感消费者和看重便利的消费者。

**专栏 5-7　　　趣医网的价值创造**

伴随着传统医疗服务模式向移动互联网医疗服务模式转型的逐步深入，医疗互联网企业在医疗行业发展中所扮演的角色也渐渐开始从"辅助者"向"补充者"转变。在互联网医疗行业规模不断扩大的同时，趣医网正在探索一条可持续发展之路。

**一、趣医网的概况**

成立于 2014 年 5 月的趣医网是一家专注于推进移动互联网医疗服务模式创新的医疗互联网企业。2014 年 9 月，获得弘晖资本、软银中国资本两家专业投资基金共计 850 万美元的 A 轮融资。2015 年 9 月，完成总计 4000 万美元的 B 轮融资。趣医网致力于打造统一的医院深度互联平台，围绕"医院＋IT 服务能力"发展产品，希望借助"互联网＋技术"优化医院就医流程，使医疗资源得到最优化配置。

### 二、趣医网的互联网医疗生态圈

目前，公司构建了包括平台层、应用层和实体医疗机构的三层架构的互联网医疗生态圈：其中"医院+"平台搭建了医院、患者、第三方服务供应商的互联互通桥梁。图5-14为趣医网业务架构。

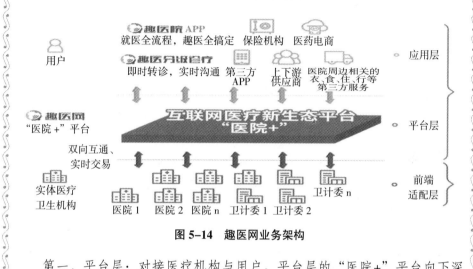

**图5-14 趣医网业务架构**

第一，平台层：对接医疗机构与用户。平台层的"医院+"平台向下深度接入医院、卫生计生委、医保系统等实体医疗卫生机构，实现双向实时信息互通，构筑了统一的医疗机构移动互联网入口，推进医疗机构快速融入互联网新生态，并完成互联网服务模式的转型。同时，"医院+"平台向上与应用层的应用服务互联互通，帮助医疗互联网应用接入医疗机构，构造互联网医疗的生态圈。

"医院+"平台配套了两个C端产品："趣医院"APP和"趣医分级诊疗平台"。其中，"趣医院"APP可为患者提供预约、挂号、排队、缴费、查看检查检验报告单等一站式全流程就医服务；"趣医分级诊疗平台"帮助医生随时随地进行转诊、会诊业务流程操作，实现医疗机构之间的业务协同和信息共享。此外，"小趣好护士"APP通过与"医院+"平台对接，为百姓提供陪诊服务。

自2016年3月上线以来，趣医陪诊业务签约入驻护士近300名，覆盖了150家北京二级以上公立医院，并将覆盖社区以上的公立医院。公司计划在2016年开通武汉、上海、广州等地公立医院的陪诊业务，实现挂号业务

与"趣医院"APP打通,以及"小趣好护士"APP提供体验挂号、查询化验报告、陪诊等服务,为患者就医提供更多的便利。

第二,应用层:实现第三方服务接入渠道。在"医院+"平台的支撑下,应用层通过为第三方服务供应商开发接口,实现平台与保险机构、医药电商、上下游供应商、第三方APP等的互联互通,从而提供医药电商帮助患者实现在线购药、商业保险公司帮助患者实现在线理赔等一系列业务。

作为开放的互联网平台,"医院+"平台为第三方服务接入医疗机构提供了便捷的渠道,从而助力第三方服务机构大幅降低为医疗卫生机构、患者提供互联网医疗服务的成本,实现商业模式创新。为此,平台提供开发与调试的指导功能,通过在线文档、在线工具等形式实现远程业务指导、参数配置指引等服务,保证了对接的质量,降低了系统对接难度。

第三,前端适配层:改变医疗机构传统就医模式。在平台层和应用层的支撑下,趣医网改变了实体医疗机构的就医模式,实现了传统医疗机构的互联网化进程,优化了医疗流程,助推国家分级诊疗政策落地。

为响应国家卫计委全面实施预约诊疗的规定,"医院+"平台建立了统一的号源管理模式,使"医院+"平台不仅可以合理管理院内系统的所有号源,还可以对接第三方平台,提供个性化的号源管理服务,实现患者预约挂号、医生排班信息查询、科室信息查询、预约挂号取消等服务,提高了预约挂号的灵活性,实现了医院分时段预约功能。此外,"医院+"平台构建了创新型的预约挂号规则,如建立黑白名单规则等措施,对预约挂号进行统一管理,保障患者利益。

据悉,目前"医院+"平台已对接百度医生、平安好医生等医疗服务类应用,太平洋保险等保险理赔类平台,中国建设银行等金融支付类应用,以及去哪儿网在线旅行网站等第三方服务供应商,实现互联互通。

### 三、趣医网的价值创造

首先,趣医网分级诊疗平台可以实现不同医疗机构之间的协同与信息共享,可以使不同类型的病症在不同级别的医疗机构得到救治,避免了大量常规性病人直接到各大医院就医,也降低了各大医院的拥堵效应,同时,有利于病人的及时救助,实现医疗系统整体效率的提升。

其次，趣医网实现了服务创新，平台通过提供一体化的服务流程，打通了看病、买药、保险等环节，提高了患者的就医、购药、保险效率，降低了就医成本。同时，由于联通保险等环节，对保险等机构提供就医信息，有利于保险等机构的信息核对和保险理赔，提高了这些部门的效率。

最后，平台提供的"小趣好护士"等创新型功能，实现了新服务创新，使护士可以共享其时间、技能，为患者提供新的护理服务。一方面，激活了护士群体的积极性；另一方面，有利于解决医院外的患者护理问题，为患者提供新的就医体验。

资料来源：作者根据多方资料整理而成。

# 六、价值创造创新路径

价值创新的核心是价值主张，在共享经济时代，价值创新需要连接消费者，利用各利益相关者的共享资源为客户创造创新服务。根据价值创新层次不同，可以将价值创新路径分为模仿型创新、整合型创新、跨越型创新以及前瞻型创新四种路径（见图 5-15）。

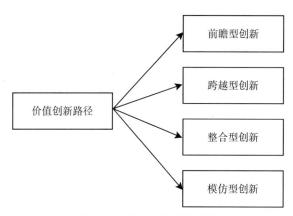

**图 5-15　企业价值创新路径**

第一，模仿型创新。正如日本管理学者井上达彦所说，模仿是创新之母，模仿是理性的行为。价值创造的创新往往起源于移植其他企业的成功模式。当前互

联网产业的 BAT、华为以及共享经济的先锋滴滴打车等企业都起步于模仿式价值创新。其优点在于低成本、低风险及风险可控，符合精益创新原则，从市场真实需求出发，而不是从想象的需求出发。此外，中国企业的模仿创新能力以及中国市场加快产品和服务快速迭代的能力为价值创新提供了丰富的土壤。模仿型创新如图 5-16 所示。

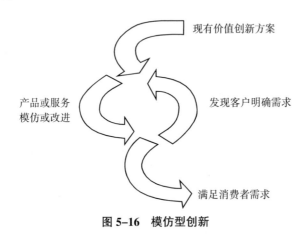

现有价值创新方案

产品或服务
模仿或改进

发现客户明确需求

满足消费者需求

**图 5-16　模仿型创新**

在移动互联网时代，企业最重要的是在全球范围内保持对新技术和模式的敏感度，认识自己是属于探路者还是执行者。在具体操作中，企业可以采取跨地区模仿、跨时域模仿、跨技术轨道模仿和跨行业模仿。

当然，在模仿创新过程中，企业需要避免忽略被模仿对象的特征、生长过程、空间特征、文化背景，只看到某个特定时刻的特征并简单地推断和实施，而是要根据本企业情境，分析利益相关方的角色和重要程度，制定符合自身企业的模仿策略。同时，要注意不要仅仅复制表面模式，成功企业背后的关键细节是企业在成长过程中摸索出来的，并不容易模仿，企业需要自己去摸索。

第二，整合型创新。整合型创新是把不同的、已经存在的创新元素有效整合出一个新的形态。中欧国际工商学院的龚焱教授认为，只有 1/3 的中国工商企业能够从模仿创新进阶为整合创新。整合型创新的特点在于跨界、嫁接、聚焦、迭代以及不间断的外界扫描。整合型创新如图 5-17 所示。

第三，跨越型创新。跨越型创新是对现有价值创造模式的重新定义，需要企业对组织底层基因进行重组和完成从价值链到价值网络的蜕变。这种创新的思路主要包括价值链跨越、平台型跨越和需求型跨越三种类型。跨越型创新如

图 5-18 所示。

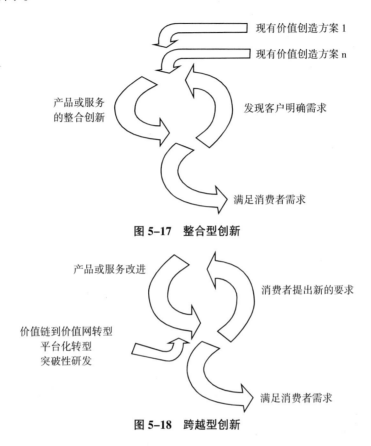

**图 5-17　整合型创新**

**图 5-18　跨越型创新**

价值链跨越是将公司的价值链扩展到价值网络概念，将传统的上下游关系升级为相关利益者组成的价值网络。例如，海尔在互联网时代下，将原本封闭的组织形态开放出来，最大限度地利用内部资源和外部资源，并且实现渠道资源、用户资源、供应链资源的共享，达到人人创客化的目的。平台型跨越即围绕前文平台战略的建立、治理展开。需求型跨越则是重组用户，突破传统的市场调查方法与路径，根据痛点定义用户。例如，一款名为 GoPro 的高速照相机满足了个别极限运动爱好者的影像记录需求，转变为时尚达人的标注，这就属于对用户需求概念的重新挖掘。

第四，前瞻型创新。这种价值创新模式不直接检视消费者的需求，而是以情景模拟的方式，思考应该赋予新产品哪些功能，并以突破性的创新研发技术完成该项新产品的雏形，然后才推向消费市场。这种方式不是以消费者的需求为出发

点的。在这个过程中，企业以现有的核心产品与技术为中心，向外延伸相关配套服务。从用户的立场思考，发掘用户对现有产品尚未满足的需求，把单纯的以产品为导向进行设计及制造的企业转型为融合产品创新及服务增值的新型企业。苹果和特斯拉当属这种类型企业的典型代表。在苹果手机推出之前，大部分消费者把手机仅仅视为通信工具，而乔布斯曾表示"消费者并不知道自己需要什么，直到我们拿出自己的产品，他们就发现，这是我要的东西"，这从侧面表明企业是可以引领消费者需求的。前瞻型创新如图 5-19 所示。

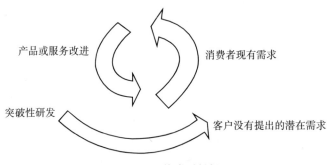

图 5-19　前瞻型创新

---

**专栏 5-8　　　　　纷享逍客的开放平台战略**

　　创立于 2011 年底的北京易动纷享科技有限责任公司以"移动办公，自在纷享"为理念，运用云、移动、大数据技术，打造了一站式移动办公平台——纷享逍客，使职场人士实现高效便捷的社交化工作。平台采用类微博、微信的交互方式对 OA、CRM 等传统办公软件进行创新，实现手机与 PC 的有效融通，并通过建立开放平台，满足企业的多样化需求，完成向连接型、敏捷型、智慧型互联网化组织的进化。自 2011 年以来，已获得由 IDG、北极光、DCM、高瓴资本、中信产业基金等机构的五轮投资，超过 40 万家企业正使用纷享逍客随时随地高效办公。

　　**一、基于灵活架构的价值创造**

　　平台以销售管理为出发点，以建立基础办公和业务应用一站式移动办公平台为目标，为此，平台采用灵活的组装式架构体系，实现中小企业一站式办公体验。纷享逍客架构如图 5-20 所示。

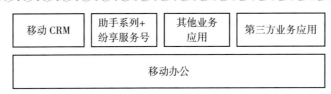

图 5-20 纷享逍客架构

在底层架构方面，基础办公模块构建统一通信能力，承载并贯穿应用和业务，在此协作平台的基础上，搭建移动 CRM、助手系列、纷享服务号以及第三方业务应用等，实现一站式平台。

在收费模式方面，实现沟通、工作、文档、项目协同，办公版开放企信（即时通信）、日志、审批、任务、公告、签到、微营销、工商查询等实现基础办公服务的办公版产品采用免费策略。对于移动 CRM、助手系列、纷享服务号等业务应用模块则采用收费模式。其中，移动 CRM 围绕销售管理、营销管理和服务管理，缩短成交周期，降低成本，增加销售收入，在此基础上，深入分析客户信息，构建企业的核心竞争力。平台还基于免费的办公版，与第三方开发商一起构建一系列的应用和业务，为客户提供一站式服务价值。

**二、基于客户价值主张的战略调整**

以服务中小企业价值主张为目标，公司不断调整战略，不断解决中小企业的痛点，实现价值创造。从 2011 年的类企业微博"纷享"企业内部交流平台，到 2013 年的"纷享逍客"销售管理工具，再到一站式移动办公平台，公司几乎每隔一年就要做一次战略调整，在 E 轮融资后推出免费基础办公版平台，同时 CRM 深耕销售领域。具体来说，2013 年，公司专注于为销售人员提供办公协同软件，然而，对于国内中小企业来说，协作效率提升只是锦上添花，而提升销售能力和销售业绩才是企业痛点，从而将产品从协同办公转到销售管理。2014 年 6 月，纷享逍客企业用户突破 5 万家，其中包括 CCTV、汽车之家、新浪乐居等诸多知名企业，成功实现企业战略转型。2015 年下半年，SaaS 行业迎来全面爆发，纷享逍客又将企业战略调整为争夺移动办公的平台和入口。

公司每一次"否定之否定"的调整，都与趋势共舞，以客户价值创造为

目标，不断为客户创造价值。

### 三、基于开放平台战略的价值共创

2015 年，公司启动开放平台战略，采用"连接企业一切"的思路。在客户层面，基于销售管理，公司开放移动端能力、数据能力、应用能力，连接客户企业 IT 系统，客户可以基于平台个性化定制系统功能，最大化实现现有 IT 价值。在生态圈层面，纷享逍客开放网站注册通道，与慧聪网等企业级服务企业合作启动伙伴招募计划，推进人力资源、电话中心、企业邮箱等多个行业和企业个性应用。

从初期提供销售管理服务，扩展到直销管理、分销商管理、微营销管理等服务，从连接企业内部员工的企业级微信，到连接企业上下游供应链、分销商和客户的 CRM 与分销系统，再到满足行业和企业个性化需求的开放平台，纷享逍客正在构建专业的一站式企业服务平台。在新的战略转型过程中，以及在与阿里钉钉的直接竞争过程中，纷享逍客如何在企业级服务和 SaaS 中立于不败之地，我们拭目以待。

资料来源：作者根据多方资料整理而成。

### 【章末案例】　　科大讯飞的价值创新

以语言识别核心技术为基础，以开放式产业生态为战略，以"讯飞超脑"为前瞻性布局，科大讯飞正在通过继续加码人工智能底层关键技术的研发和能力开放，打造以讯飞为中心的人工智能语音产业生态。

### 一、科大讯飞的概况

1999 年，中国科学技术大学博士生刘庆峰在合肥成立科大讯飞，专业从事智能语音及语言技术研究、软件及芯片产品开发、语音信息服务及电子政务系统集成。2000 年，公司通过与中科大、中科院声学所、中国社科院语言所合作成立语音技术联合实验室，联合国内外语音专家和科研院所共同发起"中国中文语音创业联盟"，与中科大、中科院声学所、中科院自动化所、中国社科院语言所、华为等近百家单位建立"讯飞联盟中心"等方式，汇聚产学研合力，核心技术得到了快速提升。2004~2007 年，科大讯飞提出语音平台战略，与各大企业合作，在语音技术基础上创造新的产品和系统，将语音技术应用到各个行业，同时二次开发企业与科大讯飞利益共享，共同推动语音产业的发展。2008年在深交所上市后，科大讯飞一方面加强与国际巨头、高校和战略伙伴的合作，共同展开相关技术的合作；另一方面，开展多民族语音核心技术研究，拓宽公司核心技术研究领域。

经过多年的发展，公司在智能语音技术、语音合成、语音识别、口语评测等多项技术上拥有国际领先成果，并作为组长单位牵头制定中文语音技术标准。基于核心技术，从电信、金融、教育、汽车等行业到企业和家庭用户，公司已推出从PC、手机到MP3、MP4、玩具等能够满足不同应用环境的多种产品，占据中文语音技术市场70%以上的份额，拥有1500余家开发伙伴。截至2016年6月，科大讯飞开放平台的总用户数达到8.1亿，月活跃用户达2.36亿（同比增长157%），开发者达16万（同比增长228%），日服务量达24亿人次（同比增长315%），初步构建了中文语音产业生态圈。图5-21为科大讯飞业务结构。

**图5-21 科大讯飞业务结构**

## 二、科大讯飞的平台升级：从语音平台向人工智能平台转型

人工智能是未来的趋势。未来十年，每个人都离不开人工智能。作为智能语音龙头企业，科大讯飞正在从语音平台向人工智能平台转型，积极打造人工智能生态圈。

### 1. 打造语言生态系统

自成立以来，科大讯飞专注于语音合成与识别技术，形成了核心竞争力，并基于领先的语音合成与识别技术，在语言技术方面构建了语言生态系统，搭建了核心技术基础、2B、2C以及行业应用的语言平台。科大讯飞语

音生态系统如图5-22所示。

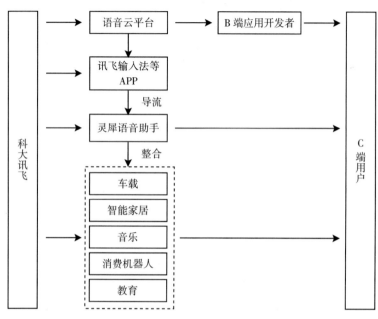

**图 5-22　科大讯飞语音生态系统**

第一，夯实语音技术平台。公司在智能语音技术领域有着长期的研究积累，并在语音合成、语音识别、语义理解、口语评测、机器翻译、麦克风阵列等多项自主核心技术上拥有国际领先的成果，技术产品占中文语音市场70%以上的市场份额。科大讯飞自主核心技术如表5-4所示。

**表 5-4　科大讯飞自主核心技术**

| 分类 | 具体内容 |
| --- | --- |
| 语音合成 | 2015年在国际语音合成领域最高水平的暴风雪竞赛中再次夺得第一，荣获该竞赛2006~2015年十连冠 |
| 语音识别 | 语音转写正确率突破85%的实用门槛，针对会议演讲等场景识别率达到95%以上；软硬件一体化的远场语音识别系统研制成功，3~5米的语音识别效果达到近场识别效果 |
| 语义理解 | 研发了AIUI语音交互全新方案，集成方言识别、全双工、打断纠错、多轮对话等一系列领先技术，大幅提升人机语音交互的成功率，定义了万物互联时代人机语音交互技术的新标准，对人工智能产业具有里程碑意义 |
| 口语翻译 | 口语翻译技术在翻译结果可用性上的比例最高 |
| 机器评测 | 从口语评测进一步延伸至纸笔试卷评测，在承担广东英语高考的全部口语评测任务后，基于试卷扫描识别的中英文作文自动评分技术已达到与人工专家评分高度吻合的水平 |

智能语音产业存在显著的技术壁垒，公司依托强大的技术研发优势、长期积累的大量语音资料数据库以及重金投资的强大云计算能力，智能语音技术优势持续提升，2015 年公司智能语音技术取得了骄人成果。随着智能语音技术的改进和语音识别错误率的不断下降，用户体验不断提升，用户规模呈现指数级增长，2015 年底科大讯飞语音云用户规模突破了 7 亿。

第二，整合 2B+2C 功能。对于中小企业端，公司建立开放语音云平台，为第三方应用开发者服务。开发者可以通过这个平台，便捷地集成科大讯飞的核心技术，节省开发成本，并可以通过语音云平台对外提供服务。在短短的几年中，平台已入驻近 6 万的合作伙伴，超过 9 亿次下载量，超过 60% 的需要语音支持的第三方 APP 中使用科大讯飞的技术。

在消费者端，公司打造语音交互入口。其中，在移动端推出讯飞输入法、灵犀语音助手等应用。讯飞输入法能准确地将语音转化成文字，在自由下载的输入法中名列第二，积累用户接近 2 亿。与中国移动合作的灵犀语音助手，实现了语音打电话、发短信、查天气、搜航班、查话费、查流量、买彩票、订彩铃等一系列功能，目前用户数超过了 3000 万，在同类产品中用户规模排名第一。灵犀已经成为手机操控、信息搜索入口和移动特色服务三大语音入口。

第三，拓展语音应用场景。公司持续推进语音识别、评测、合成、理解、听写、声纹、翻译等核心技术的研究，助力公司在多场景整合语音应用入口。

在教育方面，公司用户起源于口语测试类业务，在这个领域，公司是唯一技术提供方，并参与普通话口语测评业务，优势明显。此外，在口语测试业务的基础上，公司实现了中考、高考英语口语考试业务的拓展，从而借助中考、高考的指挥棒，打通模拟考试市场，占领官方考试合作方的制高点。在英语口语评测方面，公司的系统在广东、江苏、重庆等十余个省市的中考、高考英语中展开应用。

在智能客服方面，三大运营商、工行、建行、交行、招商、平安、浦发、阳光保险、国家电网、航空公司、政府机关、医疗机构、广电行业等客户实现了公司语音智能客服的规模化应用。

在智能车载方面，公司已与奔驰、宝马、丰田、上汽、一汽、长城、长安、吉利、奇瑞、江淮、广汽、海马、东南等国内外汽车企业开展合作，加速推动智能语音技术在汽车领域中的深入应用，并与启明信息技术股份有限公司于2014年6月19日签订战略合作协议，着力打造车载语音系统。

在移动互联网方面，公司牵手中国移动，抢占移动互联网入口。讯飞输入法支持18种方言，灵犀与定制语音助手用户规模排名第一。同时，公司与中国智能家居产业联盟、云迹、优必选、华居智能等开展良好合作，并与京东携手发布了实现全语音操控的叮咚智能音箱，打造智能家居核心控制中枢。

在智能家居方面，公司以灵犀语音助手为基础，实现智能家居设备操控，通过灵犀APP实现设备搜索，然后进行语音操控。目前，已经支持电视、咖啡机、电灯、空调、热水器等设备，涵盖创维、长虹、海信、海尔、TCL、康佳等家电厂商的产品。科大讯飞正深挖语音应用场景，整合更多语音交互功能，打造语音交互的中央控制平台。

2. 从语音平台向人工智能平台转型

2013年以来，深度学习算法在大规模图像、语言识别方面成功应用，突破了人工智能领域的应用瓶颈，促使人工智能重新获得全球科技界和产业界的密切关注。其中，在国家层面，美国、欧盟等发达国家提出"Brain Initiative"和"Human Brain Project"等人脑研究计划，中国也将全面启动脑科学计划；在企业层面，苹果、谷歌、微软等国际IT产业巨头也相继推出系列人工智能应用。公司推出的"讯飞超脑"项目开启人工智能认知革命，主攻三大研究方向：贴近人脑认知机理的人工神经网络设计，更好地支撑认知智能的实现；实现与人脑神经元复杂度可比的超大人工神经网络；构建基于连续语义空间分布式表示的知识推理及自学习智能引擎。在此基础上积极打造人工智能生态圈，布局智慧教育、移动应用、智能车载、智能家居和智能客服等领域，实现语音平台向人工智能平台的转型。

第一，智能教育类产品。以语音测评和语音教学系统切入教育领域，成功研发并推广了满足从幼儿园到大学不同领域应用需求的，面向教学、考试和学习的系列产品和整体解决方案，并构建起了全国规模最大、体系最全、配置灵活的云测评大数据分析平台，实现了教学主业务流程的场景全覆盖、终端全覆盖、数据全贯通，奠定了公司教育业务爆发式增长的价值源泉。

2016 年 5 月，全资收购乐知行，产品渠道协同优势凸显，乐知行智慧教育包括四大产品体系：数字校园、教育云平台、互联网教育、教育物联网。科大讯飞与乐知行软件在北京联合推出"数字校园 V6 新产品"，从而搭建了具备学习过程大数据和海量学习资源的智慧校园平台，为后续提供海量资源、立体交互和精准讲解的智慧教学铺垫道路，从而在教学方面实现移动讲台和一键投屏，且在阅卷和作业批改方面支持作业和考试数据化，让口语作文评测机器替代老师，减轻老师工作量，促进学生个性化学习发展，实现学习的互动式和个性化发展。科大讯飞的智能教育产品如图 5-23 所示。

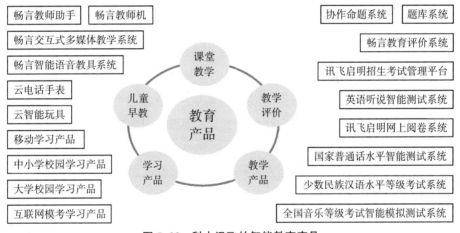

**图 5-23　科大讯飞的智能教育产品**

第二，开放平台技术布局。2015 年 12 月，公司发布三大计算机智能语音产品平台，分别为面向开发者的 AIUI 语音识别平台、面向 C 端的听见知识管理平台、面向教育行业的学生数据采集系统。这三项产品分别围绕人工智能三大核心能力：人机交互、知识管理、学习及推理能力。其中，AIUI 平台集成了科大讯飞在双全工、麦克风阵列、声纹识别、方言识别、语义理解和内容服务等方面的技术和服务。该技术的核心是智能化的多轮对话管理和上下文理解。科大讯飞希望打造一套语音交互的标准，在这套模式中，AIUI 就是一套软硬一体的模块方案。例如，针对聊天机器人，可以去做聊

天机器人的场景定制，可以做一些智能家居服务的定制。听见平台的主要目标是将非结构化的语音转化为可以检索的文字，并存储在云端，从而解决文字工作语音转写工作量太大、字音同步缺失无法定位和无法检索语音内容三大痛点。

第三，在高端硬件方面，与英特尔合作，致力于开发CPU+FPGA深度学习在线解决方案。2016年4月，公司与英特尔在英特尔信息技术峰会（IDF16）上联合展示了基于英特尔至强处理器以及Altera的FPGA（现场可编程逻辑阵列）的高性能计算（HPC）平台开发和优化的深度学习在线解决方案，并披露了双方在该领域的合作发展计划，旨在整合双方资源优势，共同推进语音及人工智能技术在英特尔架构的高性能计算平台上的全面应用和规模落地。

公司的最新产品"讯飞听见智能会议系统"是依托公司的自然语言处理、声纹识别、语音识别等核心语音技术，基于英特尔至强处理器、FPGA的高性能计算平台以及实时语音转写核心技术打造的解决方案。通过与英特尔深层次的战略合作，借助领先的英特尔高性能计算平台的技术优势，研发出更加有力的人工智能计算平台解决方案，引领机器学习从能听会说向能理解会思考阶段演进，创造自然、便捷的人机交互方式。

### 三、科大讯飞的价值创造

第一，提供技术基础支撑，实现效率提升的价值创造。虽然在社会生活各个角落、人类活动的各个地方都需要语音，但公司早期试图直接提供终端产品的尝试屡遭挫折。为此，公司调整战略，与有渠道、有市场、有技术的大公司合作，公司专注做好引擎、语音合成和语音识别芯片，由下游的开发商完成集成，成功成为华为、中兴、鑫泰、神州数码等大型企业的语音合成技术供应商，实现在技术上支持企业。此外，公司为银行、证券、运营商提供了机器辅助人工客服功能，并在教育行业助力教师高效教学，减轻了老师的备课负担，提升了合作方的工作效率，降低了人工成本。目前，中国电子企业百强前10名中的8家、各领域2000多家龙头企业都在用科大讯飞的语音技术。

第二，构建云平台，实现资源共享的价值创造。在传统模式下，中小企业使用科大讯飞的技术需要近 100 万元的预算，成本太高。为此，公司搭建了云平台，降低了创业者的初始开发门槛，并可依托科大讯飞语音云平台对外提供服务，降低了中小企业的资金投入。另外，通过云端，科大讯飞可以利用后台数据，实现自我学习和进化，不断提高识别准确率。经过多年的发展，平台通过语音云已发展合作伙伴 5 万多个，实现了从核心技术提供商向基于云端的开放平台型企业的转变，为合作伙伴带来了全新价值。

第三，构建语音生态圈，实现流程创新的价值创造。传统的语言产业链包括硬件研发、软件研发、语音方案研发、集合方案后的产品制作、面向 C 端用户的软件开发、C 端用户使用等链式环节。产业链前端缺乏对消费者的了解，消费者信息也无法逆向反馈给软硬件及语音方案提供商。科大讯飞通过搭建语音云平台，实现用户数据的分析，掌握用户价值主张，进而通过云平台向硬件、软件开发商提供消费者信息，将原有语音生态链的线性结构变为环形结构，信息从单向流动变为多向流动，实现流程创新，从而为生态圈成员创造价值。

第四，实施平台包络战略，实现合作分享的价值创造。人工智能是未来可能出现颠覆性产品的领域，而语音仅仅是人工智能中的一个环节。为此，科大讯飞以语音技术为基础，实现图像、自然语言处理、资源库以及终端消费者产品的资源整合，启动了"讯飞超脑计划"，实现了人脸识别技术、智能家居等领域与讯飞语音云的集成，实现了多领域资源整合的价值创造。

### 四、结论与启示

目前，用户尚未形成全程的语音交互习惯，语音交互离超越触摸等传统交互方式还有很长的路要走。在这种情况下，科大讯飞想要在市场上保持领先性，在加快技术研发的同时，还要快速推进在教育、车载、智能客服、智能家居、移动互联网等领域的应用和经典案例的落地，这对科大讯飞的跨行业整合能力提出了新的挑战。

资料来源：作者根据多方资料整理而成。

# 参 考 文 献

［1］蔡余杰，黄禄金. 共享经济 ［M］. 北京：机械工业出版社，2015.

［2］陈润，唐新. UBER：共享改变世界 ［M］. 杭州：浙江大学出版社，2016.

［3］陈威如，余卓轩. 平台战略：正在席卷全球的商业模式革命 ［M］. 北京：中信出版社，2013.

［4］罗宾·蔡斯. 共享经济：重构未来商业新模式 ［M］. 王芮译. 杭州：浙江人民出版社，2015.

［5］雷切尔·博茨曼，路罗杰斯. 共享经济时代：互联网思维下的协同消费商业模式 ［M］. 唐朝文译. 上海：上海交通大学出版社，2015.

［6］埃尔文·E.罗斯. 共享经济：市场设计及其应用 ［M］. 傅帅雄译. 北京：机械工业出版社，2015.

［7］马化腾等. 分享经济：供给侧改革的新经济方案 ［M］. 北京：中信出版社，2016.

［8］［美］克里斯·安德森. 免费：商业的未来 ［M］. 北京：中信出版社，2009.

［9］沈国梁. 跨界战 ［M］. 北京：机械工业出版社，2010.

［10］喻晓马，程宇宁，喻卫东. 互联网生态：重构商业规则 ［M］. 北京：中国人民大学出版社，2016.

［11］李天阳. 一本书读懂众筹 ［M］. 哈尔滨：北方文艺出版社，2016.

［12］盛佳，柯斌，杨倩. 众筹：传统融资模式颠覆与创新 ［M］. 北京：机械

工业出版社，2014.

[13] 张战伟. 跨界思维：互联网+时代商业模式大创新 [M]. 北京：人民邮电出版社，2015.

[14] 龚焱，郝亚洲. 价值革命：重构商业模式的方法论 [M]. 北京：机械工业出版社，2016.

[15] 李杰. 工业大数据：工业 4.0 时代的工业转型与价值创造 [M]. 邱伯华等译. 北京：机械工业出版社，2015.

[16] 分享经济发展报告课题组，张新红，高太山等. 认识分享经济：内涵特征、驱动力、影响力、认识误区与发展趋势 [J]. 电子政务，2016（4）.

[17] 刘照慧. 旅游 O2O 的风口还在吗？[J]. 销售与市场（管理版），2015（11）.

[18] 倪云华. 共享经济大趋势 [M]. 北京：机械工业出版社，2016.

[19] 王钦. "共享管理"：管理新范式、新行动 [J]. 清华管理评论，2016（4）.

[20] 杨涛. 新金融的崛起：从互联网金融到共享金融 [J]. 当代金融家，2015（10）.

[21] 祝碧衡. 共享经济开始改变世界 [J]. 竞争情报，2015，11（3）.

[22] 杨帅. 共享经济类型、要素与影响：文献研究的视角 [J]. 产业经济评论，2016（2）.

[23] 吴光菊. 基于共享经济与社交网络的 Airbnb 与 Uber 模式研究综述 [J]. 产业经济评论，2016（2）.

[24] 郑志来. 供给侧视角下共享经济与新型商业模式研究 [J]. 经济问题探索，2016（6）.

[25] 吴义爽，徐梦周. 制造企业"服务平台"战略、跨层面协同与产业间互动发展 [J]. 中国工业经济，2011（11）.

[26] 张小宁. 平台战略研究评述及展望 [J]. 经济管理，2014（3）.

[27] 龚丽敏，江诗松. 平台型商业生态系统战略管理研究前沿：视角和对象 [J]. 外国经济与管理，2016（6）.

[28] 董洁林，陈娟. 无缝开放式创新：基于小米案例探讨互联网生态中的产品创新模式 [J]. 科研管理，2014（12）.

[29] 李海舰，田跃新，李文杰.互联网思维与传统企业再造 [J].中国工业经济，2014（10）.

[30] 张小宁，赵剑波.新工业革命背景下的平台战略与创新——海尔平台战略案例研究 [J].科学学与科学技术管理，2015（3）.

[31] 李雷，赵先德，简兆权.以开放式网络平台为依托的新服务开发模式——基于中国移动应用商场的案例研究 [J].研究与发展管理，2015（1）.

[32] 罗珉，李亮宇.互联网时代的商业模式创新：价值创造视角 [J].中国工业经济，2015（1）.

[33] 蔡宁，王节祥，杨大鹏.产业融合背景下平台包络战略选择与竞争优势构建——基于浙报传媒的案例研究 [J].中国工业经济，2015（5）.

[34] 汪旭晖，张其林.平台型网络市场"平台—政府"双元管理范式研究——基于阿里巴巴集团的案例分析 [J].中国工业经济，2015（3）.

[35] 杨善林，周开乐，张强等.互联网的资源观 [J].管理科学学报，2016（1）.

[36] 陈超，陈拥军.互联网平台模式与传统企业再造 [J].科技进步与对策，2016（6）.

[37] 李雷，赵先德，简兆权.网络环境下平台企业的运营策略研究 [J].管理科学学报，2016（3）.

[38] 冯华，陈亚琦.平台商业模式创新研究——基于互联网环境下的时空契合分析 [J].中国工业经济，2016（3）.

[39] 李鹏，胡汉辉.企业到平台生态系统的跃迁：机理与路径 [J].科技进步与对策，2016（10）.

[40] 靳达谦，陈威如.本地生活 O2O 平台战略 [J].清华管理评论，2013（5）.

[41] 资武成."大数据"时代企业生态系统的演化与建构 [J].社会科学，2013（12）.

[42] 范建平，李景峰，梁嘉骅等.基于企业生态系统协同演化的管理研究 [J].经济管理，2009（6）.

[43] 冯芷艳，郭迅华，曾大军等.大数据背景下商务管理研究若干前沿课题 [J].管理科学学报，2013（1）.

[44] 唐方成，池坤鹏. 双边网络环境下的网络团购定价策略研究 [J]. 中国管理科学，2013（3）.

[45] 靳天文，彭青秀. 跨界合作：基于互联网生态系统的分析 [J]. 中文信息，2015（12）.

[46] 吴建材. 商业生态系统及其背景研究 [J]. 江苏商论，2007（17）.

[47] 解永敏. 企业"跨界"生死劫 [J]. 齐鲁周刊，2016（3）.

[48] 张后启. 互联网："跨界颠覆"与"跨界合作" [J]. 中国民商，2014（8）.

[49] 江文勇. 广东省乐从电子商务镇域模式研究——以欧浦智网为例 [J]. 企业导报，2011（18）.

[50] 孟韬，张黎明，董大海. 众筹的发展及其商业模式研究 [J]. 管理现代化，2014（2）.

[51] 牛禄青. 天使汇：超越投融资 [J]. 新经济导刊，2013（10）.

[52] 邱峰. 房地产众筹：发展现状与策略选择 [J]. 新金融，2015（12）.

[53] 荣浩. 国内股权众筹发展现状研究 [J]. 互联网金融与法律，2014（7）.

[54] 王璇. 浅析中国农业众筹 [J]. 经济，2016（8）.

[55] 武小菲. 众筹模式：网络时代书籍出版传播的路径与思考 [J]. 出版发行研究，2014（3）.

[56] 杨宵. 我国股权众筹平台运作模式研究——以"天使汇"为例 [D]. 暨南大学硕士学位论文，2015.

[57] 张韶天. 众筹：商业新游戏 [J]. 商周刊，2014（9）.

[58] 王世权. 试论价值创造的本原性质、内在机理与治理要义——基于利益相关者治理视角 [J]. 外国经济与管理，2010（8）.

[59] 赵晶，朱镇. 企业电子商务价值创造过程模型 [J]. 管理科学学报，2010（12）.

[60] 杨学成，陶晓波. 社会化商务背景下的价值共创研究——柔性价值网的视角 [J]. 管理世界，2015（8）.

[61] 杨学成，徐秀秀，陶晓波. 基于体验营销的价值共创机理研究——以汽车行业为例 [J]. 管理评论，2016（5）.

[62] 周文辉，林华，陈晓红. 价值共创视角下的创新瓶颈突破案例研究 [J]. 管理学报，2016（6）.

[63] 王新新，潘洪涛. 社会网络环境下的体验价值共创：消费体验研究最新动态 [J]. 外国经济与管理，2011 (5).

[64] 颜安，周思伟. 虚拟整合的概念模型与价值创造 [J]. 中国工业经济，2011 (7).

[65] 武文珍，陈启杰. 价值共创理论形成路径探析与未来研究展望 [J]. 外国经济与管理，2012 (6).

[66] 郭朝阳，许杭军，郭惠玲. 服务主导逻辑演进轨迹追踪与研究述评 [J]. 外国经济与管理，2012 (7).

[67] 简兆权，肖霄. 网络环境下的服务创新与价值共创：携程案例研究 [J]. 管理工程学报，2015 (1).

[68] 牛振邦，白长虹，张辉. 基于互动的价值共创研究 [J]. 企业管理，2015 (1).

[69] 周文辉. 知识服务、价值共创与创新绩效——基于扎根理论的多案例研究 [J]. 科学学研究，2015 (4).

[70] 周文辉，曹裕，周依芳. 共识、共生与共赢：价值共创的过程模型 [J]. 科研管理，2015 (8).

[71] 杨学成，陶晓波. 从实体价值链、价值矩阵到柔性价值网——以小米公司的社会化价值共创为例 [J]. 管理评论，2015 (7).

[72] 李朝辉，金永生. 价值共创研究综述与展望 [J]. 北京邮电大学学报 (社会科学版)，2013 (1).

[73] 李雷，简兆权，张鲁艳. 服务主导逻辑产生原因、核心观点探析与未来研究展望 [J]. 外国经济与管理，2013 (4).

[74] 张婧，邓卉. 品牌价值共创的关键维度及其对顾客认知与品牌绩效的影响：产业服务情境的实证研究 [J]. 南开管理评论，2013 (2).

[75] 张婧，何勇. 服务主导逻辑导向与资源互动对价值共创的影响研究 [J]. 科研管理，2014 (1).

[76] 金帆. 价值生态系统：云经济时代的价值创造机制 [J]. 中国工业经济，2014 (4).

[77] 孙耀吾，翟翌，顾荃. 服务主导逻辑下移动互联网创新网络主体耦合共轭与价值创造研究 [J]. 中国工业经济，2013 (10).

［78］罗珉. 价值星系：理论解释与价值创造机制的构建［J］. 中国工业经济，2006（1）.

［79］陈少霞. 价值共创模式下的顾客赢利性测量［J］. 当代经济管理，2016（8）.

# 后 记

  刚刚过去的 2016 年，着实让"共享经济"火了一把。在党的十八届五中全会和"十三五"规划中，以及在第二届世界互联网大会上，习近平主席特意强调了共享经济对于国家乃至世界未来经济发展的重要性。可以说，共享经济已经吊足了大家的胃口。与此同时，共享经济在衣食住行等领域如火如荼，各个生活服务细分市场诞生出一批基于共享经济的O2O服务。随着"互联网+"的发展，这些O2O服务厂商开始逐步渗透到大众的日常生活，在出行、住宿、餐饮、家装、到家服务等行业可以一睹共享经济的风采。在如今信息透明化的互联网时代，共享经济的参与者是共享的商家与共享的商户，实现了人人参与。

  笔者的创作团队持续数年基于商业模式的理论与创新研究，从《商业模式创新》、《云计算商业模式》、《物联网商业模式》、《大数据商业模式》到《互联网思维：云计算、物联网、大数据》、《互联网思维2.0：物联网、云计算、大数据》、《互联网+：企业商业模式的颠覆与重塑》，再到如今的《共享经济：下一个风口》，可以说是从商业模式的角度探索互联网时代的商业密码和成功商业模式的基因。正是基于这些深度思考以及持续研究，让我们始终站在时代的前沿，与创新企业一道前行。

  如果说《共享经济：下一个风口》最后成书是一个成果，那么这个成果是一个众人智慧的集合。我们有效利用了千方科技、达安基因、途家、省广股份、浙报传媒、凯乐科技、欧浦智网、腾邦国际、温氏股份、科大讯飞、e融所等公司的内外部资料，包括网站资料、相关总结、成功经验、管理智慧和商业实践，这些公司有价值的资料使本书得以顺利完成，在此对这些成功企业表示感谢。

特别需要说明的是，本书在写作过程中，学习、借鉴、吸收和参考了国内外众多专家学者的研究成果及大量的相关文献资料，并引用了一些书籍、报刊、网站的部分数据和资料内容，笔者尽可能地在参考文献中列出，也有部分由于时间紧迫，未能与有关作者一一联系，敬请见谅。在此，对这些成果的作者深表谢意。

限于研究者的学识水平，书中错漏之处在所难免，恳请各位同仁及读者指正。如您希望与作者进行沟通、交流，请与我们联系。联系方式：eleven9995@sina.com、jnufzy@126.com。

2017 年 1 月 18 日于深圳